21世纪新闻传播学应用型教材
—《新闻专业毕业设计》配套作品集—

新闻的名义

深圳大学新闻毕业设计作品精选

Ⅲ

前沿观察

主　编—辜晓进
副主编—李明伟
执行主编—刘劲松　张晗

中国人民大学出版社
·北京·

代序

理想是有温度的

吴予敏

刚过腊八节，晓进兄就将深圳大学传播学院新闻系编就的“新闻专业毕业设计作品精选”三辑的目录和文稿发给了我，同时叮嘱我写一篇文字叙述这一教学改革探索的由来和初衷。

这是好日子里面的好事情。腊八，据说有几个意思。其一，“腊者，接也”，是新旧交替，岁月更迭的茬口；其二，“腊者，猎也”，田猎收获，不忘报恩返始；其三，“腊者，驱疫”，除病避害，悟道修身。好日子和好事情两者之间本无神秘联系，凑在一起，倒是叫人产生了若干联想。

人是一种奇怪的动物，他的身体和心智常常互相矛盾，互相遮蔽。身体忙起来的时候，心智是呆滞胶涩的。只有到了某个时间的茬口，身体稍有停歇，便就意遄神飞，进而恍然，昭然，遽然，悠然，甚或戚戚然，惶惶然，而终至于奋然，慨然……

世事之清明和荒谬并置，前进和倒退交错，我等未免瞻前而顾后，顾左右而言他。

第一言：平庸不是命定的

学习新闻的学生，要以新闻作品问世来体现自己的专业性。这还有什么可稀奇的呢？这就好像学木匠要打柜子，学泥瓦匠要砌灶台，学吹喇叭要会运气。不会识字的人们都懂的道理，有些识了很多很多字的人反倒不明白了。学木匠只需要画格子，学泥瓦匠只需要会算泥沙比例，学吹喇叭只需要把腮帮子鼓起来就可以了。所以，学习新闻的学生，只要知道有个议程在那里设置着，有个螺旋在那里盘旋着，有个沟坎在那里埋伏着，有个曲线在那里诱惑着，就可以了。事实躲在爷娘的故事里，招牌却是要像门神一样地挂起来，免得大鬼小鬼来敲门。足不出户，脚不沾泥，日头不晒，风雨不侵，却可以号称“我是名牌学校名牌专业学新闻的”。

这个奇怪的时代，让人想起葛优主演的电影《活着》里面那个衰败之前的福贵，祖上有德，福荫百代，不事生产，招摇乡里。文凭上打了几个鲜红的数字，好比是打了鲜亮的火戳，一旦上市，必有好价。当人们不在自己的履历表上填写“家庭出身”信息的时候，高教界却从来是门阀当道，寒门无问的。

这样的感受，大概只有当福贵败光了家产，从云端坠入尘土以后才体会得到。前些时偶然读到时任腾讯网总编辑王永治的一篇讲话，那真可谓是“暴发户”在云端的振聋发聩，对未来媒体十大预测：又是媒体，又是未来，又是预测，还不忘国人的惯例，凑了个“十全大补”。我对于这些预测绝不敢疏忽的，但唯特对他讲的一个细节瞪大了眼睛。“报纸的人常常跟我说，‘老王，我们现在日子不好过了，你那里有没有岗位或者事情让我帮你去管一管，做点策划之类的。我现在年纪大，不想在一线做，给我点轻松的职位’。我一听这话，立马当机立断地拒绝，因为互联网现在不需要这种所谓的高级管理人员，要的是干活的人，不管年龄大小。”

我不认得王永治，也许他每天都可能在我的办公室对面马路的那一头上班。如果我认得他，也许会说他两句。假如他是我哥们儿，讲话不避讳，我可能会说，你小子讲话太解气了；假如他是我同事，来点体面的，我可能会说，口中留德啊，注意影响；假如他是圈子里的陌生人，我会说，这是谁呀？有没有一点觉悟啊？

王总编辑讲的话有点硌牙。真是世事难料啊！河东河西，星移斗转，福贵成了贫农，龙二做了冤鬼。请读者原谅我此处只好采取《百年孤独》式的笔法来表达我的观感：伟大的魔幻现实主义作家马尔克斯写道：“多年以后，奥雷连诺上校站在行刑队面前，准会想起父亲带他去参观冰块的那个遥远的下午。”我这里以现实主义风格模仿写道：“多年以后，一位教授站在互联网精英面前，准会想到行将毕业的学生带他去参观就业招聘现场的那个遥远的下午。”

不是虚构的现场，向毛主席保证，是千真万确的下午！不大的体育馆内，挤得密不透风的摊位上，赫然是某大媒体的招聘台。稚气未脱的学习广告专业的孩子们排了长队，挨到跟前，恭恭敬敬地递上精心打印好的个人简历。招聘会曲终人散之际，我惊骇地发现，大堆的学生简历被清洁工扫进了垃圾堆。那个时候，深圳大学的广告学专业举办到第六年，近二十个毕业生没有一位得到主流媒体高管的青眼。我不可能将那些简历从垃圾堆里捡起，更不可能告诉孩子们他们简历的去处，这种感受是和自己孩子受了委屈的家长的心情差不多。

到了第七年，广告专业毕业班的班长找到我，说：老师，我们不想悄无声息地离开学校。那你们要干吗呢？我们要办一个毕业展览。这是一群不甘湮没的少年人！忽然我的脑子里飘过几句不粘连的话：小荷才露尖尖角。出水再看两脚泥。土猪屁股上打不上火漆，你还不自己学着拱一拱吗？总而言之，这些个高雅的、朴素的、粗俗的话就一股脑地涌上来。反正本教授博士也是经历了“文化大革命”、下厂、下乡的“滚刀肉”，何不鼓动孩子们实打实地操练一场呢？

我们在深圳办大学。这是你的命！今天你看她光鲜亮丽，当年却是风尘滚滚。要说功利，那是毫不含糊的功利。要说实际，那是不打折扣的实际。甭跟我亮出你屁股上的火漆戳子，拿出点真本事来！有火漆戳子的个人简历带回去“研究研究”，多数也会压箱底，连火漆戳子都没有的不进垃圾堆又去哪里呢？废话少说，你得亮出本事来！

几十年来深圳的逻辑就是这样的，话糙理不糙。你就认命吧。从那个时候起，我就不再去什么招聘现场了，学校督促组织也不去。我们开始在毕业班进行毕业设计的教学改革。目的只有一个，让学生毕业的时候，可以对任何他想去的单位高管亮出自己的作品。这是靠实力说话的东西，体现真正的专业素质和能力的东西，表现自己对事业的理想的东西。喏，总经理、总裁、总编辑，这是我的作品，请您批评！谦虚涵养背后是自信，自信背后是审视：您识货吗？如果您对我傲慢地说，你屁股上的火漆戳子呢？对不起，本人只亮肌肉，不脱裤子，拜拜了您！

毕业设计取代了毕业论文，要学生自己组织团队，跑市场，谈项目，调查、策划、设计、制作、客户鉴定、公开答辩。项目不得虚设，成果经过检验。这就难了！原来做一篇论文，三点一线（图书馆、餐厅、宿舍），现在谁知道要跑多少路？原来自己跟自己过得去就好办，现在要组织、协调、争论、管控、交涉，费多少口舌和心力？原来文档搬家，荡来荡去就可以了，煞有介事编撰注释，好像骨感瘪三硬撑起一副名牌西服的架子，现在烟火气、泥土气、血腥气、铜臭气四溢，元气淋漓，氤氲一派。“痛并快乐着”，被名主持炒得挺流行的一个词儿，在学生那里成为他们对毕业设计全程体验的写照。

毕业设计取代了毕业论文，实战项目取代了坐而论道，这是不经意地打开了潘多拉的盒子，释放出来的能量，再也收不回去了。

戏剧性的波折出现在本科教学评估的准备阶段。多年以后讲实话，当年不少口念“之乎者也”或“ABCD”的精英们都骂过教育部的本科评估，我从来不骂。中国人好面子，贵客要临门，上级要视察，赶紧地购置家具，修缮门窗，一示尊重，二示实力，两面都好看。孩子们也能换新衣吃糖果呢。本科教学实验大小基地纷纷建设起来。我们不听那些站着说话不腰疼的精英们的废话。不过有时候办事的人容易过度紧张。校内自我检查，是实战演习一般。督学们发现，广告学专业从 1997 年以来竟然没有一篇毕业论文！一系列的毕业设计小组项目摆了两柜子，这些符合教学规范吗？说不定这会成为一个大窟窿，给学校的本科评估造成难以弥补的恶劣影响！“规范 = 形式 = 质量”，上级部门没有规定的，985 没有试验过的，就是没有规范。“火漆戳子在哪里？”这个质问是非常严肃的。这是我们自己面临的那个煎熬的“遥远的下午”。土猪要出栏就要取得身份证明，就需要“肉联厂”的“火漆戳子”。至今我还对李良荣和蒋晓丽两位教授感激涕零呢。作为学校特聘的预评估专家，亲赴我们的毕业答辩现场，一份一份审查所有的毕业设计成果、教学管理文件，最后热情洋溢地举起他们的胳膊在我们身上盖了一个大红的戳子：“特”！

时间到了2009年。这一年，在深圳大学传播学院学习新闻的学生要毕业了。这一届还是顶着传播学专业新闻方向的名义。同时，也是在这一年，正式申请下来新闻学专业。那么，新闻专业的学生要不要做毕业设计呢？我当时没有做任何决定，而是将皮球踢给了时任传播系主任的刘劲松教授。刘主任很民主，请新闻专业的老师们和同学们讨论。又是一个“遥远的下午”，反馈回来的信息是，新闻也要做毕业设计。听有的学生私下摩拳擦掌地牙根紧紧地说，我们要“亮剑”！这话可不是对着市场说的，而是对着隔壁的广告专业，广告专业毕业设计太“秀”太“火”了，学新闻的应该更有实力啊！我们可是精兵强将。

国内有哪一个大学的新闻专业是搞毕业设计的呢？新闻专业的毕业设计怎么做？什么标准？没有人拿出现成的经验。我不是新闻专业的教师，不用在此废话。读者完全可以通过这本书及三本作品选的内容，去了解和评价深圳大学新闻专业的做法。在深圳大学新闻专业做出这样的决定并且毅然决然付诸实施的时候，这一回没有受到任何的阻碍，一路畅行。

大学是地方土著，名声是地道寒门，出生是后来晚辈，这是你深圳大学新闻专业的命！等到你呱呱坠地的时候，新闻传媒行业呼风唤雨的大好时光已经过去，这又是你深圳大学新闻专业的运！如果你是这个专业里的一个负责任有担当的教师，你一定没有薛宝钗的那种“好风凭借力，送我上青云”的感受，你会感到从外到内有一股邪力把你往下拽，让你感到腿上绑了沙袋，臂上剪了翅膀，头上顶了玻璃板。某种规则、某种氛围将你引向你的“归宿”——平庸！

这是一个奇怪的时代，呼吁创造的浇灭了你心中的火焰，主张公平的标定了你的等级身份，倡导开放的筑起了防范的坞堡，制造崇高的掩盖了卑琐无聊。娱乐代替了启蒙，利益覆盖了真相。资源在无尽涌流，思想却在无形流失。市场上、职场上争先恐后，责任和担当却渺无踪影。一个昂扬向上的奋进的时代，为什么每天如病菌一样滋生着平庸呢？

图实惠的、短见的、个体原子式的平庸，如雾、如风、如尘埃、如癌细胞，在我们四周，在我们身体内部，在我们大脑沟回里面弥散。这里我又只好模仿了鲁迅在《狂人日记》里面的笔法，来写出这种特殊的感受：“我翻开论文一查，这论文没有作者。歪歪斜斜的每页上都写着‘独特创造’几个字，我横竖睡不着，仔细看了半夜，才从字缝里看出来，满本上都写着两个字‘平庸’！”

如果新闻专业的毕业生以拆东补西式的论文来获得毕业，我们保不齐不会生产平庸。但是，要他拿出新闻作品呢？我们和社会的读者如果在里面读不出时代脉搏，读不出社会问题，读不出良知担当，读不出改革探索，读不出人间温情，那他好意思给我们“亮剑”吗？

看起来，深圳大学新闻专业的师生们骨子里面是不认命的，他们不希望让人们说，平庸是他们的命。平庸不是命定的！

第二言：积薪还需待火种

今年在一个高端论坛上，一位在崇高媒体上任职的朋友告诉我们，由于适应了数字化视觉化时代的阅读人群需求，媒体显著地提高了关注度和黏滞度。这使我想到人类保留火种的智慧。一堆柴草总有烧尽的一天，而火种却是不灭的。道金斯在《自私的基因》里面说，我们都是基因的宿主，宿主终归于消灭，基因却是不断更换宿主保持自身不灭。南朝范缜主张“神灭论”，慧远和尚主张“神不灭论”，都以薪火为喻。“神灭论”认为薪尽火灭如形丧神灭。“神不灭论”认为“火之传于薪，犹神之传于形”，所谓“火可穷于一木，未可穷于尽薪”。

此话用之于媒体生态，新媒体取代旧媒体，如同“前薪非后薪”，至于“火之传异薪，犹神之传异形”者，倒是值得品味一番了。

办学有道，要在懂得薪火相传之理。何者为薪？资质也，人力也，知识也，器材也，场地也，资金也，生源也。何者为火？却是仁者见仁，智者见智了。在酝酿开办新闻学专业的2005年，我就处心积虑谋算着何处可以“借火”。物以类聚，人以群分，我找到当时在深圳报业集团担任《深圳日报》（*Shenzhen Daily*）总编的辜晓进。凭着本能的嗅觉识别，这是一位散发出理想主义和专业主义气味的新闻带头人。从2005年到2010年，五年当中我们不时接触，交流新闻观念，探讨教育出路。经验告诉我，薪火相传和同声相应同气相求是一个道理。这十来年中，新闻系由一群心中有火的人组建起来。辜晓进、刘劲松、尹连根、彭华新都是在新闻一线打拼数年乃至数十年的资深新闻人；黄春平、李明伟、王琛、张田田、张晗都是学有所长、热爱新闻的博士，老中青结合一体，以共同的责任和理念凝聚起来，将一个新闻系搞得红红火火。

积薪还需待火种！在新闻教育领域中，什么才是真正意义上的“火种”呢？“神之处形，犹火之在木，其生必存，其毁必灭。形离则神散而罔寄，木朽则火寂而靡托。”如果放在今天，教育的“神灭论”，当然就是争资源、争名号、争项目，所有这一切，争到了又怎样？积薪而无火，只好发霉、长苔、腐朽。是的，无薪则火无所寄、无所存、无所传；然而，积薪若有火种，则必然蓬勃向上，灿然发光！

火种不是一朵，也不是一种。人人心中或许都有可能包藏着一盆火——在那些孜孜求学的孩子们身上，在那些兢兢业业治学的教师们身上，在那些热心助学的新闻业界专家们身上，在那些秉持专业精神和社会责任的人们身上。新闻系的毕业设计，就是聚拢薪柴，点燃一把火的过程。

第三言：终究可盼是少年

我曾经将深圳大学新闻传播学各专业的毕业设计比作“临门一脚”。从中场盘带，到边线突进，再到禁区虚晃一招，一脚破门！作为教学改革的关键环节，毕业设计不是孤立的，而是有一系列的基础教学和专业训练来做铺垫。在各种铺垫功夫中，支持新闻系学生办一份校园报纸是重要的措施。这份报纸名曰《新新报》，颇合于“苟日新，日日新”的古训。每期八版，全彩印刷，十天一期，定期出版。新闻系全体教师每人轮流指导，所有学生轮番上阵，迄今已出版 88 期。将来到《新新报》出到 100 期的时候，我想深圳大学新闻系师生们会给我们讲述另外一套动人的故事吧。

在《新新报》的创刊号上，我曾情不自禁地写下一篇《寄语》：

> 少年办报，老朽致辞。荷杖引路，没齿念经。乖谬之举，徒增一哂。遥想梁任公著《少年中国说》，去今已一百二十年矣。煌煌之言，犹金声玉振，摄人魂魄。其言曰：“老年人常思既往，少年人常思将来。惟思既往也，故生留恋心；惟思将来也，故生希望心。惟留恋也，故保守；惟希望也，故进取。惟保守也，故永旧；惟进取也，故日新。惟思既往也，事事皆其所已经者，故惟知照例；惟思将来也，事事皆其所未经者，故常敢破格。老年人常多忧虑，少年人常好行乐。惟多忧也，故灰心；惟行乐也，故盛气。惟灰心也，故怯懦；惟盛气也，故豪壮。惟怯懦也，故苟且；惟豪壮也，故冒险。惟苟且也，故能灭世界；惟冒险也，故能造世界。老年人常厌事，少年人常喜事。惟厌事也，故常觉一切事无可为者；惟好事也，故常觉一切事无不可为者。老年人如夕照，少年人如朝阳”云云。任公下笔之时，偌大中国，分崩离析。列强觊觎，国人颟顸。志士仁人，怀报国之心，体民瘼之艰，张启蒙之帜，奋起而述诸报刊，风雷起于笔端，烟霞笼之宇内。国之称少年者，非以年齿为限，盖以不谙世故，羞问功利，志存高远，百折不回。少年之心，为日新是求。日新之举，一星一点，一字一行，一图一版，呕心沥血，激扬挥斥。如童蒙之烛照，如青涩之初恋，如白璧之映霞，如春竹之萌笋。若任公地下有知，当感佩今日之中国，后继有人也！如是寄语新新报诸生，试问明日之新闻界，岂老人之天下？！

眼下由新闻系诸位同仁集体编辑而成的这套新闻专业毕业设计书稿，有两个主要的合成部分：一个是教师们指导新闻毕业设计的经验和理论总结，从毕业设计的宗旨、选题、采访、写作、编辑、制作、指导到评审、答辩一应俱全，一以贯之；另一个部分，也是篇幅的主要部分，则是历届新闻专业学生的毕业设计成果精选。编者将这些成果归纳成三个主题的专辑，冠之以

“人文观照”“社会脉动”和“前沿观察”，收入了三十组新闻深度报道和专题纪录片。这些作品，基本上是第一次以完整面貌呈献给读者的。其中部分作品曾在毕设答辩后被主流媒体报道或摘要刊发，当时也都曾引起过不小的轰动。

这并不是一般意义的学生作品。曾经多次来深圳大学参加新闻系毕业设计答辩的新闻业界的资深专家们也都评价说，我们并不是以学生作品的标准来看待和评价的。也就是说，他们是根据新闻专业的标准和眼光来鉴别和评价这些处女作的。当然，新闻系的教师们也不会将业界专家的评价仅仅当作一种鼓励。

衡量新闻专业毕业设计作品是否是合格的，有什么关键的标准？其实，有一个重要标准，就是看这部作品是否具有真正的新闻性质。关于新闻性的讨论，是一个政治问题、学术问题和专业实践问题，也是一个教育实践的问题。在这篇文字中，我不能系统回答。我只能从这些作品出发来看我们师生心目中对新闻性是怎样理解和把握的。

过去每年毕业答辩，我都尽可能排除各种事务到新闻系的答辩现场，去感受那种特殊的激动。那是一个奇怪的景象。就是大牌明星进入校园也没有那样的火爆场面。各个专业、各个年级的学生们，会早早地在科技楼大厅里排队等候进入答辩现场，排队的长龙从科技大楼蜿蜒上百米甩在草坪上。上午的答辩刚刚结束，下午的进场排队又紧接着开始。“仪式化活动”“娱乐化秀场”都不是正确的解释。孩子们的神情是严肃的，内心是欣赞的，自我是充实的。在现场的所有教师都能体会到那种节日般由衷的满足和快乐。同时，我们都似乎触摸到真正的教育的灵魂，原来她是有热度的！

经历新闻专业的毕业设计答辩和广告专业的答辩感受有所不同。后者可以体会到那种向市场进发的战略的谋篇布局，前者则可能是让人揪心的、悸动的、追问的、感佩的或叹息的。广告答辩会引起现场的笑声和哨声，新闻答辩则会让人流泪、沉默或感奋，即便最后都有热烈的掌声。

这些作品的作者们大多数都是伴随着这座欣欣向荣的城市成长起来的，他们没有经历过新闻采访中的那些特殊的生活。如果在一个封闭的暖房一般的环境里，他们不可能体会到在大学日常生活之外，社会的其他地方正在发生的惊心动魄的故事。是新闻的视野引导他们去发现，去追索，去思考。在这个过程中，他们逐渐忘我，逐渐忘记了这只是一次毕业设计，一次作业考核，他们开始真正施展一个新闻记者的能力，从中体会社会的问题、矛盾、纠结、出路，开始感觉到自己的镜头里面、键盘上边流淌的血与火、光与焰。

新闻的基础固然是真相，而发现真相的能力多半源于责任和良知，如果延伸到表达，则还要有勇气和智慧。

很多来到答辩现场的新闻业界的朋友会从这些不无稚嫩的作品中，感受到燧石击打般的闪光，对于他们来说也许是某种记忆或者希望被唤起的时刻。

来自香港的2014届的林玲玲同学在毕业设计后记中写道：

> 在渔船上与渔民共同进餐，跟着渔民到海鲜市场叫卖，跑遍各渔村与老渔民道古论今，参与渔民特有的嫁娶迎亲，跟着渔政海监部门出海登上渔排，饱览深圳滨海之美，穿梭在海风笼罩下的渔村……这些记忆渐行渐远。回想这六个多月以来的毕设过程，六人同行、同住、同甘苦共患难、同付出、同努力，虽然疲惫但是珍贵。我想，人生也许就是在不断的经历和体验中变得多彩。活在当下，珍惜、感恩！

这个时代是激流勇进的，也是有漩涡险滩的；是五彩缤纷的，也是有黑暗阴影的；机遇和风险并存，前途和问题同在。有责任感的教师不会给孩子们描绘虚假的景观，更不会用僵硬的话语禁锢孩子们的头脑，而是要和他们一起去认识和感受这个真实的社会。我们需要教会孩子们，新闻的发现和表达，不是从俯视众生的高度，也不是从仰视神灵的低度可以实现的。新闻对于人民大众，对于供养人类的自然，都只能是一个平等的视角。而且，这个平等的视角，还不能够仅仅停留在故事的外部，必须从我们发现者和表达者的内心里边投射出光亮来，这一光亮是我们对于人类社会的美好的理想，用理想之光去照亮我们生活的世界。

斗转星移，转眼已是2018年1月。作品入选“新闻专业毕业设计作品精选”的年轻的作者们都已经离开了学校，无论他们现在何处任职奋斗，我都想向他们说一声，理想是人之为人的存在的支撑，而任何时候理想都不仅仅是为个人的，理想是有温度的！

序二

使命感并非凭空而来

辜晓进

先要讲个真实的故事。故事主要来自台湾朋友王健壮的著作《凯撒不爱我》(我也通过《芝加哥论坛报》《纽约时报》等主流媒体的历史报道核实过，情况属实，尽管多年后仍有争议)。健壮兄是一位才华横溢的老报人，曾任《中国时报》社长和总编辑。2004年在《新新闻》周刊社长任上曾为拙著《走进美国大报》台湾版作长序，而彼时我们还未曾谋面。

这是关于几位新闻系学生经艰苦调查获得的真相，导致一位被冤判的死刑犯重获自由的故事。1998年9月，被控谋杀一位男青年及其女友的黑人死刑犯安东尼·波特（Anthony Porter)，被决定执行死刑。而此时他已经在芝加哥附近的库克县监狱坐牢16年。行刑前48小时，在波特已为自己选好最后一餐食谱时，其律师却以他智商只有51为由，为他争取到了暂缓执行的机会。律师使用拖字诀，是因为他仍认为波特是被冤枉的。

位于芝加哥的西北大学梅迪尔新闻学院教授普罗提斯（David Protess）获悉后，征询他的学生有无兴趣调查此案。他对学生说："如果我们不做，这学期结束前，一个人的生命即将结束。"结果有6位大四学生响应，并组成了一个小组展开调查。

波特被控于某夜凌晨1点在芝加哥的华盛顿公园犯下谋杀罪行。学生到该公园进行犯罪现场模拟后，却发现即便在白天，视力正常的他们也不可能看清楚250英尺（约合76米）以外发生的事情，何况是光线黯淡的深夜。此后不久，他们找到当年现场的唯一目击证人。经学生们说服，该证人坦承案发当晚他只隐约看见有两人仓促离开现场，但警察却拿波特的照片逼他指认。他在警察的威胁恐吓下做了伪证。

但证人翻供仍不足以翻案。6名大学生继续在成堆的档案材料中寻找线索，结果发现一项十分可疑的记录：当年案发后，警方曾询问过一对夫妇，但这对夫妇被询问后两天便蹊跷地搬离芝加哥。学生们在追寻那对夫妇时陷入困境，于是普罗提斯教授伸出援手，请自己一位当私家侦探的好友提供帮助。学生们屡经波折后了解到，这对夫妇已迁居威斯康星州的密尔沃基市，且多年前就已分居。

学生们又分头寻找这对夫妇，一位学生先找到了名叫杰克森的太太，对方经学生动员劝说，承认是自己分居的丈夫赛门开枪杀的人，当时她也在现场。在学生的说服下，杰克森写下了书面证明并做了录像口供。随后，6位学生又找到了她的丈夫赛门。赛门起初矢口否认，直到看了学生播放的其分居妻子的录像口供后，才承认自己因为毒品买卖纠纷而开枪杀人。库克县的法官在仔细研究了学生们历时4个多月调查得到的证据后，下令释放波特，并对赛门案展开调查。波特于1999年2月获得自由，赛门则被判刑37年。学生们的壮举通过新闻传播轰动全美，甚至欧洲媒体也来采访报道。6位学生和他们的老师被誉为“死牢天使”。

故事到此结束了。之所以要花费篇幅讲述它，是因为它对今天深圳大学学生们从事的新闻毕业设计而言，具有较强的相关性。首先是形式上的相似性：6位新闻系大四学生，在1位老师的指导下，围绕一个主题，进行为期4个多月的采访调查，形成一个可资呈现的报道成果，这都与深大新闻毕设的实践规划十分相似（只是深大毕设的时间更长一些）。其次是内涵上的接近性：学生们运用三年多来在新闻课堂所学的理论与技能，针对较为错综复杂的题材，在实战中通过艰苦的努力（上述故事看似简单，是因为学生们无休无眠、艰苦卓绝的过程被省略了），检验自己突破屏障和逼近乃至揭示真相的能力。而这种能力，在当今信息过载、虚假新闻满天飞的数字时代，尤显可贵。最后是意义上的相通性：在校新闻系学生走出校门，以问题为导向，以发现为己任，以自主为核心，深入社会，洞察民情，获取真相。这种携带重要任务的集体出征、项目全程的自我把控和对社会脉搏的深度触摸，与平时在校园媒体的小打小闹和在新闻单位的专业实习，都不可同日而语。所谓“不登高山，不知天之高也；不临深溪，不知地之厚也”。

更重要的是，我想通过这个故事鼓励学生们自我培育和学会尊重一种专业精神。这专业精神包括遵循职业标准的务实精神，顾全大局的合作精神，坚韧不拔的奋斗精神，不辱使命的负责精神等。这种精神适用于任何职业，不独新闻。因此，哪怕今后并不从事新闻事业，通过毕设培养的这种精神意识，也是终身受益的宝贵财富。事实上，毕设在以往毕业的很多学生眼里，是一种令人既感畏惧又觉兴奋的煎熬，而在煎熬之后的心理体验和成就感，会被长久铭记于心。记得去年有位毕设小组长在“感言”中回顾他们困难重重、跌跌撞撞的毕设过程以及长期目睹脑瘫家庭面临的巨大生活挑战后，引用尼采《善恶的彼岸》中的话语“凡不能毁灭我的，必使我强大”，以此献给在困境中依然保持微笑的人。其实我知道，这也是献给他们自己的。他们这组任务完成得很好（虽然并非最好）。3万余字图文并茂的大型专题调查报道，10分钟催人泪下的纪录短片，持续数月的微博官方账号和微信公众号的对外传播……经此一役，他们的内心变得强大起来，精神也得到升华。

通过讲这故事，我还想为学生们树立起一种自信。提出“知识就是力量”的培根还有一句名言：“深窥自己的心，而后发觉一切的奇迹在你自己。”有追求、有担当的大四新闻专业学生，在同样具有使命感和专业精神的老师的精心指导下，可以完成接近甚至不输职业记者水准的大型新闻作品，有的还可能令职业记者感到汗颜。故事中6位学生的壮举就让芝加哥的职业记者感到了汗颜，后来还被拍成一部纪录片《公园里的杀手》(A Murder in the Park)。当地最大报纸《芝加哥论坛报》在法庭做出判决后，立刻采取行动弥补自己的缺憾，派资深记者彻查伊利诺伊州（芝加哥所在州）近20年的死刑判决档案，结果发现，不当起诉、失职辩护、错误判决的例子多达两位数。报道刊发后，一向赞成死刑的州长乔治·瑞恩（George Ryan）于2000年1月31日签署决议案，将本州167位死刑犯一律减刑为无期徒刑。这是美国历史上一项前所未有的决定。回顾深大多年来的毕设实践，其中也不乏规模浩大、制作精良而主流媒体不曾触碰过相关题材的优秀作品。学生们在全情投入毕设后爆发出的能量，常常超出他们自己的预想，这是很多毕设小组的共同感受。

不要怕被贴上“理想主义”的标签。新闻毕设作为学生毕业前浓墨重彩的最后一秀，既是一个阶段的结束，更是崭新前程的开始。选择新闻专业的理想种子，经大学四年的孕育和毕设实战的浇灌，已破土出芽，迎风吐翠。铁肩担道义、热血写春秋的理想彼岸，并不遥远。

以此续貂，是为二序。

2018年1月于深圳爽籁居

目 录

深圳渔村：远去的故乡
——关于深圳渔村兴衰存亡的新闻调查

深圳填海三十年

罗湖棚改：违建之困 转型之惑

城墙内外
——湖贝旧村的最后岁月

归来之神
——深圳民间宗教调查报道

佛山武馆之商业江湖
——探寻佛山传统武馆的转型之路

行走在流水线与霓虹灯之间
——90后农民工在深圳的别样生活

外来务工子弟：无处安放的书桌

梧桐私塾“复兴”记

“深”海
——深圳海洋生态环境保护调查

21世纪新闻传播学应用型教材

——《新闻专业毕业设计》配套作品集——

新闻的名义

深圳大学新闻毕业设计作品精选

III

前沿观察

那晚，南渔社区舞草龙最后“化龙”时，老渔民何连胜一身红衣，面向西方的海面站了许久。

深圳渔村：远去的故乡

——关于深圳渔村兴衰存亡的新闻调查

指导老师：辜晓进、黄春平

小组成员：彭步云、刘诗颖、郭家虹、陈晓璇、李明子、林玲玲

毕设时间：2014 年

深圳，一个海岸线长达 230 公里的沿海城市，下辖 622 个社区，其中渔社区只有 5 个。

它每年的水产品消费量高达 35 万吨，而本地交售量却不足 1 万吨。

三十年变迁，渔民收网上岸，与“打鱼”渐行渐远。

渔村改作社区，成为都市一隅。

经过岁月的摩挲，渔村还剩下什么？

图片 1：
深圳渔村分布区域图
彭步云 / 制图

（主稿）

漫漫三十载　渔村大变迁

文 / 彭步云　刘诗颖　李明子

城市的诗篇总是多样的。当文字停留在过往的岁月时，深圳沿海的十个渔社区（村）热热闹闹，渔民日出而作，日落而归，渔网撒向海洋、撒向阳光，捕获起丰盛的生活景象。如今，城市化的浪潮让整个城市都蒙上了魔幻

图片 2:
夕阳西下，南渔社区月亮湾码头边的渔民在渔船上休息
林玲玲／摄

主义的穿越色彩，炫目的深圳速度，从不停息的车水马龙，使渔村成为被遗忘的过去。当我们行走在宽阔的滨海大道时，我们的目光是否会在那湛蓝的海域上停留？心里是否会涌起关于远去的故乡——渔村的点滴回忆？城市将把渔村和淳朴的渔民裹挟至何处，我们与你共同发问，共同牵挂。

“我也想出海（打鱼），没人陪我，又没鱼打。”67 岁的南渔社区老渔民何连胜已不再出海打鱼。每逢阴雨天，风湿疼痛不仅像“阴魂”一般纠缠着他，更唤起他曾经在海上的生活回忆。

何连胜的儿子何笑东也曾随父亲出海打过鱼，但夜间在海上打鱼、白天上岸卖鱼的日子实在太辛苦，加之收入不可观，何笑东便不再出海。说起打鱼，他坦言自己不如父亲能吃苦。“他们是爱打鱼，我们就是为了挣点钱。”

2009 年，何连胜还驾着小船出海捕鱼，曾一天来回跑三趟。现在年纪大了，何连胜一个人出不了海，又找不到年轻一辈陪他出海，只好在家“休息”，或是到社区的天后宫帮忙翻修重建。

随着年龄的增长，像何连胜这样的老一辈渔民早已收网上岸，不再出海。而像何笑东这样的年青一代也因收入少放弃打鱼，转而从事其他工作。

目前深圳共有西乡渔业村、渔一社区、渔二社区、渔民新村、渔民村、沙栏吓村、沙鱼涌村、南渔社区、东渔社区、坝光社区等十个渔社区（村）。在南渔社区，本地居民越来越不与海洋直接接触。这是全深圳海岸沿线的其他渔社区（村）都存在的一个普遍的现象。

疍民上岸　梦圆瓦房

“那时（解放初期）村里有几十艘船，一百多人，大家都住在船上。”东渔社区退休老书记李成亚今年 67 岁，在东渔当了 30 年的干部，至今仍对那

段海上时光印象深刻。

1966 年上岸时，李成亚已在船上生活了 19 年，此前他的祖祖辈辈也一直漂泊在海上，以打鱼为生。“那时候我们一家人挤在一起，吃喝拉撒都在一条船上。”他眯着眼回忆道。

新中国成立初期，广东沿海的渔民常年受封建渔霸和渔栏主的压迫、剥削，他们在陆地上没有寸土片瓦，只有海上一艘小船供吃住。

这种将家安在船上，随船四处漂泊的渔民，被称为“疍民”或“龙户”，他们专以捕鱼为生，不从事农业耕种。

当时他们隶属各渔业村，村委会记录着他们的信息。1953 年 6 月，宝安全县开展渔业社会主义改造运动，当时登记在册的渔民 1 802 户共 12 同 909 人，渔船 785 艘。较之 3 年前，渔民人数翻了 10 倍。

1966 年上半年，周恩来总理提出解决全国所有“海上人家”（渔民）定居问题方案。宝安县政府开始圈划土地，为渔民建造房屋。至此，数万渔民方从舢板船里走出来，真正地在陆地上安家。

隶属东山渔业村的东渔村渔民成为较早上岸的渔民群体之一。1965 年，宝安县水产局划批 3 万元，并在东农村北部大亚湾渔民集中地段划地 8 000 平方米，建造了 42 间二十多平米的瓦房，陆续上岸的 350 多个东渔村渔民中便有李成亚。

瓦房间数远远低于上岸渔民的需求，于是东渔村村委会规定结婚的渔民才能分到房子，单身的可选择与亲人同住，或者住在船上。李成亚当时还不到 20 岁，兄弟姐妹九人都还没成家，一家十一口人住在一起。

不少渔民家庭都人口众多，为了充分利用空间，有些人会用木板将房子隔成两层，楼上不足半米高的小阁楼用来睡觉。李成亚家也有一个这样的小阁楼，但仍旧不够住，他和三个弟弟晚上不得不继续睡在船上。

图片 3：

夕阳下南渔社区的月亮湾码头全景图

李明子／摄

图片 4:
东渔社区居民盖起的一栋栋小洋房
李明子／摄

万山群岛 千帆竞发

几乎在同一时期，深圳附近海域的大部分渔民纷纷上岸，捕鱼也逐渐转成集体作业，机动渔船代替家渔船成为捕鱼的主要工具。

20 世纪 60 年代至 70 年代，国家批准宝安县渔业社从香港购买 30～40 吨级小机动船，该渔业社的东山渔业大队又新造了四艘大马力机动渔船用于集体作业，其中最大的一艘是双发动机、65 吨的渔船，每次出海需配备 24 名以上船员。

在海湾的另一侧，南澳渔业大队也在水产局的帮助下贷款买船。20 世纪 60 年代的南渔村“捕捞业发展好，人丁兴旺”，大队大大小小的船只共计 17 条。

据原南渔村党支部书记陈寿防回忆，1969 年除夕，大队共出动 8 条船，捕抓超过 3 000 担（近 30 万斤）鱼。到 70 年代，大队人口达到 1 000 人，仅劳动力就有 300 多人。“当时万山群岛的鱼特别多，整个广东省的船，包括东莞、珠海、番禺的船都会出现在万山群岛，有一次大队出动了 17 条船，全部满载而归。”陈寿防说。

万山群岛位于珠江口的正南方，江水入海，群岛众多，各种鱼类汇集于此，以盛产池鱼闻名。每年的 2 月至 5 月是池鱼汛期，这期间上千艘船、近万名渔民聚集于此，万山群岛成了渔民的打鱼天堂。

1976 年 3 月，沙鱼涌村的六条大船一起出航驶往万山群岛，这一次出动了全村的劳动力近 100 人。“整个海面像镜子一样，平平的，东南西北在哪里都不知道。”沙鱼涌村上任村长陈煌先所在的船只能通过对讲机和村里的其他船联系，一同配合放网、拉网。

图片 5：
沙鱼涌村现存大量被空置的旧房
彭步云／摄

有一次陈煌先和同伴正准备起网，但发现渔网很重，甚至用起重机都拉不起来。船员们以为勾到了礁石，于是叫人潜入水中一探究竟。没多一会儿，下水的人回话说网兜里全是鱼。这一消息让二十多名船员不由地兴奋起来。为了将渔网拉上来，陈煌先和其他数十个年轻人索性跳入海中，将绳子套在渔网上，借助起重机再一次起网。经过近一个多小时的"奋战"，终于成功起网，"鱼足足有 200 多担（相当于 2 万多斤）！"尽管隔了三十多年，但谈起这次经历，陈煌先依旧很兴奋。

打鱼遇冷　风光不再

一网捕获 200 多担鱼的战绩仅停留在 20 世纪 70 年代。

1979 年，国务院颁布《水产资源繁殖保护条例》，宝安县的海洋捕捞业进行了作业调整，各渔业大队组织卖掉大船，从香港购进小船，进行个人经营或联合出海。

一些无法适应"集体解散"的渔民难以独立打鱼，加之深圳海域因过度捕捞，渔业资源减少，打鱼变得艰难，渔业大队也大不如前，很多渔民便逃到香港务工。

"年纪大一点的都走了，一共走了两百多人。"据陈煌先回忆。70 年代末，沙鱼涌村很多渔民逃去香港，当时全村剩下的只有几十个人和一排排空房子。无独有偶，东渔村也走了三分之二的村民，留下的仅有 10 户近 100 人，其中不少是全家一起逃港。

鱼量减少、渔民逃港，无疑对渔业的发展造成了冲击。为了缓解这些问题，1983 年，渔业大队重新改组，成立渔业村，开始发展渔业养殖。

图片 6:
1978 年 7 月，蛇口渔业一大队捕鱼场景
徐国发／供图

养殖业的发展使东渔村在 80 年代绽放光彩。由于渔获量的充足与稳定，东渔村渔民收入有了很大提高，村民纷纷推倒瓦房，建起了一栋栋三层小洋房。

但渔村并没有像渔民所期待的那样发展得一帆风顺，大自然跟顺境中的渔民开了个不小的玩笑。

1988 年 12 月，深圳海域首次出现大规模的赤潮，大鹏半岛附近的海域一夜之间从湛蓝色变成了赤红色。不少渔民形容“大海好像生了铁锈一样”。

此后，深圳海域发生赤潮的频率逐渐增加。据深圳市海洋与渔业环境监测站提供的资料显示，20 世纪 90 年代，深圳平均每年发生赤潮高达 7 次。

这对渔民捕鱼和养殖造成了沉重的打击，收入也越发不稳定。一些条件比较成熟的渔村为了确保渔民的收入，在 90 年代纷纷成立了股份公司，通过远洋捕捞和房屋租赁发展集体经济。

渔一社区于 1992 年组建了蛇口渔一实业股份有限公司。第二年，公司投资建设工业厂房 2 栋，且拥有了 2 艘远洋捕捞渔轮。当年仅远洋捕捞产量就达 1 454 吨，产值上千万元。

进入 2000 年后，因海水污染逐年加重和过度捕捞，越来越多的渔民开始担心出海“无鱼而返”。据渔一社区渔民老陈回忆，海产养殖越来越多，但海上打鱼的场地越来越少。“每次打到的鱼都少得可怜，连油钱都赚不到。”

近海如此，远洋亦然。渔一公司 2003 年的远洋捕捞产量仅为 199 吨。

2004 年，广东省海洋渔业局发布《关于扶持沿海渔民转产转业保持渔区稳定议案的实施办法》，组织渔民转产转业。渔一公司自愿减渔船 5 艘，获减船补助 36 万元，帮助渔民找工作或者继续从事其他渔副业。

其他渔社区（村）居民也陆续转业，打鱼的人越发少了。

推倒一面墙 离开一个“家”

坝光，位于大鹏半岛东北部大亚湾畔，占地面积39平方公里。据坝光居委会的薛少勇介绍，原来的坝光有18个自然村，深圳“村改居”后，坝光成为深圳市最大的一个社区。

如今，坝光主干道上几乎见不到行人，社区已拆除80%，原居民所剩无几。

2006年以来，坝光全面开展整体搬迁工作。目前累计拆除房屋1 519栋，剩余房屋483栋，其中仍有居民居住的房屋113栋。近3 000人的坝光社区，现仅剩100多人。

灰秃秃的主路插进拆迁中的坝光社区，像运输管道一般，坝光的农田、海洋、百年祖居和一切曾经的存在，被一点一点搬运干净。路边的农田多数长满枯草，久未耕种，有些翻新的红壤是刚刚被推土机铲开的，偶尔一片绿油油的菜地突兀地出现在眼前。

盐灶村被誉为“坝光最美的村子”，这里有原生态的针叶林，百年古树庇佑着村里的蓝氏家族。村民蓝海山经营着一家小有名气的餐厅，是为数不多尚未搬离的村民之一。蓝海山告诉记者，自从村民搬出去之后，餐厅后面的蓝氏宗祠便无人维护。透过半遮掩的木门，记者能看到里面布满灰尘和蜘蛛网的方桌。

“有些100多年的古宅被拆得像废墟一样”，蓝海山很心痛家园变得伤痕

图片7：

坝光社区很多房子已被拆除，很快它将被夷为平地

林玲玲／摄

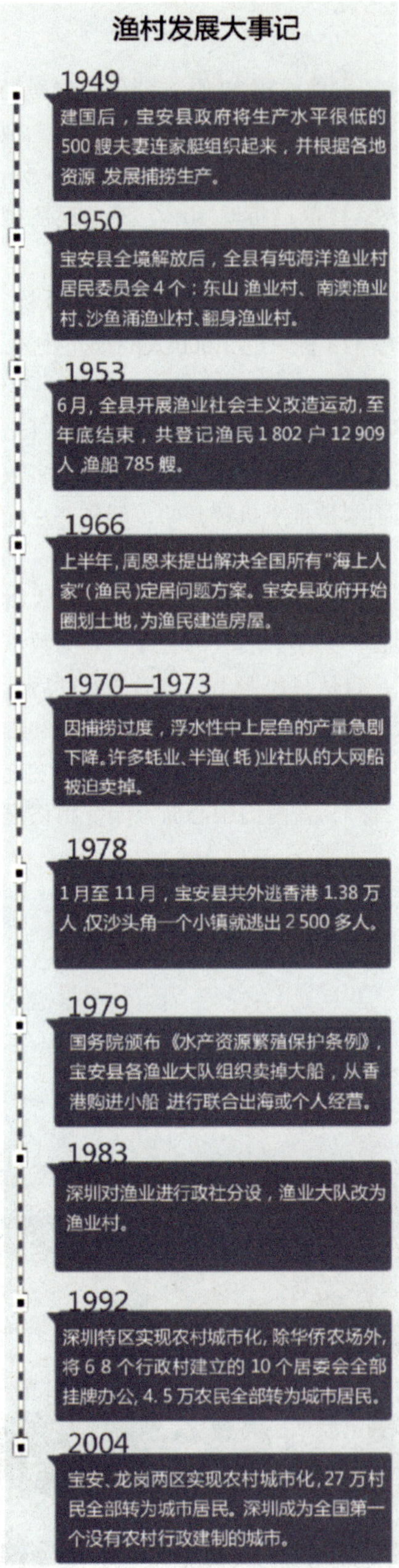

累累，“我不愿意搬，等将来实在不行再说。”

像蓝海山这样还住在坝光的人已经很少了，村民零散地分布在葵涌或者其他地方。未来，坝光将被建成国际生物谷，这意味着坝光居民将彻底离开他们的故土。

蛇口的渔一社区虽没有面临像坝光这样的境遇，但 2006 年以来，渔一社区也在进行旧村改造项目，项目拆除用地面积 25 283 平方米，建筑面积为 141 970 平方米。

不过，大部分的渔一社区居民只是搬离至相邻的渔二社区，且渔一社区旧改完成后，居民还可以回归家园。

深圳综合开发研究院、旅游与地产研究中心主任宋丁认为，深圳渔村消失是必然结果，尽管渔村终将不复存在，但渔业形态可以作为一种文化现象进行保存。

他解释，如蛇口在做城市化项目时，为了体现当地的文化特点，特意保留渔人码头或者渔业捕捞的活动资料等，以便让游客和市民参与体验。“这种方式可以在一定程度上保留渔业渔农文化的形态，但无法完整保留和恢复几千年来的农业经济形态下的渔村形态。”

还留有渔村痕迹的南渔社区也预计在未来 5 至 10 年更新为以旅游为主的休闲娱乐小镇。67 岁的老渔民何连胜从未离开过南渔，也从未想过要离开南渔。他并不担忧未来高楼林立的南渔社区，他担忧的是子孙后代是否还能记得，南渔曾有一代又一代的打鱼人。

图片 8:

渔村发展大事记

彭步云 / 制图

渔村发展大事记

1949

建国后，宝安县政府将生产水平很低的500艘夫妻连家艇组织起来，并根据各地资源 发展捕捞生产。

1950

宝安县全境解放后，全县有纯海洋渔业村居民委员会4个：东山 渔业村、南澳渔业村、沙鱼涌渔业村、翻身渔业村。

1953

6月，全县开展渔业社会主义改造运动，至年底结束，共登记渔民1 802 户 12 909 人 渔船 785 艘。

1966

上半年，周恩来提出解决全国所有“海上人家”(渔民)定居问题方案。宝安县政府开始圈划土地，为渔民建造房屋。

1970—1973

因捕捞过度，浮水性中上层鱼的产量急剧下降。许多蚝业、半渔(蚝)业社队的大网船被迫卖掉。

1978

1月至11月，宝安县共外逃香港 1.38 万人 仅沙头角一个小镇就逃出 2 500 多人。

1979

国务院颁布《水产资源繁殖保护条例》，宝安县各渔业大队组织卖掉大船，从香港购进小船 进行联合出海或个人经营。

1983

深圳对渔业进行政社分设，渔业大队改为渔业村。

1992

深圳特区实现农村城市化，除华侨农场外，将6 8 个行政村建立的 10 个居委会全部挂牌办公，4. 5 万农民全部转为城市居民。

2004

宝安、龙岗两区实现农村城市化，27 万村民全部转为城市居民。深圳成为全国第一个没有农村行政建制的城市。

（辅稿 1）

“渔舟唱晚”成旧日时光

文 / 刘诗颖　陈晓璇　彭步云

每当阳光洒向大地，人们就得为了生计而奔波。

大家的拼搏是为了那朦胧而美好的未来。

鲜有人关注这些村子的过往，这些被遗忘了的过去。

曾临海而建，而今却深居内陆。

社会的步伐将其抛下，渔民们竭力拾起。

尽管沉甸甸的历史已鲜为人知，但文字的记录能让一切留下印记。

时光荏苒数十载，村民们试图通过回忆抓住过去。20 世纪 60 年代，渔民上岸定居，改变的是曾经漂泊不定的一船一家的“水流柴”生活，但不变的是仍以打鱼为生。如今，渔民身份改变，渔村消失不再，随着人老离世，记忆也终将逝去。

深圳河上打鱼人

渔民村最为人们所熟知的是村民富裕的生活和村子里的花园式小区，改革开放让这个小渔村华丽转身，成为全国闻名的富裕社区。如今它深居城市腹地，人们早已忘了这曾是一个纯渔业村。

图片 9:

渔民村渔民上岸前，一直在这种“连船渔船”上生活

徐国发 / 供图

图片10：
20世纪50年代渔民村村民就住在寮棚里
徐国发／供图

20世纪40年代，深圳河水清鱼肥，这让经常路过罗湖桥的东莞人有了“非分之想”，他们回到企石镇，带着吴、邓两大姓族人顺东江而下，在深圳河畔居住，以打鱼为生。

老人吴锦清现年76岁，他的父亲吴成计是渔民村开基立业的拓荒人。8岁那年，吴锦清跟着父母，乘坐家里唯一一条宽1.5米、长5米的舢板船，来到深圳河。“整条深圳河都是渔民村的渔民在打鱼。”20世纪50年代，越来越多的渔民开始在河边搭起水草寮棚，在陆地定居，逐渐形成了一个渔村，名为“渔民村”。

1953年，吴锦清开始出海打鱼。“以前出海都是2个人，夫妇一起，女的负责划船，男的负责撒网捕鱼。”未上岸前，他们吃住都在舢板上。“睡觉都要侧着躺，坐着要屈起腿。”村民会到深圳河入海口、白石洲、蛇口等地打鱼，一去可能花上两三天时间，打来的鱼便卖到沿途的农村。

渔民村这种打鱼生活一直持续到改革开放。1980年8月26日，国务院批准设立深圳特区，宝安县自此更名为深圳市。1981年5月4日，深圳市委向广东省委提交《关于深圳经济特区范围和管理的请示报告》，与香港一河之隔的罗湖渔民村被划入深圳经济特区管辖范围，渔民村一跃成为全国焦点。

凭借着毗邻香港的优势以及改革开放的政策，渔民村的村民开始寻找新的商机，开展小额贸易，赚到了第一桶金。资料显示，1981年渔民村的集体收入达到了60多万元，年底村里决定拨出70万元为社员统一筹建新住宅。记者从渔民村的老照片上看到，33栋统一规划的别墅式小洋楼漂亮整洁，而当时刚刚流行起来的三大件——电饭煲、电冰箱、电视机也走进这些村民的家中。

是年，在政府的帮扶下，全村一年纯收入47万元，户均3.3万元，是深圳的第一批万元户村之一。

和村里其他老人一样，60岁那年，吴锦清开始领取社保，便不再打鱼。渔民村曾迎接过邓小平、胡耀邦、胡锦涛、习近平等党和国家领导人，老人

图片 11：
20 世纪 80 年代，渔民村成为全国首个万元村，当时全村统一规划，每户都有一栋小洋房
徐国发／供图

家经常和儿孙念叨："今天的生活是来之不易的。如果没有共产党的领导，没有改革开放，哪有今天？"

双重户籍　过界打鱼

位于中英街社区内的沙栏吓和香港新界北接壤，人们住在 20 世纪七八十年代建的楼房，曾经用于出海打鱼的港湾现被高墙围起，没有船只、没有土地的沙栏吓村村民大多转产转业，原建在海边的妈祖庙也因填海造陆隐入窄巷。

在村子尽头的海面上仍有稀疏来往的几艘渔船，据当地人介绍，这些渔船都是外来渔民开到这片海域打鱼的，沙栏吓村在改革开放后连一条渔船也没有了。"本来还可以下海的，现在我们下都不能下，因为不是渔民了。"

沙栏吓村原是自然村，有着 300 多年历史。康熙年间，吴姓族人从粤东北客家地区迁居于此。"从内陆迁来一开始是种田，后来慢慢发展到 2/3 打鱼，1/3 耕种。"据村委工作人员介绍，那时的房屋就是几米高的平房，进出十分方便。只要不出海，数十艘渔船密密麻麻地停在岸边，渔民们有的回家休息，有的到集市上做买卖，小村子也是热热闹闹的。

"1938 年日本人打到这里，全村几乎都逃到香港。"过了 3 年 5 个月，日本人打到香港，"我们有些村民又跑回村了。"土生土长的沙栏吓村民、现任村长吴天其称，如今很多村民散居香港或移民国外，"2000 年时沙栏吓村民约有 1 000 人，其中，90% 拥有深港两地户籍。"

1978 年，沙栏吓村渔业大队解散，生产队卖了所有渔船，村民"收网上岸"，不再打鱼，村里也筹备建新村。吴天其说，20 世纪 70 年代末，沙头角人均年收入仅为 100 元人民币，而对面香港居民却高达 7 万港币。耕种、打鱼远不能满足经济上的要求，集体经济寻求新出路，引进加工厂，这才有了新积蓄。1983 年，每户出资 1 万元，村里补贴 1 万元，建起了 20 多栋有独

图片 12：
1934 年，沙栏吓渔港退潮后，渔船停在码头
徐国发 / 供图

立卫生间和厨房的居民新舍，这是深圳最早期的城中村改造。

当时引来人们参观的气派房屋如今显得有些破旧和过时。吴村长说，“沙栏吓没田地，有阵子人们都不相信沙栏吓这么穷，在中英街里面经济竟然这么落后。”

2007 年沙栏吓成立股份有限公司，旗下有市场、物业出租，村民每年有一定分红收入。

全村渔民大逃港

1978 年的八、九月份，天还有点热，南渔村村民郭赞明做了差点令他抱憾终身的决定——过香港！

“‘你们的人全部跑了！’当时村里的干部这么对我说的。”

郭赞明一家是村里最后一批偷渡去香港的，在他之前，已有一大半的村民拖家带口，以“买鱼”为借口，在香港上了岸。他的弟弟妹妹就是这样在他之前离开了村子，之后便没再回来。那年，渔业大队仅提供三餐，渔民吃不饱饭也没有额外报酬，大多数人选择离开村子到香港发展，郭赞明耐不住大家劝说，也满怀希望想到香港赚大钱。

他带着怀有七八个月身孕的妻子和三个不到十岁的儿子，乘上了驶往香港新界的渔船，准备就此告别南渔村。他将仅有的一对耳环、一块手表和几百块港币放在妻子身上，再三叮嘱要看紧。

好不容易渔船到了新界高楼湾，郭赞明在朋友亲戚家借住一晚后便往大埔码头赶。到达码头后，船上一个中年妇女冲出来，向岸边一个衣着整齐的男子大喊“舅父，舅父”，谁知那个人竟是香港海关人员。此人上前盘查，发现船里有“偷渡客”，叫来了更多的人。郭赞明一家四口站在码头边上，

身上没有任何通信设备可以联系到香港的朋友，又怕连累而不敢找已在香港的弟妹，更不敢和本村一起偷渡过来的人打招呼，害怕会被查处。

海关人员过来盘查时，郭赞明拿不出“身份证”，灵机一动，他指着妻子的肚子说：“她肚子都这么大了，马上要生了，我哪有时间带‘身份证’啊。”警察没多问便放行了。

郭赞明看着妻儿，想着妻子临盆在即，在香港联系不到亲戚朋友，又没有资格住院，不知今后如何在这片陌生土地上立足，恐惧、无助、孤单充斥着他的内心。

于是，他转身对妻子说：“不如，我们回去吧。”

据记载，宝安县历史上有三次“逃港潮”，1978 年的“逃港潮”是最后一次，也是最严重的一次。当时宝安县成为“外逃”香港最严重的地方，据历史资料不完全统计显示，从 1978 年 8 月至 1979 年 6 月宝安县共有“外逃者”54 719 人，其中留港的 17 456 人。

这次“偷渡”失败的经历郭赞明只当是笑谈，“那里的警察很好的，晚上还会问我们会不会冷，要不要给我们加被子，吃饭吃的还是马铃薯焖猪肉呢！”如今，他住在南渔社区半坡上一栋两层半的楼房里，含饴弄孙，帮着村里扩建天后宫，代表村民谈旧城改造的事，受人尊敬。而他的弟弟妹妹在香港住的是租来的房子，年过六十了还要外出打工赚钱，生活并不如意。郭赞明很庆幸自己回来了。

“小心谨慎”渔家恋

“早上你们到市场走走，拖着手走路的一对就是陈雄夫妇，女的胖一点，男的瘦一点。”南渔居委会副主任何文辉说，“我们村的模范夫妻来着”。

1971 年，“文革”的狂风巨浪席卷了南渔这个小渔村。19 岁的陈雄当时因“电报员”身份成为国家机密工作人员，渔业大队只允许他与“成分”门当户对的姑娘成家。当时，住在旧屋（现为海味街）的陈雄一眼看上了圆润可爱的“陈婶”石少玲，“给她写了封信，不好意思给她，就叫别人给她咯。”“然后，我就考虑看看咯。”陈婶接话道。

说起两人的相识，陈婶滔滔不绝。原来陈雄不知道两人曾是小学同班同学，“后来我问他说‘你不就是当时坐在第一排吃老师口水的那个’，他才‘对呀对呀’地承认。”陈婶说着还撇了撇嘴，一旁的陈雄一边听着，一边咯咯地笑着，笑纹堆满了一张脸。

两人的体型相差甚远，画面看起来有点诙谐。“她原来不这么胖的，生一个就胖一点，生一个就胖一点，生了四个，就这么胖了。”陈叔笑得合不拢嘴，像是拌嘴占到便宜一样。

“我们 20 岁拍拖，5 年之后结婚，都结婚 36 年了。”没有一丝迟疑，陈婶脱口而出。

陈雄从佛山学成电报后，就跟着渔业大队的船只出海，一离开港口就长达几个月。当时大队规定不能过早结婚，不仅如此，每次写信、打电报都须向大队请示。

“不记得（写了多少信）了，一有空就写。”陈叔说。一封又一封，送到渔村海味街的旧屋，或是送到同样出海的陈婶的船上，就这样写了五年。“以前那些叫作‘拍拖信’。不像现在你们年轻人，拍拖打电话。”陈婶笑说自己不认字，“我可没给他回过信。”

五年的书信时光中，两人见面的时间却是屈指可数的，渔船每次出海都要一个月以上。“那时候我家穷，也不送礼物，就是写信，聊天。”陈雄摆弄着手上的茧，“反而是她照顾我多点，会买了烟塞给我。”

如今，夫妇俩住在南渔社区的半山坡上，不出海的时候，陈叔便会和陈婶早起到市场吃早茶、买菜，然后手拖手慢慢爬坡回家。若是出海，陈婶也一定会在5点左右做好晚饭等陈叔回家一起吃饭。

（辅稿 2）

渔村缘何消失？

文／刘诗颖　郭家虹　陈晓璇　林玲玲

面对越来越少的渔获量，不少老渔民痛心疾首道：“鱼不是渔民打完的，是工厂污染破坏了海洋环境。”

“以前这里都是沙滩。海上世界以前是海。说不定以后有小孩会问为什么叫‘海上世界’，应该叫‘陆上世界’。”

图片 13：
凌晨5点的南渔社区，渔民的渔船被搁浅在干涸的泄洪渠上
李明子／摄

图片 14：
西乡三围码头鲜有渔船，污染令河水发黑发臭
林玲玲／摄

他们更担心那种“日不闭户”、没事时到院子里晒晒太阳或到邻居家串门的生活将一去不返……

“老啦，不让打了，也打不动了。”南渔社区老渔民石少玲故作轻松地说着。

近年来，因为渔业资源锐减，深圳渔民生活越来越艰难，坚持继续打鱼的人也越来越少。而随着城镇化的推进，海域被蚕食，村子变社区，不少渔村早已“面目全非”。没有人能说得清渔村的消失是从什么时候开始的，但渔村渐行渐远却是不容忽视的一个现象，而这背后的原因更应被人们所了解。

过度捕捞、海洋污染左右夹击

2 月 23 日的午后，东渔码头万里晴空，一位湖南籍的渔民戴着发黑的厚手套，将粘在渔网上面的小虾小蟹用力摘下来。任小孩在一旁玩闹，他的目光依然极力搜寻，试图多发现一丝收获。加上这张，他已经整理好了四张渔网。

随着渔获量的逐年下降，小型渔船的渔民开始采用粘网捕鱼。这种细丝钩成的网连小虾小蟹都难能脱逃。渔民们期盼粘网能够粘到稍微大一点的鱼，但仍常常不如意。

为了保护海洋资源，相关部门每年都会严格执行休渔期政策，并辅以增殖放流。休渔期，渔民可以有两种选择，要么领取 3 000 元左右的补贴金，彻底休渔，要么钓鱼或使用单网捕鱼。

“大部分渔民都会放弃补贴，用单网捕鱼或者钓鱼。”深圳外来渔民杜玲告诉记者，每月需要近 8 000 元收入才能维持一家四口的生活开销以及出海成本，每月 1 500 元补贴费远远不够。

图片15：

鱼越来越少，一些外来渔民只好用粘网将鱼虾一网打尽，尽管如此，收获依旧不乐观

彭步云 / 摄

数据显示，近年来，过度捕捞导致的渔业资源匮乏现象越来越明显。20世纪70年代初，因捕捞过度，中上层鱼的产量急剧下降，渔业大队将围网船转为拖网作业。八九十年代，海洋生态逐年变化，渔获量逐年下降，物种也越来越少，过度捕捞导致近海渔业资源严重缺乏。

在近乎“断子绝孙式的过度捕捞”后，现在的“渔船就像梳子一样在海里梳来梳去，已经见不到什么鱼了”。深圳市著名出版人、自由撰稿人南兆旭这样比喻现在的海洋渔业。

自改革开放以来，深圳工业发展呈现速度快、涉及面广的特点，而被忽略的工业垃圾则给深圳海湾留下了致命的污染。

2013年12月12日，记者经过盐田海边街，刚想转入盐田社区工作站，就闻到阵阵恶臭，附近渔民称恶臭是因为“避风塘淤泥清理工程正在紧锣密鼓进行中”造成的。

盐田避风塘，位于盐田河下游出海口，分内、外两塘，是盐田区及附近海域其他渔船躲避台风的地方，也是停船靠岸的主要场所。此前有多家媒体报道，人口增多、企业工业污水增加等导致盐田河以及避风塘水质变差，甚至发黑发臭。

如今名声大噪的盐田现代化国际集装箱港口，是由盐田旧墟西南方向的广阔海域改造而成的。

“盐田墟被填后，没有岸边，从这里到沙头角的全被填了，污染很严重。”盐田下渔村的老渔民苏宝明说，“之后（渔民）转行陆陆续续，本地人2000年后开始不打鱼了。”

遭受污染的不止盐田避风塘，还有宝安机场附近的三围码头。

同一天，记者来到了三围码头。还未走进码头，就已闻到一股臭味。整片挂着枯枝烂叶的树干倒插在遍布苔藓淤泥的污水中。发黑的污水中生机无迹可寻，绵延两三公里的西海堤红树林成片死亡。

一位在附近载客的中年人告诉记者，20世纪90年代的时候码头还能看到渔船，如今污染太严重，码头附近建了很多直接将污水排入水中的工厂，渔船也都迁走了。

海洋污染的加剧也导致了赤潮频发。

2007年，深圳蛇口海域发生了一次大规模赤潮，面积达70多平方公里。历史上最严重的要数1998年3月发生在深圳大鹏湾、深圳湾、珠江口及内伶仃岛一带海域的大规模赤潮，导致经济损失逾千万元人民币，“很多人因此都不打鱼转行了”，南渔社区渔民石永雄透露。

填海造陆让渔村“有名无实”

2014 年 4 月 1 日，国家海洋局南海分局发布公告，深圳市就“中石油深圳 LNG 应急调峰站”项目举行听证会。该项目拟选址大鹏湾东北岸迭福片区，填海造陆约 39.7 公顷。一石激起千层浪，这一消息在深圳引发各界讨论，不少市民表示反对。

其实，填海造陆对深圳这个海滨城市来说并不是第一次。

据不完全统计，从深圳建市至 2013 年，通过填海变成陆地的海域至少为 69 平方公里，仅 2006 年到 2010 年四年间，深圳填海造陆面积就达 47.6 平方公里，相当于半个福田区的面积，而深圳 254 公里的海岸线，现也仅剩 40 多公里未开发。

“在大梅沙以西近 100 海里的海岸线里，没有一个人工渔场，没有一个沙滩，人们已经完全在这个漫长的海岸线上失去了亲近海的可能。”南兆旭说。填海造陆对于靠海为生、依海而兴的深圳渔村来说，无疑是一个灾难。

“以前这里（蛇口渔人码头）也有鱼，现在没了。”蛇口渔一社区老渔民老陈表示，深圳的发展对于渔民来说太快了，填海造陆不仅让海洋生态发生变化，也改变着他们的生活环境。

20 世纪 80 年代中期，蛇口工业区投资 1 200 万元改造的海滨浴场，成为蛇口渔村村民和游客的休憩圣地。而在 2003 年，因为海水污染和“海上

图片 16：
三围码头西海堤红树林大片枯死
林玲玲／摄

图片17：
盐田港附近污水肆意排出，渔民生活“举步维艰”
陈晓璇／摄

世界”的重新规划开发，海滨浴场被彻底填平。如今蛇口渔民只能在高楼大厦上遥望蛇口海域，望“海”兴叹。

在造陆运动之下，50年代还在深圳河入海口沙洲之上的罗湖渔民村，现今也早已“近海而不亲海”，摇身成为拥有11栋现代化居民楼的花园小区。如今外地人路过村外公交站时，或许会诧异为何这个现代化的小区会叫作“渔民村”。

填海造陆让沙滩消失，让海湾离得更远，让沧海变成“桑田”。许多渔村只能“被迫”深居内陆，丝毫不见当年船队满载而归、渔民欢聚码头的痕迹。

城镇化是一把“双刃剑”

2014年4月3日，记者再次来到蛇口渔一社区，看到社区依旧处于施工状态，四周被铁皮围住，铁皮上有“渔一社区旧改”的字样。2006年，渔一社区开始启动旧村改造项目。记者在《蛇口街道志》上看到，改造后的渔一社区将建成拥有高层公寓、泳池公园的花园式现代化小区，与此前的“握手楼”小区相去甚远。

渔一社区不是最先进行城镇化改造的，早在2004年，罗湖渔民村旧村改造完成，村民住进花园式小区。而其他渔村也紧随其后。此番记者走访得知，同样正在旧改的葵涌沙鱼涌村将建成保留沿海客家文化特色的旅游小镇，南澳的东渔和南渔社区的更新计划也已提上日程，而“最美社区”坝光的全面拆迁也已接近尾声。

除此之外，已经完成城镇化改造的渔村有渔民村、渔农村和渔民新村。

尽管城镇化的脚步和走向各异，但城镇化给渔村带来的影响却几乎千篇一律。

“像‘渔农村’‘渔民村’，现在只留下一个名字了，没有留下其他任何

图片 18：
南渔社区内河早已不再有清澈的水，闲置的渔船和污浊的淤泥与社区格格不入
李明子／摄

东西，所以多少年以后你经过那个地方会特别奇怪，这么多高楼大厦、这么繁华的地方怎么叫‘渔农村’或‘渔民村’呢？”南兆旭说道。

从 20 世纪 90 年代初开始，深圳推进特区内的农村城镇化，原来的 19 个镇政府改为街道办事处，深圳成为全国第一个没有农村行政建制的城市。城镇化的脚步从未停下，它并没有考虑过深圳渔民是否能够适应这种变化。

住进高层公寓、坐享花园小区是无数人憧憬的生活，但这却让郭建光兴奋不起来。郭建光从小在南渔长大，对村子很熟悉，能够轻松说出每一栋楼房主人的名字。他坦言，城市更新能让社区更有秩序，也能改善社区居住环境，提升居民生活质量，但他更担心那种“日不闭户”、没事时到院子里晒晒太阳或到邻居家串门的生活将一去不返，取而代之的是防盗门上的猫眼和门牌号。

虽然心有顾虑，但渔民知道渔村城镇化是不可逆转的趋势。2 月 26 日，记者从佳兆业集团南澳片区城市更新办公室了解到，目前已与大部分南渔社区居民签订城市更新项目意向书，但在拆赔问题上还未与当地渔民达成一致。

本地渔民弃渔成渔村消失的“催化剂”

记者走访深圳渔村发现，渔村中从事打鱼的主要为中老年渔民，近年来他们都已“退居二线”，相继上岸。

正如南兆旭所说，“严格意义上，深圳已经没有渔村了，靠打鱼来维持村子的生活收入，才叫渔村。”本地渔民弃渔成了渔村消失的“催化剂”。

对于许多老渔民来说，与海为伴的打鱼生活是充实而有趣的，但身体大不如前的他们如今再也无法在海上驾驭船只。儿女们为了老人的健康和安全着想，几乎下了“死命令”，不再允许他们出海打鱼。

南渔社区老渔民石少玲前几年某天傍晚出海钓鱼，差点翻了船，吓得家人“下禁令”不让她出海。

“行船跑马三分命”，石少玲十几年前还出过一次事故，差点毁容，也加重了她的腿病。出海打鱼的渔民，常年和海水打交道，累了坐在潮湿的木板上，劳动时也是穿着拖鞋站在水里，几乎每一位老渔民都患有或轻或重的风湿病。一些老渔民也因常年受海风吹，患有眼疾。

老渔民在告别海洋与渔船的同时，也在告别苦难的打鱼生活。

石少玲今年 61 岁，每月可领取养老金 2 800 元、生态补偿金 1 000 元，老伴陈雄每月也有 1 400 元的养老金，每月逾 5 000 元的收入足以让老两口过上丰衣足食的生活。此外，村子成立了股份合作公司，两人每年还能从中分别领取 2 000 元左右的分红。

像陈雄夫妇这样老有所养的老渔民不在少数。目前深圳本地老渔民均可享受养老金、海洋渔业处发放的渔船燃油补贴、休渔期间的 3 000 元补贴、股份合作公司分红等福利，东部渔村渔民还额外享有每月 1 000 元的生态补偿金。

年迈的渔民放弃出海在家养老，而年青一代也告别海上作业，投身更加丰富的职业市场中。

（辅稿 3）

本地渔民：打鱼不再是首选

文 / 陈晓璇　郭家虹　李明子　林玲玲

老渔民何连胜家花墙外横放着一条可坐 6 人的小快艇，挂着喷着黑底、有“粤龙岗渔”字样的五位数字捕捞船牌。深圳市的捕捞船牌自 2006 年起便不再发放，眼前的这条老渔船，如今最常“过”的日子便是无风无雨时在房前晒太阳。

何连胜家和码头隔着一条海鲜街和一条四车道宽的马路，这条“停”在居民楼间水泥路上的渔船却并未引起过多的关注。

观光旅游　弃渔不离船

“小游艇（出海）1 次 1 000，快艇（出海）1 次 400。”2 月 23 日下午 2 点，在东渔码头边上，村民小蔡正在招呼前来度假的游客。此时岸边停靠着一艘小游艇和几艘快艇。

小蔡有时自己载游客出海兜一圈“赚个几百块”，有时也会像现在这样顺便帮朋友招揽生意。仍旧留住在东渔社区的小蔡一家和社区里很多其他新一代“渔民”家庭一样，男人出海载客，女人在家晒海味带孩子。

“我们也是渔民啊，我们也是吃海的嘛。”小蔡说虽然自己不打鱼，但是

图片19：
东渔社区环境优美，成为休闲胜地，在码头能看到本地村民的载客小艇
彭步云／摄

靠出海载客，也算是“靠海吃海的一种”，所以“自己还是渔民”。

在深圳沿海的渔社区，很多像小蔡这样的年轻“渔民”从未从事过打鱼活动。随着近海环境的改变和鱼量的锐减，以捕捞业为谋生手段的渔民有些不再打鱼，有些转产转业，但大部分仍未离开传统的渔船。

2005 年 8 月，随着东渔社区海上观光休闲码头和避风塘的全面竣工，这个被列为“深圳市重点扶贫社区”之一的小渔村一跃变身为旅游胜地。而“滨海生态旅游度假区”这一转型目标像模板一样摆在几乎所有深圳东部沿海渔社区面前，很多渔民转向了海洋旅游等行业。

何连胜的儿子何笑东 2012 年考取了游艇驾驶证，现正替私人老板开游艇，每月能拿到固定工资近 3 000 元的他便不再出海打鱼。

何笑东的工作也相对轻松——定期给游艇做护理，老板需要时便去开游艇，“去年十个月才上十天班”，何笑东说道。

“当时村委组织考证，费用比较便宜，8 千多，外面机构要 1 万多。由于开过船，上手很快，几节课后就考证。”

2011 年，针对南澳渔民文化水平相对较低、就业困难的情况，深圳南澳街道以南渔社区为试点，举办了“南澳居民首届游艇会培训班”（即深圳湾游艇会国际驾驶培训中心第七届学员培训班），南渔社区 47 位渔民通过培训后成功领取了毕业证书。

截至去年 3 月，南澳街道已有 75 位居民考取了游艇驾驶证，其中 20 余人分别在浪骑、大梅沙等游艇会上班。

另外，不少人还考取了“救生员证书”，希望能持证上岗，找到一份待遇不错的工作。

海味、养殖转产不离海

2014 年 2 月 21 日早上六点天刚亮，清姐和她的丈夫照例来到南澳水产市场挑选新鲜的鱼。但因为今天市场鱼不多，他们只买回来了 100 多斤泥鯭。

回到弟弟光仔的海味店后，去除鱼头、清理鱼身，不到一个小时时间，一百多斤鱼便处理完毕。

"是渔民就都会晒鱼啊。"清姐从小就和家人学制海味、晒鱼干，并不觉得渔民晒海味是什么不寻常的事儿，更不清楚"目前南渔社区唯一一家自晒鱼干的海味店"这一说法所带来的效益。

光仔的店在南澳海味街上，这条大约 250 米长的街道在南渔社区内，共有 46 家海味店。鲍参翅肚，虾皮紫菜，行走在街道上，能明显闻到空气中弥漫着海味产品的咸香气味。而光仔店里的"招牌"便是姐姐亲自晒的鱼干。

清姐根据鱼的大小将鱼放在两个盛着盐水的桶里，不同大小的鱼，浸泡时间不同，而且时间的把握直接关系到鱼干的口感。像今天买到的泥鯭，只需"浸泡一个小时左右就行了"。这些看似寻常的细节和对盐度的把握都只能"凭经验"，即便是海味店老板光仔本人也无法掌握。

鱼干的晒制则须在海味店二楼的小露台进行，100 多斤的鱼一条紧挨着一条整齐地排在铁网架上，它们还要在太阳下风干一两天。

光仔全名郭建光，自高一辍学便帮哥哥出海打鱼、养鱼，2004 年开始经营海味店。

"现在的年轻人，没有那种吃苦精神。"光仔认为，自己这一代人没有老一辈渔民那么"能捱"，面对艰难的现状，"我们会选择从事更容易生存、更能直接带来好生活的行业"。而他也明白，在大多数渔民都选择转产转行、远离了"鱼"之后，渔村也将在城镇化进程中无迹可寻。

同样经历过多次转产尝试的还有南渔社区的渔民石永雄。

图片 20：

天气晴朗时，清姐和她丈夫都会腌制鱼干，晒好之后拿到光仔店里售卖

彭步云／摄

图片 21：

海上渔排一般用木板、油桶和网兜制成，分隔饲养鱼类

彭步云／摄

因为 1998 年那次大规模赤潮，南澳渔社区许多从事养殖业的渔民血本无归，不得不将自己的渔排卖掉，从事旅游业、水产品加工或者其他行业，石永雄也是其中一员。

转业后的石永雄在陆上做起了五金买卖，但好景不长，因为亏本他在 2000 年再一次下海养渔排。“一是因为自己真的喜欢海上生活，二是因为自己学历比较低，工作经验不够。”由于渔排养殖风险大，石永雄又转而从事休闲观光渔业。

“海上养鱼是天生天养，不像池塘养鱼可以控制。”石永雄的妻子张银娥说道，“去年台风‘天兔’打烂渔排，把木头、网、浮箱都撞烂了，鱼也跑了，亏了 20 多万。”

渔业处副处长袁振江告诉记者，深圳的渔排养殖主要集中在大鹏新区，“全市约有 200 家渔排，总养殖面积达 6 000 亩，渔排养殖量大概 3 700 吨左右。”

“现在养鱼很难挣钱，旅游比较挣钱。”石永雄的渔排既养鱼又供游客钓鱼。此外，他也会开着自己的快艇载客出海钓鱼，一般情况下人均收费四五十元。

石永雄说，像他这个年纪的渔民，离开这个地方去从事别的行业会“很难适应”，因此养殖、观光行业成为不少中年渔民的“新兴产业”。

海洋不是渔民后代的“主场”

或许对于岸上的人来说，与海为伴的渔业生活是神秘而有趣的，但于许多渔民后代而言，他们却不想继续从事父母的职业。海洋已不是“主场”，海洋之外有更多他们向往的世界。

90 后渔民后代阿龙，曾明确向父母表态称不会从事渔业。“第一，我有自己的想法，不想走老爸铺好的路；第二，如果在家里，一做（打鱼）就会像我爸妈那样做一辈子了。”

20 岁的阿龙现在就读于广州某院校的设计专业，即将毕业的他对海的感情远不及父辈那般浓厚。

“在他小的时候我们出去钓鱼，半夜三更回到家，他已经睡着了。然后他还没起床我们又出海了，他觉得我们很辛苦。”阿龙的妈妈回忆道。虽然一家人同住一个屋檐下，但从小阿龙和父母就“聚少离多”。

如今阿龙父母“转产”从事休闲观光渔业，假日生意好，夫妻俩依旧没空陪伴放假回家的儿子。

“他觉得我们这行不是很好，他也很少跟我们一起出海，除非有空才会跟我们出去帮忙，或有同学来才会带他们出海看看。”阿龙的妈妈说。

80 后梁俊彪目前在渔一社区工作站工作，他的外公、父亲都是地道的渔民。据他介绍，与他同龄的村民原来还会从事海洋运输业，但后来都选择放弃，转向其他行业。他认为，因为海域污染、非法捕捞等原因，“未来十年渔民依旧会越来越少”，而他也深感疑惑：“以后的深圳还需要渔业吗？”

2006 年前后，国家出台相关规定不再发放捕捞船牌。在那些家里孩子比较多的渔民家庭中，因为面临着“一个船牌不够分”的现状，大部分渔民后代因不想引起家庭争执，也都会选择外出打工。

（辅稿 4）

究竟谁还在打鱼？

文 / 彭步云　林玲玲

深圳还有这样一群他乡之客，他们曾经未必是渔民，如今却靠海为生。

为了生计，他们几乎每天出海，日夜操劳，生活方式却不大相同。

有些住在船上，仍过着海上人家的生活。

有些租用本地人的房子和船牌，小船夫妻作业，大船集体运作。

有些只是渔船上的打工仔。

还有些是穿梭在广东沿岸海域的港澳流动渔民。

他们是深圳近海捕捞的主力军

下午 3 点的月亮湾码头熙熙攘攘，热闹程度一点不输早上 6 点半的菜市场。摆卖海鲜的小贩们有序分列两边，中间的过道仅数米宽，顾客摩肩接踵。鱼贩们热情地招呼着来往的客人。这样的场景几乎每天都在南渔社区上演。

记者从社区居委会了解到，该区流动人口达总人口的七成，其中以捕鱼为生的外地人约 300 名，70%～80% 是河南人，还有一些来自重庆、广东潮

图片 22：
位于大鹏半岛的坝光与岭澳的交界处，零星居住在此的外来渔民每天下午都会来海滩挖蚬
林玲玲 / 摄

汕等地。

“打鱼的主力军是外来人”的情况同样出现在深圳其他码头。记者走访了蛇口、南澳、葵涌、福永、西乡等地，发现如今还以打鱼为生的也多是外来人口。这些“渔民”的生活也形态各异。

福永、西乡码头的海上人家

船头作业，船尾做饭。拉开甲板，就是煤气炉灶。推开小木板，在船身中间铺上棉被就是床。

不到 15 平方米的空间，这就是渔民在海上的家。

在机场福永码头，有六七十艘外地渔船，船主大都来自河南、江西、湖南，以及广东番禺、湛江等地。

这些渔船并没有正规合法证照。每逢渔政海监执法检查，他们就得开船“躲到”惠州等其他海域。一旦被查到，轻则罚款几千，重则渔船被没收。因为“非法捕鱼”，他们过着提心吊胆的日子。

然而，这样的日子并未打消朱氏夫妇出海打鱼的念头。

一艘小船，在风雨面前显得格外渺小，这是夫妻俩的谋生工具，也是他们在深圳的家。下雨天，船上的活动式雨棚还勉强能遮挡风雨，而到了冬天，冷风总是无孔不入地钻进船里，让夫妻俩夜不能寐。这样的日子坚持了一年多。朱师傅说，就算日子过得再辛苦，也比给人打工自由。

两年前，经朋友介绍，朱师傅花了一万多块买了这艘小渔船，从湖南老家来到深圳打鱼，之后便一直住在船上，一张床占据了船内大半空间。在船上生活，只有出海打鱼或者上岸的时间是站着的，其他休息时间他们只能弯着腰，蹲坐着或者躺着。

除此之外，对于从未出过海的内陆人来说，晕船是家常便饭，夫妻俩花了一个多月的时间才适应水上人家的生活。

福永码头附近海域的水质不好，每隔两天，他们就要提着一米多高的水桶到附近市场打水。吃住都在船上，难免会产生生活垃圾。刚洗完菜的妻子，边说话边随手把脏水往船外泼去，对于塑料袋、一次性饭盒也“一视同仁”，直接扔到海里。

出来打鱼的第一年，除去油费和生活费，小两口并没有挣到多少钱。

“2013 年运气好一些，挣了三四万。”每逢过年，夫妻俩都会置办好回老家的年货，船舱里好几个大袋子都装满买给家人的衣服和孩子爱吃的零食。去年置办年货花了一千多块，这对平时省吃俭用的他们来说是一笔大开销，但也是他们唯一能慰藉家人的方式。

离机场福永码头不远的西乡码头还生活着另一批外来渔民。他们均来自广州和阳江，船身标着“粤江城渔”和“粤穗”的字样。出海打鱼也分为两批，一批是早上 6 点多去打鱼，另一批是下午 1 点多。

午饭时间，张大姐的渔船刚刚靠岸，她敏捷地爬上岸，将绑着渔船的另一头绳子栓套在岸上的大铁钩上，将船只固定好，紧接着熟练地跳下船与丈夫一同搬过一个蓝色的大桶，再迅速地爬上码头，将大桶抬上岸之后又跳下船去搬下一个大桶。在蓝色的大桶内，装了四个脸盆，装有鱼、虾、鱿鱼、蟹……

“突突突……”，正当张大姐手忙脚乱地往鱼盆里接驳氧气管的时候，一辆三轮车驶来，车夫和张大姐三两下就把装满鱼盆的蓝色大桶扛上车，往市场赶去。

从西乡码头坐三轮车到海鲜市场约十分钟的车程，张大姐透露说，附近的渔民打完鱼基本上都会立刻拿到这个海鲜市场上卖。

所谓的海鲜市场其实就是一条小过道，鱼贩摆上海鲜后，只能允许一人通过。遇上生意好一点的时候，下午三四点就能收摊。

早年经济发展，西乡码头附近建起了大批厂房，现在的西乡河已经变成了一条污水河，黑色浑浊的河水不时传来阵阵恶臭。一位渔民说：“晚上船停在这里熏得我们没办法睡，一般都是开到远处干净一点的水域休息。”

他乡之客　租住渔村

2 月 21 日傍晚 6 点多，月亮湾码头的大部分海鲜摊主都已收摊回家了。

“老板你看我这蟹好得很，不买你也可以摸摸，一摸就知道了。”夜幕即将降临，空中依旧下着小雨，戴着草编渔帽的杜玲还站在拉车旁，坚持把剩下的鱼蟹卖完，丈夫展中辉则站在一旁整理渔网。

展师傅十年前来到深圳，先跟着同乡学了几个月打鱼技巧，紧接着便把刚生完孩子的杜玲一并接到了深圳。夫妻俩买了一条小船，一家几口租住在南渔社区。

每天凌晨 3 点，展师傅外出打鱼，通常中午一点多便能回来。杜玲则将捕来的鱼分箱装好，等待下午三点的“开市”。

杜玲说，在南渔卖鱼的，大多数都是外地人。

市场虽小，成交量可不少。“鱼类和虾类相对好卖”，杜玲说，“生意好的时候一天可以卖到一两千（元）。”

打鱼的收入并不稳定，“我们都是靠运气，有时打得多，有时打得少”。捕鱼近十年，但杜玲称自己仍未能完全掌握捕鱼的技巧，“别看只是在船上撒网、收网，其实很难，要掌握平衡还要灵活应对海上的突发情况”。

记者从大鹏新区渔政海监大队了解到，虽然近几年极少出现海上事故，但也曾有外来渔民遇难的坏消息。渔政海监科负责人罗树行透露，外来渔民缺乏专业技巧和经验，又大都是夫妻俩小船作业，碰到突如其来的天气变化或者海上交通事故，不具备处理的能力，发生意外的概率较高。

除了出海风险大，很多外地人还面临着没有捕捞船牌，无法出海捕鱼的窘境。

2006年，国家为保护海洋资源，出台了相关政策，规定各省市所辖区域内捕捞船海洋功率达到一定数量后便不能发放捕捞船牌。此后，深圳便不再发放捕捞船牌。

“船牌（捕捞船牌）是从本地人那租来的，一共花了六七万。”没有捕捞船牌的渔船不能出海，杜玲只好“出此下策”。很多已在深圳“落地生根”的外来渔民都靠租船牌出海捕鱼。

“这种船牌之间的租赁关系是不合法的”，罗树行强调道。针对该现象，渔政海监执法大队曾多次登船查证，但由于本地村民与外地渔民已形成某种默契，凡有执法队去调查，“他们（外地人）会统一口径说替户主（捕捞船牌户主）打工”。对此，渔政海监大队也感到很无奈。

打鱼就是打工

蛇口渔人码头停泊着几十艘锈迹斑斑的渔船，在那里有一批年轻“渔民”。他们住在船上，每天出海却不用担心捕获量，过着“一人吃饱全家不饥”的生活，他们就是为本地渔民打工的外地人。

罗增才（小罗），今年23岁，已在蛇口“战舰”粤蛇渔11025的渔船上生活了5年，他是船主陈建明的远房亲戚。16岁的他只身一人从广东茂名来到深圳，投奔陈建明，开始他的打鱼生活。陈建明是渔一村村民，一家三代都是渔民。

每天早上6点多，小罗便跟着陈建明开船捕鱼，晚上6点上岸。他的工作是帮陈建明撒网、收网，把捕到的海鲜收到船底层的集装箱里。有时天气好，风平浪静，他还能帮忙开会儿船。小罗并不关心每天能捕到多少鱼，因为他每月的工资是固定的，“捕多捕少，我每个月都挣那么多钱，跟打工一样。”

小罗住在船顶层的船舱，半米高，里面横躺了一张薄床垫，上面铺了张凉席。若想休息，必须趴着进去，不能坐起身，最多只能靠着枕头半仰着。不过他早已习惯了船上生活。

图片23：

陈建明和罗增才一起开船出海捕鱼，途中罗增才边看手机边和陈建明聊天，气氛融洽

赖犁／供图

每天晚上打鱼回来，小罗也会到岸上去“找乐子”，“多是去网吧上网，喝酒，唱歌，到晚上一两点回来。”

渔人码头大部分的船主都雇有年轻人帮忙打鱼，大船可能雇五六个。这些年轻人大多认为自己没什么文化，上岸也找不到其他工作，尽管打鱼辛苦，但也比在工厂打工赚得多。

当记者问及以后是否会一直打鱼时，他们中的大多数表示很茫然，不打鱼也不知道可以做什么。小罗的打算是，过两年回老家结婚，“结完婚种几年地，再回来打鱼”。

船主陈建明表示，现在很难雇到人帮忙打鱼，“很多年轻人嫌捕鱼辛苦，走了就不再回来。”面对逐渐减少的渔获量，陈建明也不知道自己还能在这片海上坚持多久。

据广东省渔政总队深圳支队渔政海监科副科长介绍，近几年由于渔获量的下降，深圳外来渔民的人口也逐渐减少。

港澳流动渔船支撑海鲜市场

港澳流动渔民是指拥有港澳户籍的流动渔民，海岸线狭长的深圳是他们常年作业的阵地。往来两地之间，港澳流动渔民需要登记入户，接受大陆和港澳机构的双重管理。

深圳登记在册的港澳流动渔船虽在数量上与本地渔船平分秋色，但它每年为深圳市提供的高档鲜活海鲜量却高达整体供应量的 80%。

据《深圳年鉴 2013》记载，2012 年深圳本地渔船水产品总交货量 3.19 万吨，港澳流动渔船交售鱼货 19 万吨。深圳市港澳流动渔民工作办公室业务科员黄毅介绍称，由于港澳渔船很多是较大的远洋渔船，所以捕捞和运输的鱼量很大。

近五年来，在深登记的港澳流动渔船平均保持在 1 100 艘左右，其中多为大型的远洋渔船，中小型捕捞船只占了十分之三。“其实真正停在深圳岸

图片 24：
傍晚，港澳流动渔民黎金权捕鱼归来，他会用筐子把鱼分门别类
赖犁 / 供图

边的港澳船不多，他们一般交售完后就回香港了。”黄毅强调。

4 月 4 日，临近休渔期（每年的 5 月至 8 月），停泊在蛇口渔人码头岸边的近 50 艘渔船中，港澳渔船所占不足五分之一。

香港渔民黎金权的船便在其中。1989 年，黎金权开始以捕鱼为生，香港禁捕之后，他只得将作业区域从香港水域转移到深圳附近的海湾。

从 2013 年开始，他的中型拖船不时会停泊在渔人码头。船分两层，长 20 米，宽 6.5 米，他们称这种船为“虾船”，这种类型的船最远只能开到珠海的桂山岛。

深圳近年填海造陆工程的逐步扩张加上近海污染严重，不仅使本地渔民无法在近海捕捞生产，连港澳渔船也逐渐“转战”到其他海域。

黎金权回忆道，三四年前，停泊在蛇口码头的港澳渔船有几十艘，而今只剩三四艘了。

“现在渔港配套设施比如加油站、维修站都很差，也较少有大船愿意来避风停靠了。”黄毅认为，除了环境污染之外，气候变化、国家政策、成本提升等也为港澳渔民带来了很多影响。

黎金权延续父亲的打鱼老本行至今已经 25 年，由于渔获量并不理想，出一趟船的成本需要 2 000 元左右，出海的成本高令他一直处于亏本状态。“有一天做一天吧。或许我会转行，转做休闲渔业或者放网钓鱼，只需请一个工人而且没有休渔期。”

（辅稿 5）

渐行渐远渔文化

文 / 李明子　郭家虹

百年的海上生活使渔村风俗有着一层海洋色彩。

这些口耳相传的民俗活动走进了“非遗”名录，但难免沧海遗珠。

如同记忆中的故事会褪色，当老渔者离开大海，传统技艺也将转瞬消失。

四道机动车马路上干净得连树叶都难找到，路边迎来送往的宾馆门前停满各色轿车，宾馆对面的椰子树在风中摇曳生姿。

2013 年 11 月底，记者第一次来到南渔社区，眼前的景象似乎与印象中礁石沙滩、泊船收鱼的“渔村”难以联想到一起，不过这样的“渔村”相比于连宗氏祠堂都难寻踪迹的罗湖渔民村，还是“落后”很多的。

除婚庆、年节这些特殊的时间，可以感受到“渔村”独有的民俗外，地处大鹏新区南澳办事处的南渔社区和深圳市内的一般居民社区并无二致。

在深圳市第一批市级《非物质文化遗产名录》中与渔村相关的有四项，南渔社区就占有其中两项。但是，即便是民俗活动这样丰富的渔社区也难以改变传统文化的流逝。

旱桨舞代替“渔歌伴嫁”

“呼——嘿，呼——嘿……”

三个头戴碎花金坠凉帽的中年妇女倒走在迎亲队伍的最前面，中间的一人身挂腰鼓，“一强一弱”地打着鼓点。两边各一人，边挥彩旗边吹哨，与鼓点应和，其中挥着绿色旗子的就是“迎亲舞”文化传承人陈惠琪。

迎亲队由两列共十三对夫家女性亲友组成，有刚刚毕业二十出头的夫家小姑，也有年逾花甲的姑姨，人手一支船橹，“呼——嘿，呼——嘿”喊着“船号”，边向前走边向外划桨。

2014 年 3 月 14 日这天，南渔社区的陈家迎娶客家姑娘，“我们村娶新娘，都要跳迎亲舞的。”陈惠琪说。

百年前，疍家人“视海如陆，以舟为室”，他们不得上岸，只得在江海之上以歌为媒，于云水缭绕之中寻声缔亲。花船迎亲之时，新郎撑伞站在船头，男方船上一众渔家姑娘手持船橹，做着撑桨的动作，直至将新娘迎到夫家船上。

自 20 世纪 60 年代，疍家人上陆安居后，“水上迎亲”也跟随上岸，演变成为“摇橹迎亲舞”。

3 月 14 日这天的迎亲舞中，迎亲队、舞麒麟、锣鼓队一应俱全，但较之 20 多年前渔民石永雄结婚时的迎亲舞还是简化了许多。

“这是我们结婚时的照片”石永雄的妻子翻开相册介绍说，“我们那时候还让唱歌，不唱不让进（家门）的。”但现在的婚礼上，唱渔歌已不多见。

照片依旧清晰可辨，新人走在迎亲队的后面，跳迎亲舞的人需要头戴凉帽、佩戴胸花、腰系花围裙，还有腰鼓、彩旗、哨子和船橹，配件明显多于现在的迎亲舞。

“新郎头顶黑伞，新娘打红伞”，这一风俗从海上延续到 20 年前石永雄的婚礼，也保留在今天陈家娶亲的迎亲舞中，但已无人记得缘由。

20 多年前，在石永雄婚礼上迎亲队中跳舞的石少玲如今也已年过花甲，“早就跳不动啦。”石少玲说。现在的她若是参加婚礼迎亲，更多的是为新人引路。老一辈的渔民因为年老或是疾病等问题难以继续担当民俗活动的主力，在社区中是很寻常的事情。

2007 年，南渔社区的摇橹迎亲舞以“南澳渔民娶亲礼俗”之名被列入深圳市第一批《非物质文化遗产名录》（简称“非遗”），同时入选的渔民迎亲舞还有盐田“疍家人婚俗”。

“非遗”可以记录这些传承下来的民俗活动，但却无法阻止这些民俗在现实生活中的逐渐流逝，就像那些早已消失的民俗文化一样。

四十多年前石少玲的婚礼上仍保留着渔歌的环节，但当时唱的什么歌她现已记不清了。

渔船上的“嫁歌”，亲友的“祝愿歌”，新郎的“尚花歌”和新娘的“离家歌”，这些渔歌连石少玲这样的老渔民也都逐渐遗忘了。

——“海上行船起银光，夫妻齐心闯风浪。上天保佑生贵子，海王保佑鱼满舱。”

近半个世纪后的今天，打鱼已不是渔村最主要的生计来源，那些言唱出海劳作、水上生活的歌谣也渐渐被人遗忘。

“那些渔歌啊，都过时了，年轻的没人会。现在没有了，都失传了。”陈惠琪说。

在“非遗”中延续“生命”

2014 年 3 月 2 日晚 8 点 45 分，“香港九龙大角咀十周年庙会庆典”上，沙头角沙栏吓村的鱼灯舞作为压轴节目上场表演。

在深圳市第一批市级《非物质文化遗产名录》中，沙栏吓村渔灯舞被列为其中一项，而后又被列为国家级非物质文化遗产。

非物质文化遗产是指以非物质形态存在的传统文化表现形式，与生活相关，世代相传。

“很热闹的，（像）过年一样。”节目开始前，沙栏吓村村长吴天其再次向记者推荐了鱼灯舞。

图片 25：

庙会开始之前，大家先聚在一起吃具有广东特色的盆菜，好不热闹

陈晓璇／摄

图片 26:
沙栏吓的鱼灯舞分队在人群中自由穿梭，时而陈列队形，美妙绝伦
陈晓璇／摄

伴随着敲锣声、鼓声、唢呐声，身穿中国传统服饰，单手持各类“虾兵蟹将”的 36 位舞者缓缓进场。

舞者保持低马步，弓背弯腰，巧妙地藏身鱼灯背后，熟练地在队伍中运行穿插、跳跃。“红鲤”“石九公”“黄衣”……15 种 20 余条“鱼儿”时而摇头摆尾慢悠悠，时而成对嬉戏，时而蜂拥而上围攻“鱼霸”“黄鳢角”……在黑夜中，鱼灯的彩色灯光使各种鱼类的形象、舞姿栩栩如生。

“这个呀，是老渔民根据鱼的品种啊、习性啊，创造出来的。”吴天其说，鱼灯舞意在祈求渔民渔获丰收、合家平安，其历史渊源可追溯到清朝，至今已有三百多年的历史。

类似热闹的场景，在每年农历年初二的南渔社区也可以见到。

舞草龙是南渔社区“祖祖辈辈传下来”开年祈福的仪式。今年的草龙全长约 153.6 米，从正月初二一大清早便要开始准备。

南渔社区的老渔民何连胜是“南渔舞草龙”的文化传承人，他告诉记者龙身共 33 节，用白话讲就是“生生猛猛”，寓意着“生龙活虎、龙马精神”。

舞草龙中最重要的是龙头的制作和舞动。在草筐和劲草编织的龙头上安置手电筒做的龙眼，筐顶有金纸做的花和红布绣球。整个龙头插满拜过妈祖的香后，约重五六十斤，香火灼热，舞龙时，需 5 人每 5 分钟替换一次。

黑夜中，火龙左摇右摆，忽高忽低，舞龙的人走八字马步，每走三步停一步。

当晚八点多，草龙最后来到南渔社区的月亮湾码头，朝着西北方向的海拜三拜。

原南澳公社渔民大队支部书记李容根回忆，“渔村传说‘龙归西北方安身’。”拜海后，“化龙”仪式开始，草龙被一节一节扔入码头前的火堆中，完成了今年开年祈福的任务。

随着烟花的落幕，火龙的灰烬最终被扫入大海。

图片 27：

90 后村民石俊龙正和叔伯学习扎草龙

李明子／摄

图片 28：

最后的化龙仪式。随着烟花的落幕，火龙的灰烬最终被扫入大海

李明子／摄

"这些民俗活动一定能传承下去的。"谈及民俗文化的发展，文献纪录片《百年中英街》的编导叶籽表示。她在制作这部深圳本土首部历史文化纪录片时曾对"非遗"文化进行过大量研究。

叶籽认为，"能够入选'非物质文化遗产'就说明具有一定的文化活力，可是自身又难在现代社会存活，国家选它（民俗活动）就会让它传承下去，让人们知道曾经有过这些文化历史。"

深圳各渔社区入选"非遗"的民俗活动都有各自选拔的"文化传承人"，让民俗活动继续拥有"口耳相传"的能力，这或许就是"让它传承下去"的方法之一。

被保护在"非遗"名录之中的传统民俗，早已远离百年前孕育这一文化的生活环境。

那晚，南渔社区舞草龙最后"化龙"时，老渔民何连胜一身红衣，面向西方的海面站了许久。

几十年前的老渔民，或许也是这样带着"后生"们站在沙滩上目送着草龙入海，彼时的老人应该难以预见现在的渔村已经没有了滩涂和沙滩。

如今，当南渔社区的舞龙人站在港口、将浴火后的草龙灰烬推入一个两米宽的水泥入海口时，是否也能想到多年后，草龙穿越林立的高楼来到这个码头的情景。

捕鱼技艺传承"断档"

"我们社区还在打鱼的就三个（人）了。"被问及南渔社区本地人还有谁打鱼时，社区工作站副主任何文辉这样说。

记者找到这三人时，发现人称“水怪”的小何早年转行养鱼；石永雄目前也以养渔排与载客出海为主要经济来源，钓鱼只是他闲暇时的个人爱好；而唯一还坚持钓鱼的只剩六十多岁的陈雄一人，本“村”人都称他是“钓鱼能手”。

手钓是单人或双人划小船在近海作业，钓鱼时需一手摇橹，一手缠着鱼线，以手做鱼竿钓鱼。由于社区已无他人手钓，陈雄每次出海用的铅制鱼钩都是自己制作的。

手钓的主要海产是石九公，这类鱼喜藏身于海底的礁石之中，渔网难以捕捞。在海面钓鱼，需要边摇橹控制船身平稳，边进行钓鱼作业，因此形成了摇橹手钓这一“友好型”的钓鱼技艺。

“年轻人都不打鱼的，没人学。”对于无人继承手钓这一事实，陈雄只说“这也是没办法的事”。

同样的，“灯照捕鱼法”如今也少有提及。

“晚上灯一照，鱼就上来了，我们只打上层鱼，不像现在的大船，什么鱼都要打完。”南渔社区的老渔民何连胜回忆60年代照灯捕鱼，“这都是我们那时候的手艺，现在（打鱼）的外地人都不知道，他们打鱼靠运气。”

“丁公，石斑，三须公……”“伶仃，三门，大万山……”这些老话儿中传唱的百余种鱼和山山水水，都在老渔民的记忆中。

“几千条船挤在（万山群岛的）海上，几条渔船争打一群鱼”，54岁的老渔民苏宝明现住在盐田下渔社区，“‘大集体’时每年三月份大队都会到万山群岛打鱼，到处都是船，船船都有鱼。”

“后生仔都不打鱼，哪里知道。”苏宝明说，“外地人就更不知道了。”

来到深圳打鱼十余年的湖北人老黄现在租住在盐田下渔村，与房东、其他本地老渔民的关系“很融洽”，但彼此却几乎“从不说打鱼的事儿”。

“我们现在都是晚上偷渡到香港那边打鱼。”老黄说，“这边（盐田）污染太严重，都没鱼。”他和很多来深圳打了十几年鱼的外地人一样，深知本地鱼量有限，但却对万山群岛的产鱼量鲜有耳闻。

老渔民记忆中的捕鱼技巧和路线，少有后人传承，更难与外来的打鱼人诉说。

在采访到的渔社区中，大部分渔社区的村志写明了村名的由来、家族的渊源和村中文化的保护，但村史中的黑白老照片却很难和现在社区里的场景一一对应。

“像深圳这样的地方，要完整保护一个渔村，一点不要变化，这个基本上是不可能的了。”深圳综合开发研究院旅游与地产研究中心主任宋丁说，“渔村的某一个宗堂寺庙、某一个驳岸的景观，（可以）作为局部的景观保留下来。完整的渔村保护，现在基本非常困难。”

记者向几乎所有现存“渔社区”的居民询问渔村历史，年轻的一代知道几家酒楼几条船，但说不出曾经在海上的故事；年老的渔民操着一口难于沟通的方言，偶有聊得兴起时会说起“我爷爷那辈都还在海上，我爸他们那辈就已经上岸了，他们才是生活在海上的”。那些海上岁月早在渔民上岸时便被抛入海中，老人回忆起的只有海上的自由和快乐，问其原因也早已遗忘。

他们北至万山群岛、南至越南海域的征海讨生航线，他们一网百担、船拖鲨鱼的往事，他们船上嫁娶、以歌为媒的习俗，和那些出现在“鱼名歌”“山歌”中的百种游鱼、数十村落，这些遗失的民俗都去哪了，社区的人“早就记不得咯”。

后　记

在过去的六个月里，起早贪黑，走访了深圳沿海 6 个区，在 10 个渔社区（村）、4 个码头留下了我们的足迹，路程累计超过 2 265 公里，相当于沿着深圳海岸线来回走了十遍。看文山湖的花开和赏文科楼的日落，对我们来说都是奢侈的享受。

然而在今天，即将告别芳菲四月，我们以最好的状态呈现着自己的作品，给四年的大学生活画上圆满的句号，这种经历却有着他人所无法体会的美好。

关于深圳渔村的毕设已经结束了，但是对于深圳渔村的喜爱却永留心中。毕设虽然辛苦，也遇到很多困难，但我们仍认为这是一次美好的旅途，是一场六个女生和深圳渔村的完美邂逅。

过去的场景历历在目，每一张笑脸都深深印在脑海。辉哥、何叔、光仔、陈婶、阿龙……这些原和我们不会有任何交集的村民，如今却与他们建立了亲友般的感情。在这里，我们将至高的敬意和谢意献给我们的 78 位采访对象。感谢你们愿意相信我们，愿意分享你们的故事。因为你们，我们的旅途才如此精彩美好。

一篇文章的呈现除了需要大量采访之外，后期的资料收集和写作修改都决定着稿件的质量。一个逾两万字的专题报道，对于六个青涩的大学生而言是无比艰巨的任务，但因为有了你们的帮助，我们才能越走越坚定。感谢深圳史志办提供场地查阅大量文字资料；感谢从未谋面的 80 后编辑徐国发不厌其烦地提供各种村史和渔村旧照片；感谢深圳新闻网的编辑周海斌老师、王海婷老师对我们稿件的指导；感谢晶报记者赖犁、陈俊杰、陈碧霞对我们选题的大力支持和帮助。一句“感谢”无法完全表达内心的感激，但希望你们能够感受到。

当然，毕设之所以能够顺利地完成离不开指导老师的呕心沥血。两万多字的稿件和三万多字的个人论文，辜晓进老师和黄春平老师看了一遍又一遍，一次又一次地提出修改建议，只希望给予最大的帮助。感谢两位老师对我们的谆谆教诲，希望此次出征不会让你们失望。另外我们还要感谢传播学院所有老师的教导，尤其感谢新闻系老师对我们的包容和理解。

我们还要感谢父母和亲友，感谢你们在过去的180多天承受着我们的抱怨、痛苦、冷落和无理取闹。或许我们不该忙到没空给你们打电话，或许我们不该忙到忘记你们的生日。但，我们深知，无论我们做得多么不够，你们总愿相信我们是最棒的。

最后，我们要感谢自己。过去的180多个日夜，无论是忍痛远离喜爱的淘宝和综艺节目，还是强忍着内心对逛街和美食的饥渴，抑或是多次背着DV、单反似汉子般负重走访各村，我们都不曾认输，不曾放弃。因为我们希望所有的汗水和泪水能够换来今天您的肯定，再多的艰难都当是颜料，一同绘成旅途的美好回忆。

本刊[①]的每一篇文章，每一张图片，都是我们的诚意之作。我们深知仍存在着不足，但是一字一句都饱含着我们的汗水和思考，每一段描述都是反复斟酌的，为的就是最好地呈现我们的所见所闻和所思所想。

谨以此刊献给所有给过我们帮助的你们，感恩！

学生感言

渔村边难忘的日子

彭步云

转眼四年的时间就过去了，我们从深圳大学毕业后，有的步入职场，有的继续深造；有的留在深圳继续奋斗，有的北上，有的回到了家乡。但是，“渔村组”不曾解散或疏远。关于深圳渔村的采访报道是我们很重要的作品，也是我们很宝贵的经历。这些曾经让我们苦恼、抓狂的难题，现在回顾起来却是充满了意义，很多事情都还历历在目。

采访是毕设过程中困难最多的一个环节。印象深刻的采访经历有很多，就比如对陈雄夫妇的采访。从村民口中了解到这么一个“手钓”老渔民，老两口又是村里的模范夫妻，我们自然不肯错过。但是多次上门拜访均被拒之门外，连面都没能见上。得知老两口有早起晨练的习惯，为了能够见到老人，当面说明来意，组员凌晨四五点便守候在他们家门口，终于见到了老两口，还与他们建立了深厚的感情，毕设结束后我们还曾回去拜访过一次。

另一个值得一提的是春节期间的采访。为了能够捕捉到第一手信息，实地录制渔民文化盛事，部分组员牺牲个人春节回家与家人团圆

① 本书部分作品曾以刊物或报纸形态呈现，故称“本刊”或“本报”，后同。

的时间，奔波于香港、深圳南澳两地，参与、录制了盐田沙栏吓村“鱼灯舞”、大鹏南渔社区“舞草龙”这两大极具渔村文化特色的传统活动，留下来许多珍贵的影像资料，为渔村文化的调查奠定了基础。或许是因为深圳渔村渐渐不被人关注，或许是因为渔村的故事不再被年轻一代倾听，大多数采访者对于我们的来访都极为热情，他们中的大多数，讲起当年的往事都是目光炯炯、眉飞色舞，难掩兴奋之色。

历时四个多月的采访有意外收获也有些许遗憾。出海体验式采访在最初的计划中是重头戏，我们走访多个政府部门询问随渔船出海的手续，也多次请示学院老师、领导，希望得到支持。最后院方出于考虑组员人身安全等问题，未能提供相关文件，无法在边防办理出海手续，最终无法随渔船出海。

关于选题的确立、前期调查、写作框架的梳理及成品的制作，每一环节都给我们带来了不小的挑战，但我们都齐心协力，互相鼓励，一起攻克，这得益于在大学几年间形成的团队精神和相互配合的能力。大学四年我们学习了很多课程，采写编评都对毕设的作用极大，但是最重要的还是培养了我们独立思考、协同工作的能力。大大小小的小组作业，数次的《新新报》制作，我们“渔村组”始终在一起，因为足够了解，所以在毕设中也是取长补短，尽量发挥每个人的长处，没有任何一个人是陪衬或配角，这也是为何最终作品能够相对深入、完整地呈现的原因。

很感谢深圳大学传播学院对我们的培养，感谢老师们的谆谆教诲，更感谢指导老师辜晓进老师和黄春平老师循序渐进的指导。欣喜新闻系能够记得我们的作品，希望此次刊物出版顺利，也希望传播学院越来越好！

指导老师的话

用脚丈量出来的新闻

辜晓进　黄春平

还记得那天的场景。六位姑娘坐在我们的办公室，多数愁眉苦脸，坐得最靠近我的李明子几乎要哭了（在整个采访中她们不止一次落泪）。那时毕设日期已经过半，但进展并不顺利，采写的方向涉及整个报道的框架，很多方面都遇到了问题。

毕设主题是关于深圳渔村的消失。深圳原本是个以渔业为主的边陲小镇，有着长达 230 公里的海岸线。在特区改革开放 30 多年的大发展中，原有的 18 个渔村只剩 5 个渔社区，且社区里从事渔业的人也主要是外来人口。千百年传承的渔业经济和渔民文化都在与城市建设的冲突中迅速消失，填海造陆及城市污染也极大地改变了沿海的渔业生态。我们和学生们最终确定的毕设选题，就是要去调查和呈现这一改革开放和城市化发展过程中的矛盾现象。然而，这也注定是一个较难把握的题材。漫长的时间跨度，广阔的采访空间，并不清晰的故事边缘，较大的报道容量，都给学生们带来很大的挑战。好在这几位学生不仅都很用功，而且团结合作的气氛好，曾在校园报纸《新新报》有过多次共事经历，所以我们决定让她们放手一搏，能做到几分就几分，我们则随时跟进指导。

报道框架原本有两个选择：一是纵向的，即按时间分段，揭示渔村消失的过程；二是横向的，即以分主题引领，展现渔村消失与城市发展的冲突。最终我们确定了后者。大家积极行动，到市、区有关部门采访和寻找面上数据，到由渔村发展而来的相关社区踩点、摸底、调查，但调查回来后却感到茫然。主要困难是，她们到渔村调查的情况都很相似，很难按我们原先确定的以分主题横向展开的计划进行，学生们只找出两三个分主题，如李明子负责的部分内容十分“干巴”，几乎进行不下去。这是她们愁眉苦脸的主要原因。我们那天花了很长时间进行分析，我侧重讲了纵向与横向的关系，以及对各村（社区）的特点要进行补充采访加以强化，并要求学生们通过充分讨论更好地分享采访所得和

指导老师辜晓进（中）与《深圳渔村：远去的故乡》毕设小组合影

新发现的线索，将符合各主题需要的材料分解归类。最后确定一主六辅共七个主题及发展方向，大家的思路变得清晰起来。李明子在结束时的灿烂笑容，给我留下了深刻的印象。

姑娘们确实很努力，组长彭步云的组织能力和亲和力都很强。她们走访了深圳六大行政区下面10个曾经的渔民村，路程往返长达2 265多公里，深度采访78人，甚至2014年那个春节都是在渔村里度过的。同时，她们开通了微博账号“正在消失的渔村”和微信公众号“特区渔村”，在4个月的时间里总共了发布407条微博和58组公号信息，与社会受众实现了良好的互动，最终完成了36页的作品特刊和从2 000多分钟视频中编辑而成的半小时纪录片。记得学生们第一次排版出样给我看时，我觉得图片不理想，要求她们把所有拍摄的图片都拿来看。结果她们给我看了十几个文件夹，图片数量多达近2 000幅，令我大感惊讶。最终我们和两位负责图片、排版的同学逐个从文件夹中挑选了70多幅图片，更换了原先大部分图片，版面焕然一新。

这组毕设在答辩现场就引起轰动，报告厅座无虚席，还有很多人站着观摩。获邀的专家评委如中山大学传播与设计学院院长张志安、《深圳晚报》常务副总编周智琛均给予高度评价，分别打出了99分和100分的超高成绩。答辩次日，当地媒体纷纷报道，网上也多有好评。《深圳晚报》以头版加内页8个版的罕见篇幅摘要转载了该小组的全部毕设作品，成为深大毕设作品媒体报道最火爆的案例。校长李清泉后来在毕业典礼的讲话中，曾对这几位同学逐个点名表扬，成为毕业典礼一段佳话。

填海已经深刻地融入了深圳这座年轻城市的成长肌理。作为连接起过去、现在及未来的线索，填海已经成为一件具有历史价值的往事，一场全体深圳人的集体记忆。

深圳填海三十年

指导老师：刘劲松
小组成员：周洋雷、白頔、左婷、梁嘉慧、肖号民、钟绮莹
毕设时间：2017 年

卷首语

中国上古神话中有一个精卫填海的故事，讲述的是不幸溺亡于大海的精卫为了报仇，化作鸟日夜叼石子扔进大海，一心想将大海填平。世人对这个神话故事的象征意义众说纷纭，其中有一种说法是，精卫填海比喻自然力量的强大，这个传说是先人看到人在自然面前的弱小和无能为力后的一种抒怀。

这种解读是否正确，我们已经无法查证。但面对自然，人类早已不再无能为力，科技的进步为人类改变自然提供了工具，城市的发展则为人类改变自然创造了需求。

深圳这座堪称人类发展史上奇迹的年轻城市，到 2020 年，将向海要地近 120 平方公里。通过向海扩张，深圳从当年的边陲渔村发展成今天的国际化大都市。然而，进入 21 世纪以来，填海也引起了广泛的争议。

填海给这座城市带来了什么？城市与海，城市与人，人与海，那些掩埋在历史皱褶中的填海故事有待发掘。本期推出特刊《深圳填海三十年》，本刊记者在三个月的时间里，遍寻填海的亲历者，有渔民、有城市居民、有开山填海的早期建设者，也有城市规划者，听他们讲述深圳填海的故事。

三十年的故事并不久远，却隐含了厚重的城市历史与人文反思。

从小渔村到大都市：向海要地三十年

作为深圳人，你是否知道我们生活的这座城市在最近三十多年内发生过怎样翻天覆地的变化？

深圳这座堪称人类发展史上奇迹的年轻城市，到 2020 年，将向海要地近 120 平方公里，占深圳市区总面积的百分之六。通过向海扩张，深圳也从当年的边陲渔村发展成今天的国际化现代大都市。

回望深圳改革开放三十余年蜕变历程，填海贯穿始终，并呈现出阶段性

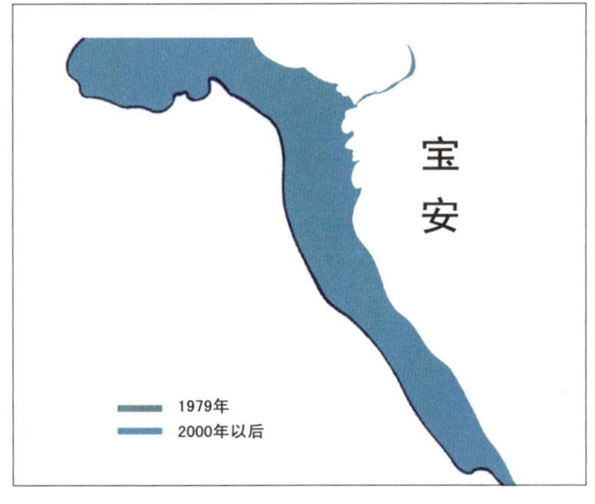

图片 1:
深圳历年填海变迁 1

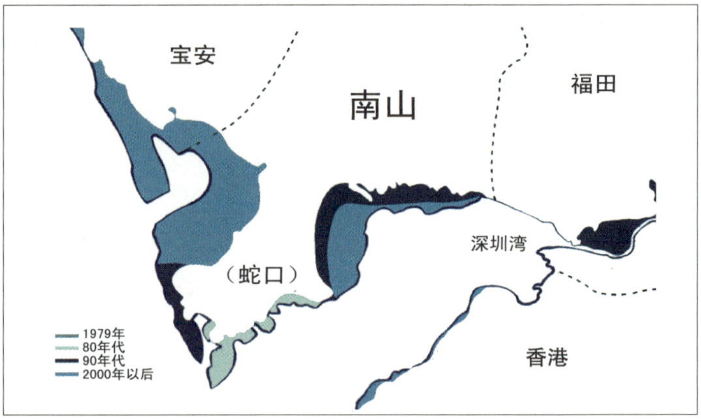

图片 2:
深圳填海历年变迁 2

特征。八十年代，招商局为打造蛇口工业区而移山填海。这一阶段，为改革开放，海不得不填。九十年代，深圳市政府、南油集团、华侨城集团多方主导填海，通过填海，深圳崛起了一个新城市中心。这一阶段，填海工程高歌猛进，多方参与下的填海愈显粗放，填海与生态的对立进入人们视野。进入21 世纪，《中华人民共和国海域使用管理法》出台却未能终结深圳填海，在政府收紧的填海政策之下，深圳填海面积却达到新高。港口用地上“长”出了写字楼，填海实际用途脱离规划，走向商业。这一阶段，填海面临的争议越来越大，有人为发展力挺填海，也有人因生态极力反对。填海似乎来到一个“临界点”，在多重争议声中，“是否要继续填海”迅速成为舆论的焦点，引起政府、企业和市民的多方关注。

深圳的改革开放史可以称得上是一部填海史，在这之中，填海绝非仅仅是城市建设的一种工具。填海背后，还蕴含着历史、人文与现实意义。本刊记者在三个月时间里走访了 60 余位填海亲历者，力图梳理深圳填海的历史脉络，还原这座城市填海的历史场景，留存住城市高速发展中的人文记忆，借以反思城市、人与海的互动。

图片 3:
深圳历年填海变迁 3

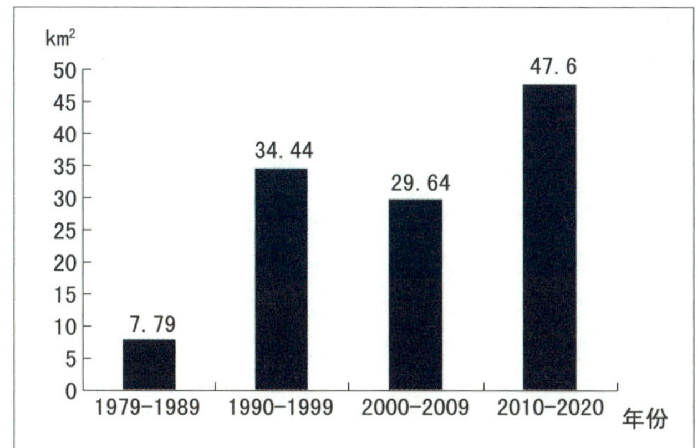

图片 4:

深圳历年填海面积

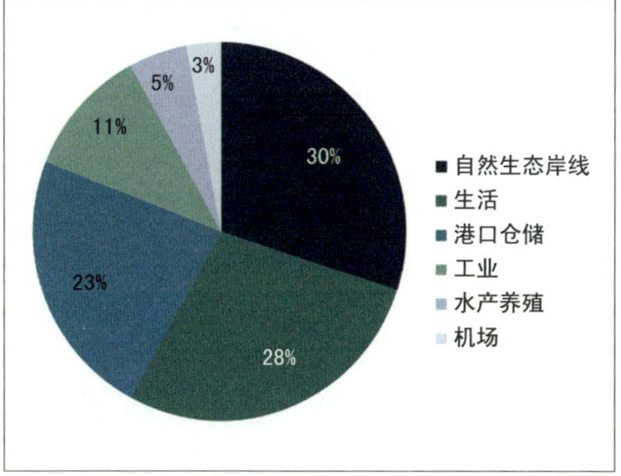

图片 5:

深圳海岸线用途

八十年代之蛇口：炸山填海，种下梧桐引凤凰

1979 年 7 月 2 日 10 点许，一艘名为“海月一号”的快艇从香港招商局仓码公司泊船码头向蛇口驶来。一个多小时后，梁宪和几位同事终于来到了憧憬已久的蛇口。此时，距离蛇口移山填海第一炮响起已经过去两小时。

受上级调派，梁宪从香港来蛇口支援工业区建设，承担工业区发展调研规划工作。这是梁宪第一次来蛇口，他没想到，就此和蛇口结下了半生的不解之缘。

37 年后，当 74 岁的梁宪坐在招商局博物馆会议室接受采访时，这位曾经担任招商局首席经济研究师的老人，还能激动地回忆起第一次来蛇口时的期待之情。

“‘你们去过夏威夷吗？’袁总当时问我们，‘蛇口就像夏威夷一样，有长长的沙滩，海沙雪白，风吹过岸边树林，一阵沙沙作响’，我一听，立马被‘煽动’起来，很兴奋。”谈到袁庚在干部会议上说起蛇口两手叉腰的潇洒模样，梁宪也还历历在目，但当时的他将信将疑。等真正来到这里，梁宪才明白为何大家说袁总讲话是“放大炮”。

“这个地方没有袁总说的那么美，落差太大了！”上岸后，梁宪看到的蛇口只有一条老街，由于“逃港”，街边看不到什么青壮年。房屋破烂，一片残垣断瓦，袁庚口中的夏威夷风光，落到梁宪眼里也只剩坑坑洼洼的沙滩和稀落的树木。那样一个蛇口，甚至让梁宪联想到了老电影《枯木逢春》里被丝虫病蹂躏得一片荒凉的村庄。

然而，正是在这一坑一坡的海边，响起了移山填海第一炮。这声炮响不仅炸开了当年蛇口的虎山，也吹响了深圳改革开放的号角。此后，特区改革开放浪潮从蛇口开始，迅速席卷全国。

开山填海，打造600米码头

1978年6月，袁庚受交通部部长叶飞委派，赴香港调查，起草了一份《关于充分利用香港招商局问题的请示》报告。10月，袁庚即被任命为交通部所属的香港招商局常务副董事长，主持招商局全面工作。

袁庚赴港任职后，看到香港一片欣欣向荣，可招商局在香港的产业依旧不温不火。他便想模仿韩国，以及中国台湾出口加工区经验，在香港建厂。但奈何那边地价贵，招商局又资金紧张，最后只好选了临近香港的蛇口。

袁庚向中央申请设立蛇口工业区的报告很快被批复，1979年1月蛇口工业区成立。

1979年6月25日，梁宪从北京来到广州，再经罗湖去往香港。“一个星期后，北京来人了，要我负责搞蛇口工业区的规划，我和几位同事陪着领导过来蛇口。”

7月2日到蛇口时，他们一行人从六湾的渔民码头上岸，此时蛇口工业区第一个开发工程——600米码头已经开始建设。

招商局入驻之前，蛇口一穷二白，想要建设，必须先把物资运进来。因此，招商局的第一项任务就是解决通航问题。

“考虑到风浪和水深的影响，招商局就把现在中集那块的山给炸了，造600米码头。”王今贵见证了600米码头的诞生。1979年来蛇口之后，他便担任工业区指挥部工程科科长，回忆当年建设的情形，王今贵说：“开山填海就是为了造地。当时的蛇口要发展，必须得先解决用地问题。”

至1982年，林本义作为港口工程师来蛇口参与建设时，600米码头已经可以停靠3 000～5 000吨的船舶。

对比如今上十万吨的集装箱码头，曾经的600米码头似乎不值一提。但时间倒退三十年，600米码头却是当时整个深圳市最早的现代化码头。林本义说在600米码头建成之前，深圳河里头的小码头只能停靠一些木船。

600米码头建设只是蛇口开发的起点，此后，蛇口开启了翻天覆地的变化。

炸山填海，五通一平

“蛇口”这个地名的由来，是因为其特殊的形状——一条蛇脖子从南头半岛伸过来，南头半岛是蛇的口腔，蛇口山是上颚，下颚是微波山。在这之中，起伏着大大小小的山丘。

“这个地方没什么地，唯一几块地在招商局那边，都是农田水塘。”梁宪印象中，蛇口第一条真正意义上的路是工业大道，建在蛇口到深圳那条老路的基础上，600米码头建成后，才延伸到港口。1982年开发赤湾时，梁宪等人要爬南山才能过去，一座座山，山脚下没有路，实在想走路过去，只能从青青世界那条荔枝林小路兜过去。

来到蛇口建设一段时间后，他才意识到，荒凉还不是蛇口给开发者出的最大的难题。

作为土生土长的蛇口人，林小静记忆深处最原始的蛇口是一片起伏的山丘。

“以前蛇口都是一座座小山，花果山那边还有坟地。整个蛇口只有一条老泥路，小时候我们去赤湾砍柴只能走微波山下的山路，山下边就是海。”林小静出生在南山，五岁时来到蛇口。十年后恰逢招商局进驻蛇口，相比“逃港”的同龄人，她凭着一张高中毕业证在蛇口工业区指挥部当起了打字员。此后，蛇口工业区几度变迁，林小静一直留在这里，直到今天，她也还在蛇口招商局历史博物馆任职。

几十年过去，梁宪回忆往事，仍然认为当年工业区选址在蛇口是不合情理的：“建工业区肯定需要地，但蛇口根本就没有地。”他记得，当时五湾、六湾那边几块地都是农田、水塘，往西边走，只有几个海湾。这导致大量的建筑用地，包括厂房用地，特别是港口用地，清一色靠移山填海。

任何工业区的开发都是从一片荒凉开始，通水、通电、通路，只不过蛇口工业区在这个基础上，还给开发者增加了一道难题——缺少平整的土地。

梁宪说，若是没有移山填海，工业区的发展根本无从谈起。

1979 年的蛇口一片荒滩秃岭，所以首批从天津、上海、武汉等地调来蛇口的干部都主要负责港口工程和道路建设。作为工程科科长，王今贵 1979 年调来蛇口之后，首先接到的是“五通一平”这项重要任务。

“五通一平”，即通水、通电、通航、通车、通讯以及平整土地。

“当时，我们在山顶架了一个容量 4 000 立方米的调节水池，再从西丽水库铺一条管道到水厂，水的问题基本解决；电是由香港中华电力公司供的。”

也正是因为招商局的到来，蛇口才有了第一条真正意义上的公路——一条八公里长、两车道，通往深圳的柏油公路。在一片荒滩秃岭上卯起如此声势浩荡的改革劲头，蛇口很快就吸引了各方关注。

1981 年 8 月几位学者到蛇口进行调查，来年 1 月在《学术研究》上刊文《蛇口工业区的崛起——对招商局创办蛇口工业区的调查》。文中详细记载了“五通一平”开始两年后，“通过挖山填海，一共平整土地 100 万平方米，其中征用公社土地 52 万平方米，填海造地 40 万平方米，海边防风林带 8 万平方米，可供建筑厂房和其他建筑物使用的土地为 74 万平方米”，并感叹，“招商局仅用两年时间，在蛇口工业区的开发上取得这样快的建设速度是令人鼓舞的。”

然而，这个令人惊叹的“蛇口模式”在一年前曾饱受争议。1980 年，袁庚为加快蛇口港施工进度，决定实施奖励制度，并首次提出“时间就是金钱，效率就是生命”的口号。口号一经提出，立即掀起轩然大波，遭到不少人质疑，甚至被贴上“资本主义”的标签。直到得到邓小平的肯定，这个口号才传遍大江南北。

“蛇口模式”也一直延续下去——五湾的建设起到示范作用后，很快，蛇口又迎来了新的建设者。1981 年下半年，孙美燕调任中瑞机械工程有限公司深圳分公司总经理，不久便同袁庚一同来到蛇口。

“当年蛇口一片荒凉，只有几间破房子。我们来之后，首先要解决路的问题。修路就要石料，石料从哪儿来？就只有炸山了。中瑞当时承担的就是炸山的任务。”在孙美燕的指挥下，中瑞首先炸开一湾与二湾之间一座高 98 米、长 100 米、宽 50 多米的山。

三十年过去，当人们发现蛇口的改革试验结出成功果实之后，工业区的一切都有了值得纪念的意义——当年移山填海的画面更是作为珍贵的历史片段被保留下来。

然而，这段珍贵的历史，对于孙美燕来说，却是一段在荒地上拼搏的青春岁月，这当中甚至还夹着几分惊心动魄。

孙美燕说，炸山是以阶梯式的操作方式，从山顶往下一层一层炸的。炸完一层后，推土机将土推往一处，再由装载车通过提前修好的交通道运下山倒进填海区。她每天搭乘重型运输车从五湾的职工宿舍来到工地现场的铁皮房办公。在来来往往的炮声中，她几乎时时都在与危险做伴，有时甚至和死神擦肩而过。

“有一次放炮，很久炮都没响，工程师就上去检查，我们搞指挥的也赶紧起身去看。没想到，刚出铁皮房，就‘轰隆’一声响——炮炸得石头在天上飞，我们在地上跑。可是人哪里跑得过石头？结果石头从我耳边划过去，耳朵立马血流不止。”时隔多年回忆起当时的惊险时刻，孙美燕已经能谈笑风生，“当年的石头再偏一点，你们今天就见不到我了。”

当年开山主要有两个目的，一是向山要地，二是开山做路。

到 1985 年，中瑞公司一共炸出了 57 公顷的土方量。这些石料一部分用来填海，将一湾、二湾向外推出 100 米左右，开出了 1 000 米长的海岸线。加上原来山那块位置的土地，中瑞一共在这块区域平整土地三平方公里。另外，利用这些石料，中瑞还修了三条主干道，其中一条沿着海边通向赤湾。

“别小看这三平方公里的地，这在当时是非常关键的。”孙美燕认为中瑞和其旗下的修理厂、石矿场这三家公司在当时可谓是起到了改革开放的先锋作用。因为只有在土地、路和码头都有了之后，外资企业才能进来。

同梁宪一样，孙美燕也深刻认识到土地对工业区发展的重要性。

今年，孙美燕已经年逾古稀。她现在常住香港，只是周末偶尔回蛇口和朋友聚聚会。在孙辈们面前回首这段青春岁月，孙美燕百感交集：“当年的生活条件是非常艰苦的，我的脸被太阳晒得都是斑，看起来比现在还老。但我们那一代人不知道什么是苦，凭着一股创业劲头就这么干了起来。”

赤湾大港，在争议中诞生

从 600 米码头开始，随着工业区发展规模不断扩大，指挥部也一直在推动港口建设，着力解决运输问题。只不过，港口建设并不顺利。继蛇口港

“时间就是金钱，效率就是生命”的建设口号遭受外部质疑之后，赤湾深水港的建设也在内部引起了很大争议。

“当时没想到工业区发展那么快，600 米码头不够用了，就在旁边填了一突堤，规模比原来大一些，可以停靠上万吨的船。后来又建二突堤、三突堤，到 1982 年，开始建集装箱码头。”随着港口建设的推进，林本义也从工程师变成了港务办主任。

100 年前，孙中山所著《建国方略》中明确了全国的基础设施建设，其中包含了全国的几大港口。传言，《建国方略》中所说的南方大港便是蛇口赤湾。虽然这个说法尚未得到证实，但关于赤湾的深水港建设，却有很多不为人知的往事。

其中，梁宪和赤湾集装箱码头的渊源最深。

“我们来之后建的第一个码头只有三到四米的水深。说实话，这个地方到底能不能建深水港，大家心底都没有把握。不过，从交通部‘水规院’来的孙工程师就很坚持。”

梁宪记得，当时孙工只是个普通的技术人员，在汇报时，他解释说，赤湾处在珠江口东面冲刷潮位置，上游的水流在这一带汇合，越冲越深，并以此据理力争。底下坐着一众资历比他老的领导、同事都睁大眼睛盯着他，主管战略规划的梁宪看着孙工在台上说得“天花乱坠”的样子，都不由在底下替他捏把汗。

最后孙工还是凭借自己过硬的专业知识，一点一点地举例论证，说服了大家。招商局在中瑞公司开山填出来的海域往前推三四百米，建了深水港。

“不得不说，孙工很厉害，抓住了赤湾处在珠江口东面，受冲刷潮影响的水文特征。珠江口的水文状况决定赤湾能建深水港，这也是蛇口很幸运的地方。”

之所以对深水港选址如此谨慎，梁宪解释说，是因为深水港要求 8 到 12 米的水深，一旦在泥沙回淤区建港口，不但水深不够，建完还会立马回淤。这样不仅施工难度大，维护的成本也高。事实证明，当年的选址是成功的——这么多年来，赤湾港的回淤一直很小，维护的工程费用也低。后来，赤湾又要建集装箱码头，梁宪没有想到的是，孙工“舌战群儒”、据理力争的场景很快就在他身上上演。

在当时看来，选择赤湾建集装箱码头是一个很大胆的尝试和冒险，因为这里的水文条件比起回转码头要差一些。因此，梁宪带领一帮同事，从选址开始做可行性报告。

选址从盐田开始，接着是这边的赤湾和妈湾，最后选中了一湾和赤湾交界的位置建集装箱码头。梁宪说，这是当时中国第一个真正意义上的现代化集装箱码头。虽然论集装箱码头，上海港和天津港最早，但在梁宪看来，赤湾才是第一：“它们都是在原来的杂货码头基础上建的，开始采用的是普通的吊机，而不是集装箱吊机，设计的吞吐量也只有 5 万箱。严格意义上来说，都不能算真正的集装箱码头。”而蛇口集装箱码头建的第一个突堤就达到 20 万箱的吞吐量。不过，这个 20 万箱的吞吐量却来之不易，如果不是梁宪像孙工那样坚持，它很可能就不复存在了。

“我汇报的时候提出 20 万箱，交通部的同事都说‘梁宪你疯了吧，怎么能做到 20 万箱’，但当时我专门研究世界各个码头，集装箱那些东西我比他们都熟。”

这份骄傲一直伴随梁宪到现在，只是几十年过去，物是人非，想到已去世的孙工，梁宪不免有几分伤怀。

渔业就此“填埋”，工业区拔地而起

十一届三中全会的召开，让招商局敏锐地捕捉到了改革气息与发展机遇，开始打造蛇口工业区。但要在一无所有的蛇口打造工业区并不容易，除了以袁庚为首的一群改革建设者在这里挥洒汗水，工业区的背后还有蛇口原住民的付出与牺牲。

1979 年，在行政改制前，南头半岛分为南头公社和蛇口公社。蛇口工业区设立后，南头公社被拆分为南山、西丽、大新三个办事处。蛇口五湾的蚝业大队便是大新办事处下属的蚝业社之一。

招商局进驻蛇口后，要想利用五湾、六湾的沿海岸线打造工业区，必须先向这里的蚝民征得土地使用权。1980 年，袁庚便带领招商局的一众领导找到时任大新大队书记陈旭良，提出要征用其农村集体用地的要求。

“我想着既然特区建设要发展，那就把地让出来。”于是，按照当时的征地货币补偿政策，陈旭良以五万块的价格将五湾以及周围 200 多亩的蚝田出让给了招商局。后来用于支持工业区物资运输的蛇口客运码头便建在五湾。

陈旭良没有想到的是，这只是征地的开始。很快，政府又要征用大新大队 9 000 多亩蚝田和 3 000 多亩水田。然而，这次陈旭良却无法像上次一样答应得那么爽快了。

因为这些田地都是改革开放前陈旭良带领村民，自己动手一块一块填出来的。

20 世纪 60 年代，蚝产品由国家统购统销，蚝民及其家属则由国家供应口粮。然而，计划经济时代，靠国家供应，人们根本无法解决温饱问题。为响应“以粮为纲”的口号，陈旭良带领村民自行动手围海造田，以减轻国家粮食供应压力。

“那时候围海造田，向海要粮真是艰苦。我们带着村民，个个穿着背心，束起裤脚，用脸盆一盆一盆地往海里倒泥。海边都是烂泥地，有些地方根本堆不起来，需要我们一盆一盆地堆起来，等它干了之后才能用。这还要看天做事——涨潮就干不了，退潮才能填。”陈旭良说，这种人工围海造田要花费差不多五年的时间才能填出一块地来。

更重要的是，陈旭良的老朋友曾榜名，南山办事处第一任书记的一番话提醒了他。

“征地便宜事小，生产队 80 多亩地一口气全部征完，农民没有地种怎么维持生计？靠招工真的能解决这么多农民的吃饭问题？”因此，在政府征用南园村土地时，曾榜名提出要有一个两年的过渡期。

然而，陈旭良最终还是顺应了政府征地的需要。这一万三千多亩地不久以 7 900 块左右一亩的价格被征走。

从此，农业开始渐渐退出深圳的历史舞台，在这片土地上取而代之的是一个欣欣向荣的工业区。

蛇口工业区迅猛的改革势头不仅成功地吸引了外资，还引来了一批来自内地的年轻人。

到八十年代中期，涌入蛇口的年轻人越来越多。为解决这些人的住宿问题，招商局又开始移山填海，兴建住宅区。从八十年代后期开始，华益铝厂的职工林煜瑞看着现在翠竹园位置上的山一点点被推平，自己家的房子拔地而起。另一边，一湾到五湾已经差不多全被占为工业用地。于是，从六湾附近的望海路开始，海岸线又接着向外扩张，填出了南海玫瑰园、半岛城邦等一片高档住宅区。

林煜瑞的女儿出生于 1994 年，在女儿一两岁时，他还经常带女儿到海上世界的人工沙滩上抓虾、玩沙。后来，海上世界也开始填海，一代蛇口人记忆中的海上世界慢慢被填成了“陆上世界”。

至此，梁宪口中描绘的那条“蛇脖子”再也不见踪影，如今的蛇口棱角分明。而那些和他一同参与过蛇口工业区开发的建设者们，有像林小静、林本义那样最后留在蛇口的，也有像孙美燕、王今贵那样久居香港、上海，只偶尔回来看看的，也有如袁庚、孙工已经不在人世的。

图片 6:
20 世纪 90 年代林煜瑞的女儿在海上世界的沙滩上游玩
林煜瑞／摄

九十年代之南山：填出来的新城市中心

蛇口的开发为此后深圳的发展提供了模式——引进外资，兴办工业，搞综合开发。在特区建设的一片隆隆炮声下，政府又设立了两个新的开发区——南油集团和华侨城集团。与此同时，深圳的填海工程一路高歌猛进。和招商局一样，通过填海，南油和华侨城都迅速地获得了建筑用地。然而，在不同的发展模式下，二者最终走向了截然不同的结局。

“南油大红线”内疯狂生长的海岸线

1988 年，南油集团土地部经理胡国曦第一次来深圳时，蛇口工业区即将迎来改革开放的第十个年头。如果不是自己的父母来深圳开荒，毕业于北京交通大学的胡国曦不会来到深圳。

他还记得当时去派出所迁户口时，办公人员的再三确认：“你想好了真的要迁出去？北京户口可是很难进的。”

胡国曦来深圳那一天，从上沙、下沙颠簸了一个小时才到蛇口。沿路的景象让他根本不敢想象蛇口会是这个样子——从海上世界放眼望去，除了碧涛中心、新世纪广场这两栋不算高的建筑，剩下的都是海，还有一排排海边别墅。“这样的景色之下，蛇口有几分欧洲小镇的情调。”对比一路过来像个大工地的深圳，蛇口给了胡国曦不小的惊喜。同样令胡国曦印象深刻的还有当时的南油大厦——圆弧形建筑，很是气派。

胡国曦看到的这座大厦伴随南油集团的成立，已经在蛇口矗立了四年。

南油集团的成立源于南海石油开发。南油成立后，获得了政府划分的 38 平方公里土地。这 38 平方公里的土地又被称为“南油大红线”。

20 世纪 80 年代，深圳市政府以出让的形式把土地划给企业开发，其中南油是划地面积最大的企业。

尽管 30 年变迁，重组至招商局旗下的南油早已风光不再，但对于这片曾经给南油带去辉煌的“南油大红线”覆盖的土地，陈宙锋作为南油集团企业规划部的副总经理，至今仍记忆犹新。“当时 38 平方公里，从南边开始以内环路（东滨路）和蛇口为界，一直往北都是南油的，大小南山、前海，都在南油的红线范围之内。往北，最远到了西丽。”

由于种种原因，南海石油开发最终被搁浅，后勤保障基地也成为一纸空谈。失去原始使命的南油开始转型为开发区，引进工业发展贸易。38 平方公里的土地也随之调整为 23.01 平方公里。

有趣的是，“南油大红线”划出来的不光是陆地范围，还有很大一部分圈在海里。西至大小南山，山脚下就是海。东边的后海大道也临着海。“南油大红线”一直往外延伸，进入到前海湾、后海湾两侧的海域。对此，胡国曦解释：“‘南油大红线’范围里虽然有很多地，但都是农业用地，不属于南油。要开发建设，只能从海域下手，填海造地。”

为发展港口贸易，1993 年前，南油在月亮湾大道往西北方向至临海大道的位置填出一块仓储用地。仓储用地继续向西延伸填出了妈湾和海星码头的港口用地。

陈宙锋回忆，当时这一块区域从产业定位上来讲，偏重于物流、石化，所以这块基础产业用地都是“根据需要，一块一块填起来的”。

通过“南油大红线”范围内 23.01 平方公里的综合开发，南油 1992 年至 1993 年连续两年被评为深圳市综合实力最强的 50 家大型企业集团第一名，风头一时无双。

然而，南油却未能将这种发展势头持续下去。大南山脚下的填海区域定位为仓储物流，另一边的南油工业区与配套生活区却规划混乱，有些厂房、宿舍楼甚至一层半层地拆开卖。由于经营管理不善，加上规划不清等种种原因，在同时期的招商局、华侨城日渐发展成巨头的同时，南油沦落到依靠卖地为生。1997 年，南油将大红线范围内的海域出让给卓越集团开发，卓越填海之后搞起房地产开发，正是这个房地产开发项目给卓越带去了第一桶金。

几番起起落落，曾和招商局旗鼓相当的南油最终在 2004 年经历重组，并入招商局。而“南油大红线”内海岸线的疯狂扩张，不仅为南油集团的衰落埋下伏笔，还改变了后海湾蚝民的命运。

“因为填海，我的蚝全死了”

南光村居民麦欢娣的命运就因南油的扩张而跌宕起伏。对她来说，后海湾的填海并不是一段轻松的记忆——因为就在这海边，她上演了一出又一出“失业记”。

“以前这一块都是南光村村民的菜地”，麦欢娣手指着地图上“海印长城”的位置强调，“要说现在的名字你们可能才知道，以前那些地方都变样子了”。麦欢娣是光明马田人，自从嫁来南光村，便靠种菜维持生计。她家的菜地就在如今的“海印长城”附近。她曾听村里的老人提起过，从“海岸明珠”到天后庙这一片，以前是个飞机场，是当年日本人建起来的。后来机场没了，这块地方只剩一片黄沙，寸草不生。

“‘海印长城’那里最适合种地。”麦欢娣当时种的菜甚至出口到香港。以“海印长城”为界，一边是菜地，一边是海。虽然偶有海水淹进菜地里，但麦欢娣一直不愁生计。直到 1984 年，南油开始征地，她的生活也随之发生改变。

“刚开始听说要征地，大家都很高兴。”村民眼见水湾村征地，虽征得便宜，但至少有钱拿。等风水轮流转，征到南光村时，麦欢娣和她的邻居们想着能拿赔偿款也很开心。

然而，他们没想到，拿到了 1 000 块一亩地的赔偿款后，地被征了，不能种菜，生计又将成问题。到 1986 年，麦欢娣的菜地基本被征完。为维持生计，她打算转移阵地，学习在滩涂上养蚝。只是，对于 46 岁的麦欢娣来说，重新去学习一项新的技能并不简单。

“最开始，我连蚝的头和尾巴都分不清，不过后海那边整个村都养蚝，我就看着别人怎么做，一点一点学。”后海海水较浅，麦欢娣学着用水泥和沙子做成方子，丢进海里。到来年四月，这上面就会长出蚝种，再慢慢生出蚝仔。年复一年，等她开始熟悉这项技能时，蚝田里已经长不出蚝种，需要去买蚝苗来种了。

麦欢娣的养蚝手艺越来越纯熟，不知不觉间，她原先的那块菜地也已经彻底改头换貌，向东延伸出一大片陆地。再过几年，便有了现在的海岸城。

20 世纪 80 年代末，在政府要求下，南油将这块地填好交还。然而这一平方公里的土地如何使用，却成了件棘手的事。最开始，政府打算在这里打造一个科技城，让华为总部入驻。多番权衡之后，才建成如今的南山商业文化中心。

胡国曦说，如果当年这里真的引进了华为总部，现在南山区的税收可能要翻番。但想想他又接着补充：“不过可能就没现在这么热闹了，海岸城每天来来往往数万人，要是建成科技城，一到晚上，人走楼空，只剩一幢幢高楼大厦。”这一平方公里土地如今承载了南山区逾百万居民的休闲文化生活。

那边南山商业文化中心刚敲定，这边麦欢娣却再次面临失业。

1992 年，她的蚝田再次被列入征地范围内。不过这次征地，却没能给麦欢娣带来想象中优厚的赔偿款。

图片 7:
20 世纪 90 年代深圳湾海岸城处的蚝田
麦欢娣 / 供图

图片 8：
1992 年后海蚝民喜收蚝
麦欢娣 / 供图

“我一共有 240 亩蚝田，政府赔偿迁苗费，一共 120 万，当年 120 万是个大数目，村支书眼红我，就把钱扣了下来。”后来，村支书要求麦欢娣分 30 万给自己没有蚝田的妹夫，麦欢娣不答应，协商破裂，麦欢娣开始通过法律途径解决问题。然而打了四年官司，赔偿款都无下文。直到 1998 年，新任书记上台，才拿了 70 万给她，息事宁人。但这 70 万又被麦欢娣的叔叔分走 30 万，最终她拿到手只剩 40 万。

然而，城市建设却不会因个人的遭遇而停下脚步。

1997 年，南油将海岸城南面的地卖了近 20 万平方米给卓越集团。隔年，卓越便推出“蔚蓝海岸”“海景房”概念，将原先靠海的楼盘“浪琴屿”取而代之。后海湾的海岸线也由后海大道东移至后海滨路。

接连摔跟头的麦欢娣终于吸取教训，看着新的城市中心拔地而起，果断拿出自己的一点积蓄，再四处借钱，在南光村盖了一栋两层的楼房。

此后，当她拿到 40 万元赔偿款，加上第一栋楼房收租的收入，麦欢娣又盖了第二栋楼房。钱滚钱，再盖楼，到现在，麦欢娣已经坐拥好几栋楼，还给自己的子女们在现代城各买了一套房。

回想起当年，麦欢娣感慨幸好自己早早地另谋出路，如果再继续仅仅依靠白石洲养蚝为生，她将彻底失业。

由于靠海，桂庙村的居民都以打鱼为生，在沙河路附近的滩涂围上基围，涨潮时海水涌进来，退潮后鱼虾就能留在里面。过去，白石路以南，一直延伸到华侨城，都曾是滩涂。白石洲那一片也恰如其名，是海中的一片陆地。这附近养蚝、养鱼的都有。麦欢娣在后海失业后，也曾转移到白石洲养蚝。然而滨海大道填海后，白石洲附近的水质被污染，无法再养蚝。这一片区域的蚝民也彻底失业。

滩涂上崛起的华侨城

南油集团成立后不久，1985 年 11 月 11 日，在深圳湾的滩涂之上，深圳特区华侨城建设指挥部正式成立。从沙河华侨工业区划出 4.8 平方公里的荒山野岭和滩涂，华侨城开始按照蛇口的模式搞开发。

华侨城开发区的设立是在国务院侨办和国务院特区办的授意下进行的。华侨城旅游发展部负责人陶总回忆，因为有国家支持，当时华侨城有很多政策优势，比如说审批权与人事任命权。正是得益于此，华侨城才能在三十年前制定出一版经得住历史考验的生态规划。

“早期侨办下来的干部思想比较解放，他们认为华侨城的规划可以借鉴国外经验，未必开发区一定要建成工业区。”考察后，华侨城的领导都很认同新加坡的模式，就以 11 万美元的高薪聘请了新加坡规划大师孟大强担任规划顾问。

孟大强给出的规划理念很明确，即强调保护自然环境，充分利用原有的地形地貌，不要破坏现有的绿化植被，不搞大填、大挖、推平头。

“当时这种开发区还有两个，一个是蛇口，一个是南油，但南油最终因为规划不善，建得很不像话。”谈起这个生态规划，陶总很是骄傲，他认为正是因为华侨城三十年来一直贯彻最初的生态规划，才能发展到今天的规模。

由于前两年一直在规划，对比深圳各处热火朝天的建设局面，华侨城显得有些太过平静，并没有什么“惊天动地”的起色。直到四年后，滩涂之上填起的第一座主题公园——锦绣中华的游客爆满，才让华侨城一下子声名鹊起。而这正是中国旅游集团马志明总经理的杰作。

借鉴荷兰“小人国”微缩的方式，马志明在规划过程中提出要划一块地，把中国所有名胜古迹都微缩起来。然而，这样的规划在当时却面临着各方压力，毕竟开发区主要以“三来一补”工业为主，搞旅游业并不被支持。

出乎意料的是，1989 年 9 月 21 日，锦绣中华试营业竟热闹非凡。几天后的国庆当天，旅客人数接近三万人。由于估计不足，深南路不得不让出一半做停车场。

锦绣中华的试验成功让华侨城看到了旅游业的发展前景，很快，在相邻不远的滩涂上，华侨城又兴办起了一座新的主题公园——1994 年 6 月 18 日，世界之窗开园。

此后，华侨城走出了自己独特的发展道路，不仅创造了深圳有名的旅游景点，也成为深圳有名的城中城。

参与过华侨城规划的中国城市规划设计研究院深圳分院第二任院长刘洵蕃认为，华侨城能有今天要感谢两个人，一位是孟大强，另一位则是马志明。

“规划不仅要有先进的理念，与时俱进，同时要有前瞻性和足够的可调整、可修订的余地，这才是科学的规划、可持续发展的规划和有生命力的规划。”刘洵蕃在孟大强提出“依山就势，保持地形地貌的原汁原味，让城市建设让步于自然环境”的规划理念时，就觉得眼前一亮。

而对于马志明坚持要求用一块旅游用地做“微缩景观”的规划，一开始，连刘洵蕃都无法理解其深远意义。但现在看来，马志明确实是有远见卓识的。

海景变陆景，远去的涛声

这座城市的文化旅游中心在滩涂上拔地而起的同时，另一片海域旁也响起了起重机的轰鸣声——这个被称为填海六区的地方，即将见证深圳科技创新产业的崛起，高新园南区和深大南校区也将从这里诞生。

每年，总会有初来深圳大学报道的新生好奇，学校附近明明没有海，可却有海滨小区、海边游泳池等地名。运气好的话，被问的人可能能答上一二：“以前深圳大学旁边就是海”，不过更多时候是“不知道”。

深圳大学的确曾经靠海，海滨小区也是名副其实的海景房。只是，时间推移不断改变城市风貌，这些过往都演变成历史，仅仅鲜活地存在于经历过这个阶段的一代人心中。

江世权是深圳大学前保卫处处长，1984 年他被派来支援深圳大学校区建设。

据他回忆，深圳大学最先建起来的楼是六栋加十四社，六栋楼的名字都与“海”有关。其中最有名的当属海望楼，顾名思义，海望即望海，能够看到海；潮汐楼则能看到潮水涌到墙角。除此之外，还有海月楼、海涛楼、海志楼这些楼。这些名字之所以都与海有关系，是因为深圳大学建校时就在海边。

1984 年是深圳大学建校第二年。那时，杜鹃山脚下不远处就是海。江世权来深圳大学后，住进了最有名的海望楼。他记得，当年读小学四年级的儿子正值顽皮的年纪，每天放学回来都会在海边抓跳跳鱼。

图片 9：
深圳大学建校初期，地处广东海上交通的门户——粤海门，原为粤海门村
深圳大学宣传部／供图

“上面的调任安排来得很仓促，我完全没有心理准备，太太也不愿意跟过来深圳。没办法，最后只能我带着儿子来这里，太太和女儿继续留在广州。”比起一片荒凉的深圳，江世权更想留在广州，但最后还是接受了学校的安排。

同样住进海望楼的还有1984年来到深圳大学文学院任教的郁龙余教授。他对深圳大学附近曾经的海景印象深刻：“沿着海望楼前面的路往下走三四十米就是海滩，海滩边长着不算茂密的红树林。过了红树林，就是海水奔涌了。”

当时郁龙余去蛇口，为了抄近路，他通常选择从海望楼边上的海滩出发，沿着桂庙边上的海滩，一路走到南油。路边都是蚝田，海水清澈。

深大东路是深圳大学最早的校区边界，也是附近海域最原始的岸线。沿着深大东路向北，在如今南区运动广场的位置还能找到当年海军边防碉堡。

十年后，随着深圳大学不断扩招，校区边界一直向外延伸，海望楼也逐渐被新的海景房——海滨小区取代。

1994年，梁桂麟进入深圳大学担任副校长。在他的见证下，海滨小区建成。1997年，梁桂麟搬入海滨小区。“我的房子最靠近围墙，坐在沙发上就能看到海水涨潮、渔民捕鱼。”

回忆起当年的情形，对比现在海滨小区周围高楼大厦的城市景观，梁桂麟感叹“确实是沧海桑田”。

与此同时，深圳市政府还在大力推动高新园的建设。

当年白石路以南都是滩涂，周围没什么建筑物。只有深圳大学在现在南区的位置建了一间小平房。

筹备工业园南区建设时，时任书记厉有为和市长李子彬亲自拿了借条找到江世权，说要征用这间小平房做指挥部。江世权欣然同意，此举换来了政府大方补偿的一块地，即如今的粤海门加油站。

高新园南区又被称作填海六区，南临滨海大道，西侧为白石路，北侧为学府路，东侧为科苑南路，规划范围内总用地面积约57.99公顷。

图片10：
20世纪90年代深圳大学临海校园
深圳大学宣传部／供图

高新园南区填海之后，恰逢王炬副市长与科技园开发区主任刘迎利来视察。在梁桂麟、张宝泉两位副校长的陪同下，他们来到深圳大学学生活动中心顶楼。梁桂麟适时地提出学校需要再次扩容的想法，王炬听后环视四周，接着对刘迎利说："高新园分开管理没有太大问题，但学校还是连在一起更好管理。"

此后，便有了深圳大学南校区的 20 万平方米土地。

滨海大道，多花一个亿为红树林让步

步入 90 年代，深圳迎来高速发展时期，填海工程也一路高歌猛进。然而，此时的填海工程也开始遭受争议。其中，最大的争议点就是填海对红树林的破坏。

福田红树林自然保护区建于 1984 年 10 月，1988 年 5 月晋升为国家级自然保护区，总面积约 921.64 公顷。一直以来，福田红树林生态公园都是全国唯一处在城市腹地、面积最小的国家级森林自然保护区。但在深圳步入快速建设"大工地"时代后，这片国家级的自然保护区却成了填海工程的牺牲品。

王勇军曾任福田国家级自然保护区管理局局长，1991 年，年过四十的他冲着红树林来到深圳，想在自然保护区安安心心搞科研。然而他没想到，等待他的是半生的守护红树林之旅。

1991 年 12 月 27 日，王勇军来深圳上班的第一天，就赶上了福田保税区填海施工。

"当时眼见福田保税区填海工程已经侵犯到红树林保护区，我和三个同事赶紧跑去阻止，不让推土机工作，施工方停下了，可一转身又把机器开动起来。"因为争执，当时这件事惊动了不少领导，但最后红树林还是让路给福田保税区的建设。

"100 多公顷几天时间就填没了，24 小时昼夜开工，速度很快。"王勇军说，在那个奉行"发展就是硬道理"的时代，整个社会都缺乏生态环保意识，甚至很多人连红树林是什么都不知道。

保税区的填海工程填掉了红树林保护区 100 多公顷面积的红树林。

幸运的是，不久后，在众人的努力下，滨海大道的填海工程以一亿元为代价为红树林让步 200 米。

从规划之初，滨海大道要穿过红树林保护区就曾引发关注。1994 年 11 月中旬施工单位直接向保护区内倾倒土渣的行为使得保护红树林的舆论发酵。施工方谎称项目报批，但实际上并无公章，此事引起了当时的市委书记厉有为的关注。厉有为说，滨海大道不修不行，但怎么修要兼顾各方意见。

在以中科院院士和王勇军为代表的专家以及媒体的多方关注下，市人大代表对"红树林风波"紧追不放。最终引起了中央的重视，林业部副部长前

图片 11：
1999 年，滨海大道通车
南山区政府 / 供图

来调查，提出了三点要求：调整滨海大道线路方案，逐级上报；做好环评，调整红树林保护区红线；两件事一起上报，不能分割。

最后，市政府也做出决策：将滨海大道北移 200 米，避开核心区，给保护区 2 000 万元的补偿。为了让滨海大道改道，政府最终多花了一个亿。

在一路高歌猛进的填海工程中，南山区在步入新世纪前依靠填海完成了现在的版图扩充，并迅速崛起，成为深圳的又一个城市中心。

90 年代，深圳填海的两大企业走向了截然不同的发展道路，南油逐渐以卖地为生，华侨城一路激流勇进。而政府的填海工程却遭受了前所未有的争议，历史终于把填海与生态的对立带到了时代的最前端。

新世纪之深圳：为发展而填？

深圳 GDP 在世纪之交首次突破 2 000 亿大关。

历经二十多年的改革开放，深圳经济早已腾飞，常住人口逾 700 万。城市中心也随之发生转移——西部开始涌现后起之秀，南山区崭露头角，深圳一改当年上海宾馆以西就像大工地的荒凉模样。

迅速崛起的深圳很快享誉全国，越来越多的人被这座城市吸引，涌入这里寻找发展机会。

然而，步入新世纪的深圳却再也无法像 20 世纪 90 年代那样，肆意依靠填海造地支撑起一座城市发展的野心。

2002 年，《中华人民共和国海域使用法》出台，将填海审批权收归国务院和省级人民政府，此后，填海也相对规范起来。

杨坤是深圳市规划和国土资源委员会（市海洋局）海洋处处长，他告诉记者，深圳市在1997年前并无海洋管理机构，1997年也只是将海洋综合管理局并入渔业部门。直到1999年，深圳市才成立海洋部门，但依旧没有海洋使用审批权。海域法出台，终结了深圳粗放式填海的局面，也让20世纪的企业填海行为彻底变为历史。但这并不意味着深圳填海即将迎来终点——城市依旧要向海洋扩张，在政府逐级审批下规范地扩张。杨坤说，近些年审批下来的填海工程，大都是“为发展而填”。

“这几年，我们市局审批的一些填海项目，主要是基础设施和自贸区用海。审批通过的项目有深圳湾公路大桥、机场跑道、地铁二号线这些基础设施，以及蛇口太子湾邮轮母港、前海自贸区等未来重点发展的产业。”杨坤补充道，“保护与开发平衡，是管理部门审批时考虑的重要因素”。

“天堑变通途”，借势海洋的国际化之路

2000年之后的填海工程，首先支撑起深圳通向国际化的发展战略。

2003年12月28日上午，随着最后一车土方缓缓倒入指定场区，深港西部通道填海工程，按照计划完工。西部通道项目由深圳湾公路大桥、一地两检口岸、深圳侧接线三大部分组成。

而填海工程则是关乎以上三大工程的关键项目——公路大桥将在填海区内落地，一地两检口岸直接建在填海区，深圳侧接线也将在填海区内与口岸及公路大桥实现对接。作为西部通道项目的基础工程，填海工程能否准时完工，直接影响着西部通道建设的进程。在这填起来的1.5平方公里陆地上，即将上演“天堑变通途”，然而这1.5平方公里的海洋变陆地并非易事。

据项目施工人员粗略统计，1 050万立方米石方、300万立方米土方、350万立方米沙方，西部通道填海工程一共耗费1 700万立方米填方量。这些土石方都来自安托山整治工程和留仙洞高新技术园区。直接负责填海工程的市规划与国土资源局土地投资开发中心主任李福民说：“按照正常的计划，工期起码要4年，而给我们的只有2年时间。”填海工程尽早完成，也意味着西部通道能够早日开通。作为中国首条跨界公路，深港西部通道的意义不言而喻。

2007年7月1日，西部通道正式通车，国家主席胡锦涛出席了剪彩仪式。

对于深圳而言，西部通道既是重大转折，也是新的起点。借由西部通道接轨香港，是深圳迈向世界的第一步。

在西部通道的铺垫下，深圳离目标越来越近。

2009年9月，前海片区被敲定为深港合作建设的现代服务业示范区。对于一块尚在规划的区域来说，前海被赋予了前所未有的希冀。然而，不同于西部通道直接在碧波万顷中上演海洋变陆地，这片从20世纪90年代就被纳入规划的土地，还能牵出不少前尘往事。

20世纪90年代中期，南油因开发区建设发展物流，从大南山脚下到听

图片 12：
深圳市建筑工务署负责施工的前海填海造地范围
深圳市建筑工务署 / 供图

海路这一片区域被填作仓储用地。不曾想，结束五年辉煌时期的南油发展急转直下。

“虽说不到资不抵债的程度，但依靠卖地为生的南油让政府失去了信心。”胡国曦入职南油二十余年，目睹了其由盛转衰的过程。2000 年，政府收回了南油的土地规划权。南油盛况不再，招商局却发展得一片红火。正值用地之际的招商局向政府要地，2003 年，政府将“南油大红线”中的 3.5 平方公里土地划给了招商局。2004 年，南油重组，并入招商局。

到 2006 年，前海有三大“东家”——招商局、中国国际海运集装箱股份有限公司（简称“中集集团”）和深圳国际控股有限公司（简称“深圳国际”）。加上被列为政府储备用地的原“南油大红线”中 1 平方公里的土地，前海占地面积不过 6.43 平方公里左右。

南油集团企划部副总经理陈宙锋说，深港合作区成立之前，前海也是以协议出让土地的形式寻觅商机。“招商局拿到 3.5 平方公里填起来之后，前海又将北片区的 50 万平方米土地出让给中集集团作为集装箱制造基地。后来又出让了 40 万平方米给深圳国际。”

3 年后，深港合作区成立之时，政府已经通过填海将前海占地面积扩充到 15 平方公里。只不过，由于历史遗留问题，这 15 平方公里的土地上交织着各方利益。在已出让的 6.43 平方公里土地中，招商局、中集集团、深圳国际旗下的深圳市深国际西部物流有限公司三家公司在前海合作区内合计拥有超三分之一的土地储备，这些土地的估值高达 3 800 亿元。政府和三家公司就土地开发、收益分配等问题商讨、谈判长达数年，但一直悬而未决。直到 2014 年，前海被纳入广东自贸区扩围范围。

对于前海自贸区的作用和影响，深圳大学经济学院国际经济与贸易系教授刘伟丽是这么看的：“前海首先面向香港，其次面向全球。如果说深圳是中国改革开放的窗口，那么前海就是窗口中的窗口，特区中的特区。”

与此同时，在西部通道的基础上，后海湾海岸线进一步向海推进。在后海滨路与如今海岸线之间填起的土地上，后海总部基地与春茧体育广场拔地而起。

港口用地上“长”出了写字楼

“深圳东西部都有港区，港口建设涉及的填海区域在整个深圳市填海工程中占很大的比重。有些时期甚至达到 90% 以上。”港务交通运输局主任吴宏业表示，他所在的部门主要负责填海项目中与港口和道路建设相关的部分。

东部港区即为盐田港。目前，盐田港的西作业区、中作业区都已建成，东作业区的泊位正在建设中。自 90 年代开始，盐田港填海工程周期已经持续 20 多年，之前，这里绝大部分都是海。

吴宏业强调，盐田港填海项目申报包含两层意思：一是填海的主体仅是港口，再无其他名义的填海；二是港口基本都是填出来的。

作为常年研究港口的专家，吴宏业认为，盐田港是全国最适合建港口的地方，“不冲不淤，无风无浪，这个地方是最好的”。

西部港区虽然次于盐田港，但也领先于全国其他港口。因此，1990 年提出的深圳港口规划的初步设计便是两区三主，即东部盐田港区、西部大铲湾和南山港区。从早期蛇口工业区建设开始，到如今深圳成为世界第三大集装箱港，港口建设贯穿深圳发展始终。

吴宏业说，深圳是一座因海而生的城市，填海的作用不言而喻。蛇口工业区作为深圳开发的起点，最开始也是通过海运来解决设备物资运输。而到

图片 13：
盐田港区现状
港务交通管理局 / 供图

图片 14：
蛇口赤湾妈湾港区现状
港务交通管理局 / 供图

目前为止，深圳填海形成的陆地，港区占了大概 20 平方公里。

“把这 20 平方公里放到深圳 890 平方公里的建设用地面积中来看也是非常重要的。”吴宏业对填海港区发挥的作用高度肯定。他曾和同事做过港口对城市贡献的研究，研究得出的数据表明，港口对深圳的经济贡献大概能占到经济增加值的 10%，促成直接就业人数达三万余人，间接就业数十万人。

外贸集装箱的占比高，对经济有重大的带动作用。深圳外贸集装箱占比达 95%，位居全国首位，而天津等地却不足 60%。天津在考虑扩大港口吞吐量，上海在思考如何做大外贸集装箱，此时的深圳却已迈向了另一个阶梯——考虑是否要减少外贸集装箱吞吐量，发展其他产业。吴宏业说，这是深圳土地不足带来的港口转型问题。

大铲湾便是港口转型的典型案例。大铲湾项目审批于 2001 年，从 2004 年一直建设至今。宝安城市管理局海洋科陈科长透露，大铲湾填海是因为政府想要在西部复制盐田港集装箱码头的成功经验，再加上宝安所处位置，能够使其实现物流的海陆空联动，于是启动填海工程。

然而，计划赶不上变化。2007 年大铲湾一期工程刚完工，隔年就遭遇国际金融危机，整个港口贸易跟随全球经济形势迅速下滑。如此一来，大铲湾的发展便陷入尴尬境地。“大铲湾设计的集装箱吞吐量是250万箱左右，而目前实际容纳的集装箱大约为130万箱。”根据深圳市大铲湾港口投资发展有限公司港口建设办公室的余汇川提供的数据，不难看出，大铲湾有将近一半的空间在闲置。尽管如此，大铲湾二期工程已建成，远期工程也正在建设中，未来这里还计划建设三期工程。

“大铲湾后方堆场也在考虑填海，但最终会不会填还不确定，因为这里有个红树林公园。”余汇川表示，大铲湾正在转型中。

未来，政府还计划通过远期工程在这里打造一个未来科技城，让腾讯、菜鸟网络、传化集团等企业入驻，除此之外，还将引入一些重要的产业项目。

但吴宏业却很难认同这种转型。

“从交通部的角度来讲，港口岸线是稀缺且不可再生的。”他认为，公司总部可以建在别处，但港口、码头却只能建在这里。虽然港口的单位面积产值和附加值均没有公司总部高，但港口岸线一定是只能发展港口，不能擅自变更用途。

除了吴宏业所处的港务交通运输局外，对港口填海项目把关的还有市海洋局。杨坤说，填海项目审批首先考虑是否符合国家产业导向、城市规划。如果是建设港口，则要考察是否适合港口规划。其次再考虑选址、论证填海面积以及填海方案。任何一个环节不符合要求都可能让项目流产。

蛇口太子湾邮轮母港填海项目在申报过程中就出现过人工岛面积过大的问题，市海洋局在考察后建议，人工岛面积可以缩小，用透空玻璃替代。协调好面积后，项目才顺利通过。据杨坤了解，目前为止，还没有以房地产项目进行填海申报的先例。

审批逐级递进，等到填海项目完工，由港务交通运输局管理港口时，问题却出现了。“蛇口邮轮母港填海整个项目都是作为港口工程申报的，但最后实际建成邮轮中心的只有最外面三角形这一块，后面都是写字楼。”吴宏业指着地图说，“最后实际建设港口的面积可能不到申报面积的十分之一”。

图片15：
大铲湾远期工程填海现场施工图
左婷／摄

而这种情况他已经司空见惯："最开始前海的四分之一都是以港区名义填海，填完后港口还没建成，写字楼就出来了。"从妈湾、前海，再到大铲湾，深圳一直在复制这个过程——以港口名义填海，填完之后建写字楼。

建成 CBD 已经算理想状态，余汇川透露，大铲湾配套区填好之后被政府拍卖给房地产商，如今已经开发成"温馨港湾"高档住宅区。

要不要继续填港口、港口填完作何用途、港口与红树林如何取舍……这都成了三十年后，摆在建设者面前的问题。当下的港口建设，已经无法像当初蛇口工业区那般一心只为发展而填海。

深圳湾公园，或为填海画上句号

"填一点点海去优化城市边界，做成城市绿化供市民休闲娱乐，这是深圳湾滨海休闲带的价值所在。"中国城市规划设计研究院深圳分院三所所长梁浩认为，深圳湾公园的建设说明政府意识到填海最终会走向终点。

"深圳这座城市的发展可以算是人类发展史上的一个奇迹。但从我的价值观来讲，人类的每一次进步都是对自然的一种损害。为了更多人的利益，前几辈的规划师编制了深圳城市发展蓝图，体现的是在市场作用下，人对城市的改变，而填海则是这个过程重要的一部分，目的只为争取更完善的城市功能。"

然而滨海大道为红树林让路给了建设规划者新的思路，因此深港西部通道、深圳湾口岸这些国家两地基础设施建成之后，滨海大道为红树林北移 200 米遗留下来的西面路基如何优化成为政府思考的问题。当政府意识到填海需要终结时，便将其建设成红树林滨海生态公园。

在此之前，经过三十余年发展，深圳海岸线已经彻底改头换面，南头半岛也从一个非常狭窄的区域演变成现在庞大而臃肿的形态。相对于宝安中心区 2001 年填海 4.29 平方公里，后海总部基地 2005 年填海 4.12 平方公里，机场二跑道 2007 年填海 11 平方公里，2008 年左右开始建设的深圳湾公园确实处在填海尾声阶段。

梁浩接到深圳湾公园规划任务是在 2003 年，竞标方案中的面积大于实际面积。但由于填海项目审批面积受限以及经济投入等因素，最终调整为现在的 90 多公顷。其中，填海面积占一半左右。

当时他们设计的主题叫"连接"，即连接城市中心和城市的最外围，也连接城市与人、与自然之间的关系。这当中还蕴含一个重要的概念——"缝合"。"毕竟深圳湾公园这块区域是深港两地共有的非常重要的生态系统。"梁浩进一步解释，缝合是因为这片区域的生态价值具有全球意义，因此，在规划设计时，鸟类和红树林的价值被放在了第一位。

如今，保留下来的福田红树林生态公园已被全球生态系统所识别。修建公园之后，鸟类和红树林都得到很大的保护，这里也成为深圳人休闲娱乐的一大场所。

在梁浩看来，提供一个场所让大家知道这里是深港两地共有的非常重要的生态地域，已经是体现自然需求，向保护自然迈出的一大步。

然而，只有熟知深圳红树林生态系统保护现状的福田红树林生态公园园长李燊才知道，这其实只算一小步。

“以前深港两地是一样的生态系统，如果有十万只鸟过境，那应该是一边五万只。但现在深圳这边的鸟类数量远不如香港。”

红树林生态系统被破坏是肉眼可见的，而这也是必然结果。数据显示，深圳大概有 257 公里的海岸线，过去整个海岸线沿线都是红树林。如今只剩下深圳湾公园沿线和宝安西湾红树林公园还有成片的红树林。李燊说，特区成立之后，对红树林破坏最严重的就是填海。其中，破坏最严重的区域当属保税区，“整个保税区都是填出来的”。意识到生态破坏的严重性后，政府也采取过补救措施，如从沙井福永一直到机场、宝安、前海这一段以前都是成片的红树林，填海之后，政府重新在这里种了一批红树林，形成了现在的西湾红树林公园。

李燊表示，尽管重新栽种红树林，但已经被破坏的生态系统却很难恢复起来：“自然的红树林分布在高潮位和低潮位之间的位置，不同的品种适应不同的水深，但人不可能改变水的高潮线和低潮线，最后种红树林的难度指数只会越来越大。”

同时，李燊还指出了大多数人的一个知识误区——很多人认为，填海一定是把海洋变成陆地，填滩涂不算填海，因此不会对红树林生态系统造成破坏。实际上，滩涂、红树林再加上基围鱼塘是一整个生态系统，破坏滩涂，无异于破坏生态系统。

问及对填海的看法，梁浩说，通过填海获得城市发展用地是一个基本逻辑，填海已成既定事实，多说无益。但李燊却表示，从生态角度来说，不填最好。

2016 年 3 月 2 日，时任深圳市委书记马兴瑞做客广播节目时提出，深圳发展空间非常小，将通过填海 55 平方公里，陆地整备 50 平方公里，拓展发展空间。消息一出，引发网友一片热议，填海也再次被推到风口浪尖。有人质疑，填海区上建起来的都是豪宅，以宝安为例，不但没有遏制房价，反而抬高了房价。也有人以破坏生态环境为由反对这种做法。网上一时争论不休，相关部门在提到填海时也开始谨慎起来，填海 55 平方公里的提法渐渐淡出人们视野。但包含在 55 平方公里内的大铲湾后方堆场已经拿到了填海许可证，只要明确填海用途，马上可以开始动工。

尾声

回望深圳改革开放三十余年历程，填海始终作为一种发展方式，参与城市建设。从 20 世纪 80 年代为打造蛇口工业区而开山填海，到 90 年代企业主导下的粗放填海，再到新世纪争议声中的谨慎填海，填海伴随着这座城市的成长，融入了城市发展的血脉，也给这座城市的人留下了特殊的历史记忆。

这份历史记忆虽然会随着时间的消逝而被淡忘，但屹立不倒的却是填海带来的改变。它作为历史发生的结果世代相传，与城市一同成长。或以这样，或以那样的形式，影响着今天人们的生活。

辅稿述评

“填海”或是“不填”不是一道简单的选择题

填海，还是不填？这成了摆在深圳人面前的一道难题。

2016 年初，时任深圳市委书记马兴瑞提出，深圳还将填海 55 平方公里，引起网上热议。填海造陆能引起如此大的争议，说明其已经影响到人们生活的方方面面，在城市发展格局及生态保护中都起着举足轻重的作用。

改革开放初期，填海对拓荒者而言是谋发展的希望。20 世纪 80 年代，

图片 16：
梁宪
左婷 / 摄

图片 17：
杨坤
肖号民 / 摄

图片 18:
孙美燕
白颉 / 摄

图片 19:
麦欢娣
左婷 / 摄

图片 20:
朱荣远
肖号民 / 摄

蛇口通过填海建成了客运码头和集装箱码头，使外界物资得以引进，奠定了这座城市腾飞的基础。作为填海建设者之一，中瑞机械工程有限公司的孙美燕认为，那时的人们很有不甘于现状的创业精神，1979 年她坐船来到蛇口，曾亲历炸山填海。孙美燕坦言：“创业太惊险，但没有地就没有发展，蛇口非填海不可。”

老一辈建设者在改革的理念下填海造陆，是由时代的特殊性造成的。在一无所有的年代，发展是第一要务。然而，进入 21 世纪，填海的负面作用也出现在人们视野中。2001 年，《南方都市报》就发表报道《红树林会哭泣吗？》，对填海区的红树林生态破坏提出质疑，此后多家新闻媒体对深圳填海带来的负面问题进行报道。更有报纸评论直言，填海得先看看已开发的地是否已用到极致，想想是不是除了填海就无路可走。社会上开始出现更多不同的声音。

填海造陆是近百年来城市乃至国家发展的特殊“捷径”，但人类为填海造陆的行为也付出了一系列代价。荷兰围海造陆已有近 800 年的历史，其四分之一的国土都由填海而来。由于湿地的损失，荷兰遭受了严重的环境问题，1990 年荷兰颁布《自然政策计划》，准备花费 30 年的时间归还部分海域，恢复生态。日本填海也有 100 多年的历史，沿海城市近三分之一的面积靠填海获取。海洋环境持续恶化后，日本每年投入巨资进行“再生补助项目”，希望修复环境。这些曾经走捷径的国家，最终还是不得不补上生态这一课。

福田红树林生态公园园长李燊在接受记者采访时说，填海是不可逆的，它必然会带来周围生态系统的破坏。深圳 2009 年就已开始红树林修复工程，但是修复远比填海的速度要慢，并且恢复到原来的生态更是不可能。但当前的情况是，深圳仍处于土地紧缺的状态，也就是说，填海政策虽在收紧，但不会停止。

“填海”或是“不填”？填海与生态保护，两者间的平衡点到底在哪里？显然这不是一道简单的选择题，而是摆在深圳人面前的一道现实的难题。

解答这个难题，首先亟须政府决策者们勇于面对，并用对城市历史负责的态度来认真倾听各种声音，重视社会各界对填海问题的各种建议和意见，鼓励公众的自由表达，才能让填海不仅仅作为简单的发展工具。实际上，深圳作为改革开放的先行者，敢于在先进的理念下尝试填海规划，也应该勇于面对填海所带来的诸多问题，成为城市生态保护的担当者。可以预见，随着填海政策的收紧，在城市土地紧缺与生态环境保护的博弈下，这一话题还将继续发酵。而观点的自由表达也将使人们对填海的认识呈现出更加多元的角度。“这些是社会发展到一定程度才会出现的观点。”中国城市规划设计研究院深圳分院总工程师朱荣远说，既然当年深圳是基于进步的理念开始填海，现在也能在进步的社会中对填海进行重新思考。

其次，政府不能被填海所带来的巨大经济收益所绑架。记者采访了解到，大铲湾配套区填好之后，马上被拍卖给房地产开发商，如今已开发成名叫“温馨港湾”的高档住宅区，作商业用途。这让人不得不思考，城市发展到此刻，填海是否还是必要手段？如果在牟利而非建设的驱动下进行填海的话，显然海是填不完的。为什么而填，怎么填，都需要符合中国“五个用海”原则（坚持规划用海、坚持集约用海、坚持生态用海、坚持科技用海、坚持依法用海），而不是以建设公共设施的名义做交易。

当然，填海已经深刻地融入了深圳这座年轻城市的成长肌理。填海作为连接起过去、现在及未来的线索，已经不仅仅是一个简单的发展手段，它有众多的人参与和付出，有漫长的时间跨度，更有深远的影响——填海已经成为一件具有历史价值的往事，一场全体深圳人的集体记忆。

我们设想，深圳甚至可以建立一座填海纪念馆，从人文角度看待深圳填海的发展历程。一方面可以记录深圳城市发展的历史脉络，让更多人了解深圳填海的历史，留下深圳人的集体回忆；另一方面也可以引起公众对填海深入多元的思考，以此期待我们的城市拥有更加美好的明天。

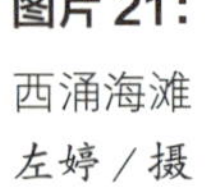

图片21：
西涌海滩
左婷／摄

学生感言

更多的是喜悦、自豪与不舍

周洋雷

从确定选题到站在答辩现场，大家一起为“填海”奋斗了将近大半年。从答辩讲台下来的那一刻，虽然会回想起过程当中很多的艰难时刻，但充斥在大家心中的更多的是喜悦、自豪与不舍。做毕设的过程的确痛苦，正如组员们曾经敬称往届完成了毕设的师兄师姐为英雄。然而，当我们从答辩台上走下，开始接受家人朋友的鲜花与祝福时，曾经的考验都变得微不足道了。

不过，在这里，我们还是愿意分享一点作为过来人的经验，好让新闻系的师弟师妹们能少走一些弯路。

小组碰到的第一个，也是几乎贯穿整个毕设过程的困难就是采访难。特别是我们组又选择了填海这个历史跨度与地域跨度都十分之大的选题。一开始，我们的思路是通过二手资料确定填海范围，为此我们跑遍了整个深圳市的图书馆，但却收获甚微。幸亏这时候我们及时和刘劲松老师沟通，在她的指导下，我们意识到不跑出去采访、自己挖掘一手资料，而仅依靠二手资料是没用的。

有了这个认识之后，我们开始发动身边“群众”的力量，寻找合适的采访对象。然而，一开始接触到的都是一些只能提供只言片语的居民，这对于完整呈现填海历程是远远不够的。我们又开始想办法托熟人联系相关政府部门，一层一层地剥茧抽丝，让自己越来越接近那些填海亲历者。于是，我们通过托熟人、亲自上门、采访对象再介绍等方式，采访到了60余位填海亲历者，摸索出了过去三十年深圳的填海脉络。

整个毕设过程中，除了采访，在后期写作、改稿、编辑排版、印刷甚至是准备答辩PPT的这些环节中，都有着或多或少的困难。在这里，比起具体谈论如何解决这些问题，我们更想分享的是如何去团队合作。

我们认为小组最大的优势就在于我们大家在整个毕设过程中发挥的团队合作精神。在整个过程中，没有人会去计较分工多少，而是始终坚持以做到能力范围内最好为标准去要求自己。当挑战出现时，难免有人会气馁，但我们还是会互相鼓励，反问自己，是不是真的有这么难。当分歧出现时，我们会就事论事地说明观点理由，在不同观点碰撞后，大家一起投票决定选择哪种方式更好。就我个人而言，我很庆幸自己遇到了这样一群志同道合的朋友，因此，“毕设组好队”这句话果然是由经验教训总结而出的。

此外，也希望未来师弟师妹们在毕设过程中能够细心核对关键数据，这点至关重要。与此同时，也要和指导老师保持紧密沟通，这样才能及时发现问题解决问题。

在最后，我们还是想衷心地感谢指导老师刘劲松在整个毕设过程中给予我们的专业指导以及贴心鼓励。也感谢“外援”李明伟老师在前期为我们组付出的努力。

总而言之，我们组毕设最大的感受就是，一定要在最好的年纪尽全力去做这件自己认为有意义的事。

指导老师的话

六个月，三十年

刘劲松

《深圳填海三十年》这个选题是小组同学经多次讨论筛选确定下来的。关于填海利弊，此前媒体有过诸多报道，小组同学找到一个最新的新闻由头，就是时任深圳市委书记马兴瑞在2016年3月提出深圳未来要再填海55平方公里，并因此再次引发了深圳人对于填海的争议。这样一个选题是社会关注的热点话题，具有较高的新闻价值和社会意义。

还记得第一次和小组同学见面时，他们兴奋地说，我们要做深圳填海的选题，已经查阅了很多资料！我说：“这是一个很好的选题，你们打算采访谁？”没想到小组学生一下子被我问住了，不知如何作答。

显然，对于这个时间跨度大、涉及人物众多的复杂选题，学生们还没有找到切入点。我给他们的建议是：从人入手，顺藤摸瓜。采访谁？要找那些填海工程的亲历者、政府部门的管理者、当地居民等。“你们至少要筛选出20～30个采访对象，先把他们的名单列出来，找到一个关键人物，就会牵出更多的线索。先来倾听亲历者的填海记忆。”

这个小组同学的行动能力特别强，他们很快通过各种关系找到了早期蛇口开发区的建设者、曾担任蛇口招商局首席经济师的梁宪老先生，并通过他介绍，又联系了多位当年填海的亲历者，对于20世纪80年代初蛇口开发时期的情况有了具体了解。随后又采访了华侨城集团、深圳南油有限公司等参与20世纪90年代填海的企业。采访便以深圳东部盐田港的建设、福田保税区的成立、滨海大道建设、深圳机场二跑道填海工程、宝安中心区规划工程等大工程为落脚点，顺利展开。

实际上，采访中学生们还是遇到了很多意想不到的困难。一是由于题材敏感，政府部门并不愿意接待这些没有记者证的学生们，这样就无法拿到填海的权威数据；二是采访原住民也并不容易，文章中南光村居民麦欢娣阿姨的人生悲喜剧就与填海有着密切关系，这个人物也是从很多采访对象中最后筛选出来的典型人物。

小组同学突破能力强，团结协作，发动身边人找关系，软磨硬泡，以情感人——经过三个月的采访，小组同学先后采访了六十多人，积累了大量的采访素材。

但是，落笔成文的时候，又遇到了难题：这么多工程，这么多人物，究竟从哪里开始写？稿件思路让学生们一筹莫展。经过反复讨论，我与学生达成共识，即在特稿的写作中，要以深圳填海三十年的纵向脉络为骨架，以填海的重要亲历者的人物采访细节为血肉来结构文章，讲述深圳改革开放三十余年的发展历程中的填海故事，贯穿始终的主题则是“填海给深圳带来了什么？”。专题报道将深圳填海划分为三个阶段：发展起步阶段、快速发展阶段和谋求转型阶段，挖掘不同发展阶段发生在亲历者身上与填海有关的有价值的新闻故事，“还原”亲历者的填海记忆，进而还原一段完整的深圳改革填海历史，呈现三十余年来填海给深圳这座城市带来的改变。除特稿之外，还配发一篇新闻述评，表达观点和意见，突出主题。

当然，作为一个毕设作品，这组报道还有一点遗憾，原计划在特稿、新闻述评以及微信公众号以外，再做一个可视化新闻，由于难以得到准确数据，最终未能实现。但是，学生们用六个月的时间“走过”一个城市三十年的填海历史，这个过程本身就是对他们的最好锻炼。

旧城改造是一盘难下的棋。在城市更新中，错综复杂的利益交织，拆迁方与被拆迁方都为了利益敲打着自己的算盘，双方在不同层次上博弈。

罗湖棚改：违建之困　转型之惑

指导老师：张田田
小组成员：黄竞、黄敏旋、罗静怡、叶霖梓、郜冰冰、林志丽
毕设时间：2017 年

前言

2016 年 11 月，深圳罗湖“二线插花地”棚户区改造项目全面启动。单独为棚改立项，在深圳尚属首次。

历史上，不完善的政策和执法手段留下诸多的空间，利益的刺激下，“违建”纷纷拔地而起。在这 1 993 平方公里的土地上，矗立着 37.3 万栋违法建筑（简称“违建”），几乎三栋建筑中就有一栋违建。

历史的过错，究竟要谁来承担？

各地崛起的“地王”让“拆迁”变成大众眼中的“致富”之路。可罗湖棚改，反而让许多人的生活无以为继。其低于市场价的补偿，让业主不得不重新审视自身的筹码。

其实，签与不签，搬与不搬，在节点之后都是一个结果；上不上访，回不回乡，每人心中都有自己的盘算。

罗湖棚改，早已打出“强拆”的旗号，是一次置之死地而后生的尝试。

过快的前进脚步，终究让深圳开始反思，咬牙承受刮骨之痛。

罗湖棚改：必须尝试的第一次

2016 年 11 月 19 日，罗湖“二线插花地”棚户区改造项目全面启动。这是深圳首个棚户区改造项目，也是除了城市更新项目外，深圳旧城改造的一次探索。

据 2016 年深圳市住房和建设局制定的《深圳市棚户区改造项目界定标准》，深圳市范围内使用年限较久、房屋质量较差、建筑安全隐患较多、使用功能不完善、配套设施不齐全等危旧住宅、住宅区和城中村等被称为棚户区。

以地王大厦为起点，一路向北五公里，罗湖三大棚户区立身于此。此次棚改范围横跨罗湖、龙岗 2 个行政区，覆盖罗湖区东湖、东晓、清水河和龙

岗区布吉 4 个街道、7 个社区，包括木棉岭、布心和玉龙新村 3 个片区。

棚改区域占地面积 60 多万平方米，住宅房屋面积约 138 万平方米，总共约 1 413 栋 38 000 余套房，尚有部分房屋未申报，共涉及 8.6 万居民的临时安置及回迁。

这里是城市交通的“孤岛”，与繁华的罗湖商圈形成强烈对比：斜坡上紧密的“握手楼”将天空分割成窄小的光条，老化的电线蛮缠在楼栋之间，犹如一张张蜘蛛网。“握手楼”之间的距离尚不足肩宽，相邻楼栋的居民只需将手伸出窗户即可双手交握。片区大部分地方仅有一条主要道路对外连接，人车混行，拥挤的人潮在狭窄的巷道中涌动。

2016 年 7 月 11 日，深圳市市长许勤主持召开的市政府常务会议通过了罗湖“二线插花地”棚户区改造工作实施方案。深圳市政府将从 2016 年到 2020 年，用 5 年时间完成罗湖“二线插花地”改造。

罗湖棚户区的位置特殊，处在深圳特区管理线和罗湖区、龙岗区之间的行政区域界线交界，被称为“二线插花地”。因为行政管辖权属复杂，这里是“三不管”地带，为棚改工程增添了难度。

图片 1：

罗湖棚改大事件时间轴

叶霖梓 / 制图

罗湖棚改时间线

国家倡导 2013年7月

《国务院关于加快棚户区改造的意见》颁布。

2016年1月9日 “光明会议”

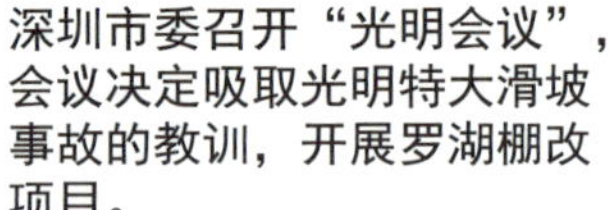

深圳市委召开“光明会议”，会议决定吸取光明特大滑坡事故的教训，开展罗湖棚改项目。

风险评估 2016年5—7月

罗湖区开展了对木棉岭、布心和玉龙三地的各项风险评估。

2016年8月 界定棚户区

罗湖棚改指挥部召开专家评审会，将木棉岭、布心、玉龙三个片区界定为棚户区。

公示阶段 2016年11—12月

罗湖棚改进入项目各项工作公示阶段。

2016年12月20日 签约启动

罗湖棚改正式迈入全面签约及房屋拆除的关键阶段。

最新情况 2017年3月22日

目前棚户区超过97%的房屋当事人已签约，暂留居民仅剩2 800多人。

2017年5月7日 行政征收

签约截止，政府将对相关违建房屋进行行政征收或行政处罚。

此外，处理农村城市化历史遗留违法建筑是深圳市政府在罗湖棚改中的又一大难题。与商品房的“红本”房产证不同，棚改区域的大多数业主只持有“两证一书”（即《建设用地规划许可证》《建设工程规划许可证》和《居民兴建住宅用地批准通知书》，下称“两证一书”）。这些证件被业主们认为是自己房屋的产权所属证明，但政府表示它只是房屋建设许可证明，因而棚改区域的大部分建筑属于违建。

罗湖区委常委、罗湖棚户区改造现场指挥部指挥长宋延在“二线插花地”棚户区改造新闻发布会上表示：“强力推进罗湖‘二线插花地’棚户区改造的首要目的，就是确保人民生命财产安全。”

棚改是市委市政府基于2015年光明新区“12·20”特别重大滑坡事故“血的教训”而做出的重大政治决策。在该次滑坡事故中，人为因素致使受纳场渣土堆填体滑动，导致73人死亡，数万人流离失所。

2015年10月10日，在全国棚户区改造工作电视电话会议召开之际，国务院总理李克强就已做出重要指示：把棚改工作放在民生工作突出位置，不折不扣按期完成既定任务。棚户区改造工程由此在全国各地陆续拉开帷幕。2017年3月5日第十二届全国人民代表大会第四次会议上，李克强总理在政府工作报告中指出，今年棚户区住房改造目标仍为600万套。

在2016年11月16日公示的《罗湖“二线插花地”棚户区改造专项规划》中显示，三大片区已有规划蓝图，改造后将消除三大片区的地质灾害隐患，现有建筑将被拆除，新建符合建设标准的拆迁安置房，建设基础设施、公共服务设施及配建保障性住房和人才住房。但具体的拆迁安置房地址和房型，配备的基础设施，如学校、公园等选址尚不明确。

截至2017年3月22日，三大片区签订正式协议的房屋当事人已超过97%，累计搬离9万余人，占比97%，仅剩2 800多名暂留居民。同时，片区内共有1 061栋房屋交付并空置，全面拆除工作正在推进中。

“棚户”之名：远低于预期的补偿标准

深圳市政府确定此次棚改项目主要实施“政府主导+棚户区改造+保障性住房建设+国企为实施主体”的棚户区改造运作新模式。

具体而言，即深圳市人民政府授权罗湖区人民政府、龙岗区人民政府为罗湖“二线插花地”棚户区改造实施主体，设立“罗湖棚改指挥部”具体组织实施，建立区棚改指挥部、现场指挥部、片区指挥部三级组织架构，下设76个网格，调动2 759名工作人员参与棚改。

此外，经深圳市国资委遴选推荐，组织异地专家竞争性谈判，国有企业天健集团被确定为承接主体，按照罗湖棚改指挥部统一部署，主要提供拆除谈判、工程建设管理和回迁安置等服务。

对于深圳而言，棚户区改造是城市化过程中的一次重要探索。但对深圳市民而言，“棚户区”是一个全新的概念。记者在走访中发现，木棉岭、布心、玉龙新村这三大棚户区与深圳其他地区的城中村没有太大差别：房屋新旧程度不一，有二三十年前往上加盖的板房，也有村口建成仅数年的新房。

传统意义上，人们把棚户区和贫民窟直接挂钩。棚户区一般指简易房屋和棚厦房屋集中区，也就是环境差、道路狭窄、无绿化、无配套公共设施和活动场地、采光通风差的房屋集中区。这类房屋对抗灾害的能力较弱，一般也称之为“危房”。

“我们住得好好的，你看这房子多新啊，怎么就成了棚户区了？”港鹏新村的一位业主说，他不认为这是棚户区，“叫这里棚户区，就是为了少赔我们一点钱。”

记者在查阅政府公文中发现，棚户区改造与城市更新同属旧城改造范畴，但分别执行不同的法规政策：棚户区改造由政府主导，政府出资招标承建单位，执行“拆除补偿”标准，对于违建可以强制拆除；城市更新属于市场行为，以开发商为主体承包项目，执行“拆迁赔偿”标准，须所有业主同意签约才能启动项目。

据《罗湖“二线插花地”棚户区改造搬迁补偿安置标准》（下称《搬迁补偿安置标准》），本次棚户区改造中持有房产证的当事人能获得套内面积 1 : 1 的补偿，即原来房屋使用面积有多大，回迁房就有多大。

而持有“两证一书”的当事人，因为他们的房屋属于违建，只能获得建筑面积 1 : 1 的补偿。建筑面积是指整栋房屋建筑建设规模的面积。在回迁房屋中，会多出“农民房”中不存在的公用建筑面积。也就是说，他们的回迁房屋面积会“缩水”。但通过补偿地价和罚款，他们可完成产权置换，将“两证一书”换成商品房的“红本”。在 2017 年 5 月 7 日后，政府会对尚未

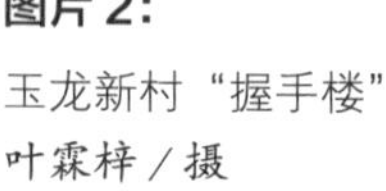

图片 2:
玉龙新村“握手楼”
叶霖梓／摄

签署正式协议的当事人房屋启动行政征收程序，即强制拆除。

而在深圳以往的城市更新中，居民可以与开发商协商红本房屋产权调换的标准，甚至可以达到建筑面积 1∶1.3，亦有部分“钉子户”获得了天价赔偿。在 2009 年，深圳岗厦旧改项目中，500 多栋楼房的主人集体跨入千万甚至亿万富豪行列。

换言之，在棚改业主的眼中，同为旧城改造项目，但棚改后他们能拿到手的房子和钱，比城市更新要少得多。棚改补偿标准远低于城市更新赔偿标准，这是他们最不能接受的地方，这也是他们不认同此次“棚改”定义的重要原因。

“你看这里像城中村一样，但是它的性质不是城中村。”布心山庄中区现场指挥部李部长表示。实际上，木棉岭片区曾在 2013 年开展过城市更新项目，但无疾而终。“业主谈的条件牵涉的方面太多了，开发商赚不到钱就做不下去。他们不是活雷锋啊。”李部长称。

李部长认为，居民拿城市更新标准衡量棚改标准没有意义，“政府是活雷锋。政府投了 300 个亿是亏的，亏了也得做啊。政府是为了大多数人，不是为了几个钉子户”。

任教于北京大学的城市社会学专家于长江教授指出，与城市更新项目比较，棚改项目中政府缺少了一笔卖地的土地财政收入。“政府没拿到钱，还要出钱，还要给补贴。所以这是一件经济上亏本的事。”于长江教授称，“但是理论上，政府在‘道义’上是有收益的，救民于水火。”

新的问题：备受争议的协议

在本次罗湖区棚改中，业主需要签两份协议：《房屋搬迁前置协议书》（下称《前置协议》）及《房屋搬迁正式协议书》。许多业主被两份协议弄得一头雾水：拆一次房，为什么有两个协议？

事实上，《前置协议》，是给业主额外奖励的协议，按期签此协议的业主在规定时间内搬离即可获得优先选房、分级搬迁奖励、临时安置费等好处，这些是在正式协议之外的内容。但《前置协议》的条款相当模糊，例如回迁地址尚不明确，测绘信息也不公开。

业主“金草”在微信群中质问：“你让我签《前置协议》就有补偿，那我觉得《前置协议》不合理我当然不能签。等谈合理了我再来签，我又错过了里面的奖励时间。那我维护自己的利益也有问题吗？你自己不合理凭什么害得我没有奖励？”

对此，布心片区棚改法律咨询室的胡进辉律师表示：“政府不能凭借《前置协议》对业主的房屋进行拆除，《前置协议》只是作为奖励机制的评判标准。”如果业主能在签署《前置协议》后按照约定签订正式合同，根据签约时间先后，业主将会获得阶梯形随时间递减的奖励，“前置协议是可以反

图片 3:
罗湖棚改签约搬迁流程
叶霖梓 / 制图

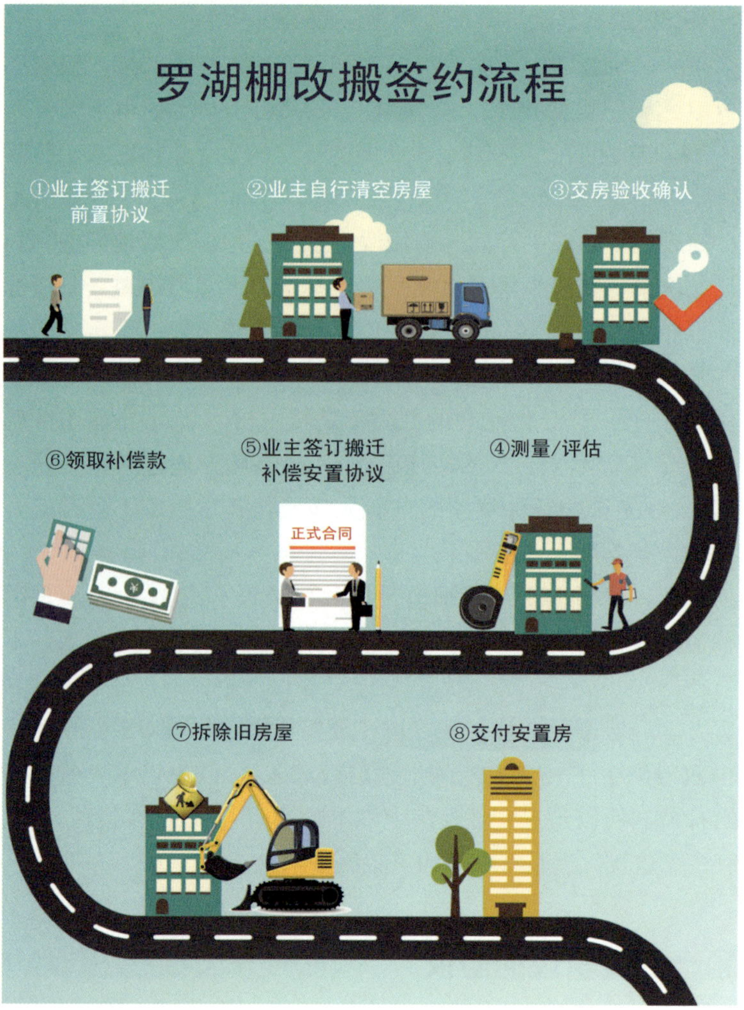

悔的，我们说他没有法律效力是指不具备正式合同的法律效力”。

记者从宝安住建局某副处级干部那里了解到，罗湖区政府深知这次棚改推进的难度，因此想通过《前置协议》，以奖励来鼓励业主签约。同时，《前置协议》也是对业主态度进行的一次摸底，以预判能否进一步推进棚改进程。

复杂的协议使得业主们难以理解政府政策，《前置协议》中规定的按期搬迁奖励和整体搬迁奖励，更使得签约业主与不签约业主对立起来。此次罗湖棚户区改造中，涌现出许多新的问题。

探索之路：遭遇中国棚改第一难

“房屋权属复杂、风险维稳和宣传工作任务重是当下主要困难。”天健集团罗湖“二线插花地”棚户区改造项目总经理罗诚表示，罗湖棚改地区绝大多数房屋都是违建。

改革开放后，深圳经济腾飞。1992 年，深圳市政府出台《关于深圳经济特区农村城市化的规定》，把“两证一书”发放给原村民，给予他们自己建房的权力。村民们的建房、卖地行为从那时开始，并随着政府治理政策的不断妥协愈演愈烈。

“两证一书”被违建所有者认为是他们房屋的房屋产权所属证明，但事实上，“两证一书”只是建设工程的手续之一，不具有房地产权利证书的法律效力。它本用于保障原村民的私宅建设权利，相关建筑权利专属于原村民。非原村民不是农村集体经济组织成员，无权申领“两证一书”，更无权建设房屋。

但在深圳快速城市化的发展历程中，许多原村民为了获取最大化的经济利益，大量建房，超出了政府规定的范围，甚至联合“开发商”出卖土地给非原村民。在《罗湖“二线插花地”棚户区示范项目房屋及当事人信息公示表》上，记者几乎查找不到身份为原村民的当事人信息。

因此，罗湖棚户区中绝大部分房屋均为违法建筑。

2009 年 6 月 2 日，深圳市政府曾组织历史遗留违法建筑普查申报。在罗湖棚改的三个片区中，已申报历史遗留问题建筑 1 276 栋，建筑面积达 105 万余平方米。未申报历史遗留问题建筑 103 栋，建筑面积达 13 万余平方米。

显然，罗湖“二线插花地”棚户区示范项目不仅是一次旧城改造项目，也是一次解决违建问题的“实验”。

“这次棚改就是一种给出路的办法，并不是一拆了之。”清水河街道党工委书记，玉龙片区指挥长王华生表示，“从法律来讲违建就是不合法的。但是它有历史原因，所以我们进行适当补偿。”

此外，罗湖“二线插花地”棚户区特殊的地理位置也使得情况更加复杂。

“二线关”是一个深圳特有的名词，表示着划分深圳特区与非特区之间的深圳经济特区陆地管理线。具体来说，这是一张长达 84.6 公里、高 2.8 米的铁丝网，将深圳分割成两部分：被它“网”住的 327.5 多平方公里就是深圳经济特区，外面则是 1 600 多平方公里却与特区无缘的宝安区和龙岗区。

图片 4：
深圳“二线插花地”示意图
黄敏旋／制图

而这条特区管理线与深圳原有的行政区域界线不一致，就产生了区域之间的“插花地”。本次罗湖棚改区域就是罗湖区与龙岗区之间，特区内外之间的一块“二线插花地”。此类区域又被称为“三不管”地带，由于区域的管辖权限不清、土地未经勘察，导致住房建筑未能合理规划，埋下诸多的消防、治安等隐患。

“两证一书”的产权混乱，又碰上“二线插花地”的管辖权限不清，造就此次“中国棚改第一难”。

政策之下：业主的同盟与分裂

每一次旧城改造项目中，几乎都会涌现出为争取最大利益拒不搬迁的“钉子户”。但这次棚户区改造中，因多数建筑被定性为“违建”，可按照行政征收或行政处罚方式对房屋进行处理，也就是可以进行“强拆”。布心山庄中区现场指挥部李部长表示：“我们这里不会有‘钉子户’。”

在一般的旧城改造项目中，业主们能与开发商谈判赔偿标准。但这次棚改的角力双方为政府和民众，补偿标准似乎难以改变。但事实上，棚改双方看似力量悬殊，实则相互制约。政府出台的政策，被一些业主指责为“不公平”。

面对补偿政策，业主们往往选择抱团上访，以共谋争取更多利益；而奖励政策则使业主的阵营分裂成两块，签约业主与不签约业主明争暗斗。罗湖棚改中涌现出的人物百态，形成棚改“众生相”。

清水河谈判：求“公平”的大业主

2017 年 1 月 20 日，清水河街道办的会议现场，清水河街道党工委书记，玉龙片区指挥长王华生与一名律师面对着四十余位激愤的大业主。在座的业主在玉龙新村至少拥有 380 平方米以上的房产，被称为大业主。他们普遍认为政府制定的补偿政策“不公平”。

业主李校长自己算了一笔账：“我一栋 500 平方米，现在只给我 299 不到 300（平方米），我还要补地价。我盖了这个房子 500 平方米，最后拿到手不到 300 平方米，还要倒交 6 万块钱。”

据《搬迁补偿安置标准》，非原村民房屋面积在 150～380 平方米按照建筑面积 1 : 0.65 置换；超出 380 平方米的面积按照 8% 的面积增购，且只能接受最多 13 868 元 / 平方米的现金补偿。此外，还需补交相应的地价和罚款。

“为什么小户按照 1 : 1 补偿，我们大户就是 0.65 的补偿？”李校长质问道。“没错！凭什么！”在另一位业主的吆喝下，在座的业主纷纷鼓起了掌。

“因为小户的房子基本是自己住的，为了谋生，而你们（大户）的是赚钱的。社会讲公平，确实对弱者是倾斜的。”王华生书记这样解释。对此，曾就职于深圳市规划国土系统，现为“公众力”民间智库创始人的范军认为：“制度的漏洞带来的隐患，就应该由政府来买单。”

1999 年 3 月 5 日，《市人大常委会关于坚决查处违法建筑的决定》明确规定此日期以后所建的违法建筑一律查处，于是抢搭“末班车”的心理促使业主们疯狂抢建。2002 年，《深圳经济特区处理历史遗留生产经营性违法建筑若干规定》及《深圳经济特区处理历史遗留违法私房若干规定》，又再次引发抢建风潮。因此，经济实力雄厚的业主甚至能拥有两千多平方米的房屋。

但范军也表示，“给‘钉子户’买单是违反商业规则的，政府越想做，那（处理）‘钉子户’的代价就越大”。

“那你们这不是劫富济贫吗？”一位业主气愤地拍桌而起。其他业主纷

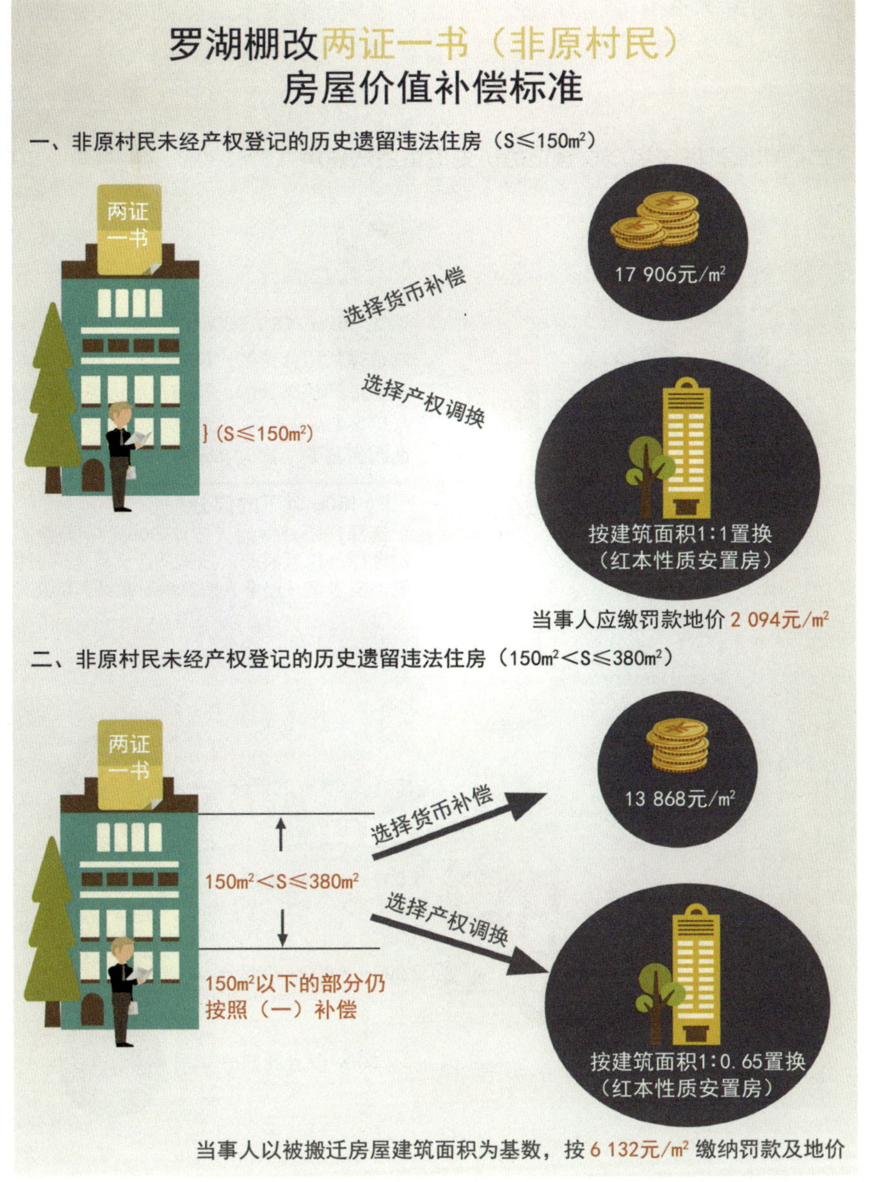

图片 5：
罗湖棚改补偿标准
叶霖梓 / 制图

纷附和，信访现场陷入一片混乱的争吵声中，场面一度失控。王华生书记挥舞着双手，竭力让大家平静下来："有话好好说！下一位发言人！"

"本来我的家庭就是个和谐团结的大家庭，我现在过年都不敢回家。"待大家平静后，大业主曾倩琳说道。

"我现在 60 岁的人了，有 5 个孩子，现在说不能把我的房子分户，我孩子不拿刀来砍我？"业主黄新接着曾倩琳的话说，他直接从最后一排座椅中站了起来。

"分户"是一个被大业主挂在嘴边的词，指的是把房屋过户到子女或其他亲属名下。据《搬迁补偿安置标准》，"违建"的补偿按照"一户一栋"的标准实施。换言之，未能成功分户的大业主算作"一户"，无论原有面积多少，只能补偿回一套房屋。

曾倩琳名下有 43 套房屋，加起来有 845 平方米。据她本人介绍，一套

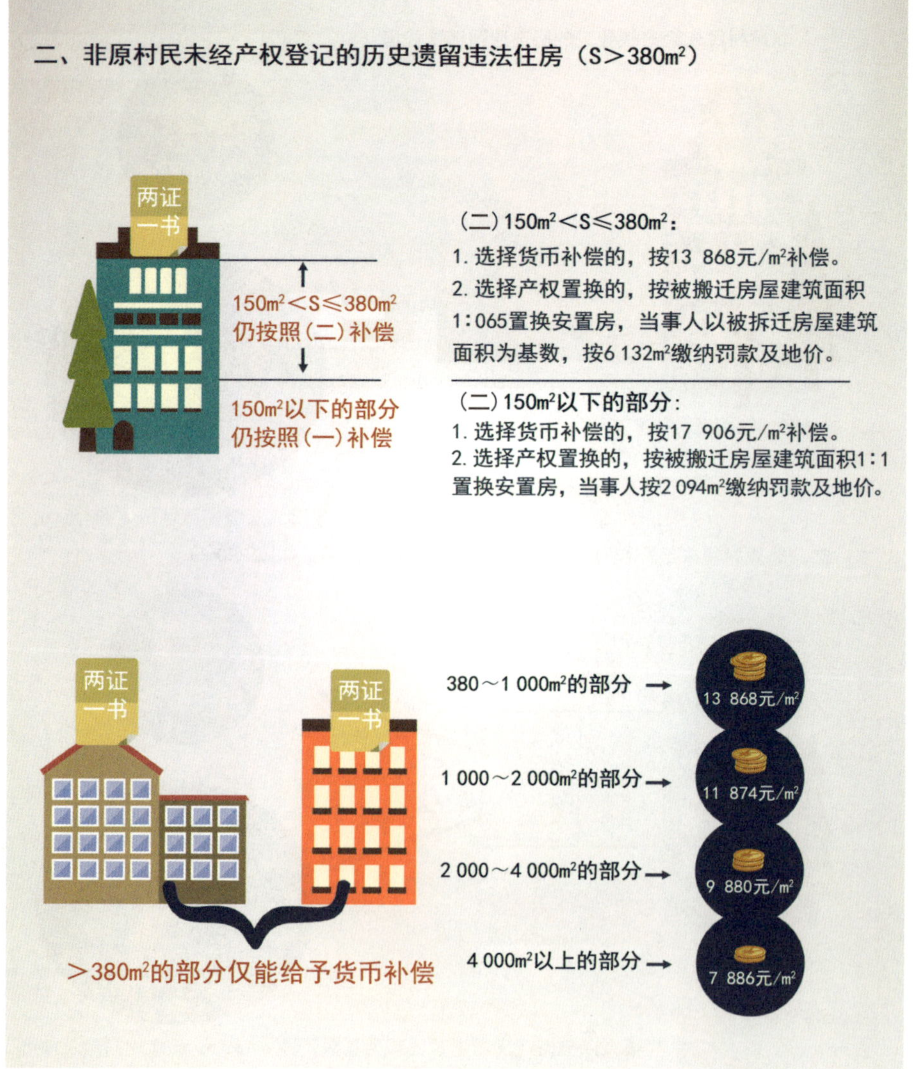

图片 6:

罗湖棚改补偿标准（续）

叶霖梓 / 制图

10 平方米的房出租价格在一千元左右。曾倩琳没有正式工作，是一位“包租婆”。回迁之后，她只能分得一套 300 平方米左右的房屋，显然无法继续放租为生。若成功分户，她可以分回更多套房屋。

事实上，大部分的大业主拥有的房产均登记在个人名下，而认定“一户”的时间在 2016 年 11 月 1 日就已截止。大业主们认为政府“偷跑”，未给他们充足的时间办理手续。

“关于分户的问题，如果之前说了的话，肯定是会分了很多的户，分了很多户的话，政策肯定就不这么定。”王华生书记表示，“政府也要考虑成本和社会面。”旁边的律师补充道，“分户的问题其实是由于小产权房不合法这个原因造成的，例如红本房就不存在这个问题，是多少面积就会赔偿多少面积。”

“我怎么觉得你像地主一样大斗进小斗出？当初你卖楼就寸土寸金地卖，现在你要收购，就大斗进小斗出。你这样子就是不公平。”业主林长斌不听律师的解释，自顾自地嚷嚷道。会场再次一片喧哗。

王华生书记试图控制局面：“还有啥问题？我们不要谈大道理浪费时间，谈具体问题。我希望谈一条条的看法、一条条的政策要怎么理解。”

会议又一次失控。

谈判插曲：被驱逐的小业主

清水河大业主谈判曾多次陷入僵局，大业主与律师就政府政策解读争执不下，这时，业主李馨从旁边站起来对王华生书记说：“我是 96 栋 104 房的，我在那里搞了个缝缝补补……”激烈的争执一下被打断。

“你看，我本来有 45 平方米，现在测出来 30 多平方米，我是相当不满意……”说着，她走向王华生书记，想向他展示房屋测绘面积确认书。业主们开始一阵骚动，“安静！先别吵。”王华生书记说。

业主林长斌跳出来将她拦住，向她吼道：“我们现在在这里商量的都是国家大事！大政策！谁关心你的那一点点面积？”

“你们这样就对我不公平！别的人发言都没反感，我发言就有反感！”李馨说。“这不是公不公平，我们的大事情还没处理，明白没有？”一位身材高大的男业主咆哮道。

“就是啊！”“你不要浪费大家时间。”许多业主七嘴八舌地说。有人站了起来，大力将椅子往前一推，准备走出门外。

“我这个面积它确实就是少了……”李馨没有理会这些大业主，试图继续向王华生书记反映情况。“走吧！坐在这里谈有什么用，都没有结果！有她说没有我们说！”林长斌粗暴地打断她，在座的大业主“唰”的一下全都站起身来。

“不要走不要走，别走。”王华生书记试图挽留。“不好意思。”律师对李馨说。

“我的意见保留，我不打扰你们的时间。好！你有钱！我让你！我坐下来听还不行吗！你们有钱人了不起吗！”李馨气愤地说，她退回墙边的座位上。

“这不是你应该来的地方，这是大业主会！”“出去！”“出去！”大业主们纷纷喊道。

“你是 96 栋的对吧？你的个案我记下了，我们到时再跟踪。”王华生书记拍着李馨的肩膀，帮她打开门，“我们今天是针对大业主的会议，我不知道有小业主也来了。”

王华生书记目送着李馨离开，会场慢慢平静下来。

一楼业主上访：成功的尝试

“呐，我的面积（价格）当时买是不是比楼上要高？我们既然当时买一楼，那就是要开店养家糊口。你现在把我的生计来源砍断了，不赔偿多一点公平吗？”唐姨扳着指头说。

“我的阁楼是可以住人的，凭什么你们说不算就不算？”业主小顺说。

“我们一楼没有营业执照的，我觉得大家应该一样赔。他那个店在街里面的，赔那么多。我什么都没有，我真是哑巴吃黄连，我真是什么办法都没有。”丑妹说到动情处，哭了出来。

2017 年 2 月 16 日，微信群“一楼维权群”的业主在罗湖棚改总指挥部所在地围岭公园的草地上集会，试图共同向总指挥部反映意见，争取阁楼面积补偿及停产停业补偿。

《搬迁补偿安置标准》中明确规定：阁楼层高要超过 2.2 米，才给予补偿；一楼房屋的补偿标准与其他楼层一样；一楼店铺需凭借营业执照取得每月 800 元，持续 12 个月的停产停业补偿。

业主们围坐在草地上说着他们的诉求，等待其他业主到来，共同上访。小顺向记者展示她的“两证一书”，面积一栏写着 37.5 平方米。而在她的房屋测绘面积确认书上，这间屋的面积是 0 平方米。

“一间屋子怎么能是 0 平方米？他们就说我（的房子）是不够 2.2 米高，所以不赔给我。早知道当时我挖深一点了。”小顺很气愤地说。原来，这间屋子是她挖出来的地下室。坐在她旁边的业主不禁笑了起来。

另外一边，唐姨正在说：“当时办营业执照很难的，我们搞不下那些东西。”许多业主纷纷附和。事实上，这也是唐姨来到木棉岭买房，经营理发店的原因之一。因为超生，没有计生证明，唐姨店铺无法办理营业执照。

“那时查计划生育我就要关门”，唐姨说。而木棉岭地处深圳特区的边缘，属于“二线插花地”，是一个“三不管地带”，所以这里“查得不严”。

20 世纪 90 年代，“二线插花地”既能享受到深圳特区改革开放政策的红利，又是区政府之间的“管理真空”之地，“农民房”价格还很便宜，有一批外来务工者就选择在此安顿下来。唐姨也是其中之一。但现在，营业执照依然是唐姨迈不过去的门槛。

草地上，陆续有业主加入讨论。三十分钟后，约三十名业主决定一起去罗湖棚改总指挥部反映意见。他们摇动着总指挥部大院门口的不锈钢伸缩门，远处高楼上有个人打开房门，探出了头："你们是谁？来干什么？""我们是棚改的业主！"他们喊道。那人摆了摆手，"有什么诉求先向片区指挥部反映吧！我们这里是办公的！"转身又进了房间。

他们继续摇动伸缩门，楼内没有人再出来。

2017 年 2 月 20 日，一楼业主们选择再去上访。这次他们来到片区指挥部，手上拿着打印出来的诉求书，在最后的签名页上满满两页的红色手指印异常显眼。他们聚在指挥部大厅内登记个人信息。接待他们的律师操作着电脑，头也不抬："我们是司法局派过来的，我们会帮你反映到法院，由法院转交到指挥部那边去。"

"他们那个登记没有用的！"丑妹说。有些业主围住了大厅内的工作人员："我们这个阁楼，测量的人说可以按照 1∶0.68 赔，怎么现在又不可以了。""阁楼的楼高要达到 2.2（米），达不到是没办法的，这个是上面规定的。你找我，我也没办法，我只能是说向上反映。"说着，这位工作人员走出厅外。

业主们紧追着他走出去。"我会向上面反映情况的，你们就不要再跟了。"工作人员最终转身说道。"你别糊弄我们！我们有录音的！"一位业主举手晃着手中的手机。

短短的一个月内，一楼业主至少组织了 7 次上访，从罗湖棚改指挥部到片区指挥部，再到罗湖信访局，他们几乎穷尽了所有上访方式。因不会操作电脑，他们请人代写文章，发布在罗湖区电子政务网上，还有业主直接寄挂号信到市长办公室反映诉求。

他们的行动似乎取得了一定成效。2017 年 3 月 21 日，政府部门针对一楼阁楼问题出台了《特殊类构筑（附属）物及其他附着物补偿明细表》相关条例进行补充，对层高小于 2.2 米以下的建筑进行一定的赔偿。"一楼维权群"内有业主说："我们还可以争取更多"。

对此，任教于北京大学的城市社会学专家于长江教授认为，此次棚改的政策制定偏快，走了"绿色通道"。"技术上的问题政府是可以调整的，比如建筑形式是不是有什么差别。但一些纯行政性的政策是有底线的，比如你的补偿想要超过旧改，这种是很难的。"

微信群的硝烟：签约后的分裂

"咚咚咚，砰砰砰……"

砸窗户的声音又响起了，常洁应声夺门而出，冲着正挥动榔头砸窗户的人大声呵斥："我还没走，你有什么权利来砸这里？我要报警抓你！"

图片 7:
罗湖棚改搬迁奖励标准
叶霖梓 / 制图

在《前置协议》内搬迁奖励的诱惑下，签约业主与未签约业主之间的利益纠葛逐渐浮现。

签约业主在签约 45 日内可以拿到每平米 900 到 2 500 元不等的按期搬迁奖励，越早签约奖励越多。若整栋楼按期清空，业主还可获得 5 万元楼栋奖。此外，《前置协议》还设有 4 000 元的网格清空奖和 5 000 元的片区清空奖。

2016 年 12 月，布心片区港鹏新村的业主常洁过得提心吊胆，每天担心已经签约的业主闹事。她居住的楼栋内，二、三楼的窗户铝合金边框早已被人卸下，这次是四楼。

“如果我不签约，那她就拿不了楼栋整体搬迁奖 5 万块，但我不会签不明不白的《前置协议》。”常洁打算观望到最后阶段，并不会因为邻居的行为影响到自己的决策。

但半个月后，因忍受不了邻居三番五次的骚扰，常洁最后选择签约搬离。“楼上他们签了的，每天叮叮哐哐，吵得我们不得休息”。

赖灼宏原本也不打算签约。但他所在那栋楼其余的50户人家都已经签约搬离了，仅剩他一户。“如果说整栋才5万，那这5万我出也无所谓。但是每户5万，算起来就是250万，我身家哪有那么多钱。”赖灼宏无奈地表示。

“我这个人就是做人各方面做得也还可以，再说很多邻居都来我这里喝茶。我也不好意思。”赖灼宏说，为了“不挡别人财路”，他已于3月6日签约。

随着签约截止日期的临近，本来团结一心、坚持不签约的业主分歧越来越大。

木棉岭村的业主张三丰在棚改工作启动前已创立一个名为“兄弟姐妹群”的微信群，群内基本为木棉岭片区的业主。后因满员（超过500人）无法继续添加人数，张三丰继续创立了“兄弟姐妹2群”，群内成员逐渐扩展到了玉龙和布心片区。

“反正现在我是不会签的。”张三丰在群内时常表达自己不签的决心。

2017年1月22日12:33，业主圆缘在“兄弟姐妹2群”内发出一份千字诉求书，说：“还有什么要补充的，大家提提意见。今天罗湖住建局一位领导会接见我们。”立即收到11位业主的回复。

当天下午3:43，圆缘发出在罗湖住建局的现场视频，多位业主纷纷为她竖起大拇指。业主旧梦表示：“大家都喜欢听你谈判的声音，语言表达能力太强了！派你出战，我们放心！”业主胡芳瑶说：“圆缘，你真是个万人迷。”

圆缘笑称：“下次带个粉丝团去参加会议！”

但随着奖励时间的临近，业主们对圆缘的态度发生了180度大转变。

2017年3月3日，距离能最高额签约的最后期限还有5天。圆缘发出一张“罗湖棚改云查询系统”的截图，称：“（棚改）总共8 900户，34 000套房，现在都签了和交了差不多了，达到94%了。”

圆缘称，根据《搬迁安置补偿标准》，如果早日签约，拿到每一层次的奖励的话，“每户最多可以拿到18万”。业主小草马上跳出来否认：“奖金，是诱惑，是骗人的。”另一位业主称：“不差钱。”

圆缘接着说：“主要是签了94%的人了，就是不签又能怎样，拖下去对自己也没好处，搞得天天烦得要死。”然而圆缘的好意并没有被群内业主所接受。

“你是汉奸不！”业主高姐质问道。

业主十八子说：“就不签”。

“就不签。”

“就不签。”

……业主们在群里刷起了“队形”。

3 月 4 日，圆缘在群里发言："我作为业主还是好心提醒大家一句……交房都三万套了。"业主若相惜毫不领情："不用你假好心。"

业主小草说："现在这个群里好多天健的义务宣传员。"随后邀请了一位昵称"大西瓜"的业主进入群聊。"大西瓜"迅速把群昵称修改为对圆缘的侮辱性词汇，并开始破口大骂。

业主虎姥姥看不下去，站出来说："你也是业主吧？可否换个网名？大家有缘聚在这里，珍惜缘分！"

虎姥姥本身是"已签前置协议理性真话群"的群主，在平时就喜欢跟人唠嗑，帮忙出主意，东北人的热情豪爽在她的身上得到淋漓尽致的体现。因为免费帮其他业主测量面积，还曾经组织过多次上访，虎姥姥在业主群中有自己的"粉丝"。但在"兄弟姐妹群"，虎姥姥也曾受到和圆缘一样的待遇。

2016 年 11 月 5 日，虎姥姥在家中接受《第一现场》采访后，被当作政府的"说客"，替政府说话，被"兄弟姐妹群"的业主集体围攻。"他们有人谣传我是政府的卧底汉奸，说我拿政府的钱，有人谣传我没有房"，她很气愤地说。

虎姥姥认为，这是由她因为私事没有参与大业主的维权活动引起的。"很可笑，他们以为是遇到福星了会帮他们说话，会帮他们维权。转身之后我就上了头条，上电视，他们就不乐意了。"

她无法忍受，认为"群里乌烟瘴气的，已签约的业主凭什么就要被骂"，于是创建了"真话群"。虎姥姥说着打开手机，向记者展示她的微信聊天记录，"你看我几十个微信群都来不及看，每天回群聊信息都会到很晚"。说着

图片 8：

12 月 24 日木棉岭棚改指挥部签约现场

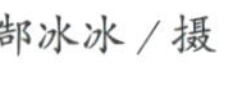

郜冰冰 / 摄

她向下滑动自己的微信，“没关系。你帮别人多一点，自己也就懂多一点。帮别人也就是帮自己。”

“其实他们（不签约业主）会吃亏的，我感觉是这样的。”虎姥姥认为，“明知道是违法的，这本身就是一个小产权房。政府要强拆，你能告得赢吗？”

谈到同是群主的三丰，虎姥姥有点疑惑：“他（三丰）只是一个小业主啊，没必要如此纠结。”

2017 年 3 月 18 日，三丰早已不再纠结。“我虽然签了，但心还是没签的心，永远不与没签的为敌，继续维权之路，路还很长，慢慢走。”当被询问是否签约时，他在“兄弟姐妹群”上发出这条消息。

“我们是永远的好朋友好邻居！”业主蓉儿回复。

2017 年 3 月 8 日，是签约奖励的最后期限。事实上，早在 2 月 21 日，罗湖棚改三个片区的签约户数就已超过 91%。

租户：无奈的大多数

罗湖棚改项目共涉及 8.6 万人的临时安置及回迁。事实上，三大片区狭窄的格子单间大多出租给租户居住，有能力的业主们早已搬走。因房价便宜，一个单间的月租不到一千元钱，“农民房”一直是来深建设者安身的首选。现在，罗湖棚改一声令下，千千万万的租户被置于失去住所甚至失去工作的境地：他们只能从一个城中村，搬入另一个城中村，或是被迫回老家谋生。

“给他们一两个月房租，他们自己就搬走了。”和绝大部分业主一样，曾倩琳不觉得租户是个麻烦问题。但事实上，在罗湖棚改中，却有不少租户无法取得理想的补偿，与业主产生各种各样的冲突。由于没有签订合法合同等原因，在业主面前，租户几乎是“胳膊拧不过大腿”。

住房租户：请房东协商补偿

2017 年 1 月 20 日，玉龙新村 A 区 87 栋的租户们站在路边，愁眉苦脸地守着几件家具。“他（房东）现在扣房租就算了，连搬迁费都不给，押金也不退。”租户罗小哥气愤地说。“他要给的话我们就马上搬，他现在就是不给。”另一位租户表示。

这栋楼的房东准备签署《前置协议》，正在进行清空楼栋的工作，但在补偿金问题上与租户产生巨大分歧。罗小哥称，房东只愿意补偿他们一个月的房租租金，但别的租户拿到了更多。

“我当时就站在旁边，结果房东扭头就不承认了！”李小姐表示，一位住在四楼的女租户要求补偿她两个月的房租、押金和一千元搬家费，“房东

图片 9:
玉龙新村 18 栋所贴的退房通知
叶霖梓 / 摄

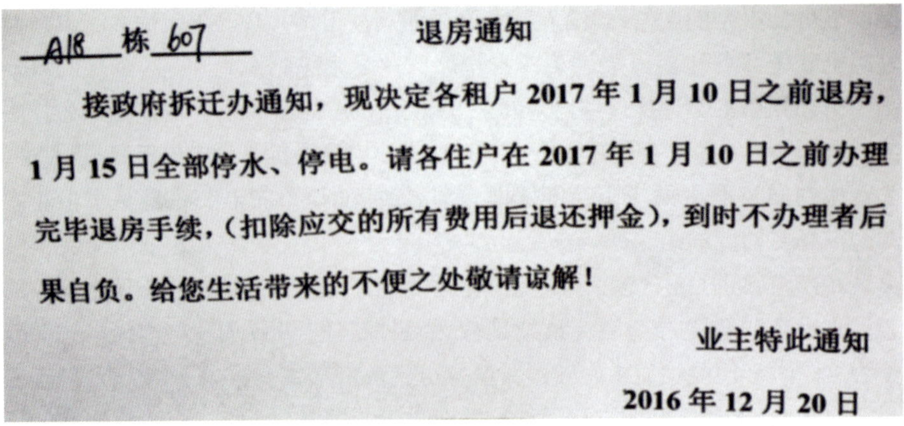

A18 栋 607

退房通知

接政府拆迁办通知，现决定各租户 2017 年 1 月 10 日之前退房，1 月 15 日全部停水、停电。请各住户在 2017 年 1 月 10 日之前办理完毕退房手续，（扣除应交的所有费用后退还押金），到时不办理者后果自负。给您生活带来的不便之处敬请谅解！

业主特此通知

2016 年 12 月 20 日

点头没吭声”。但当李小姐提出同样要求时，房东却反驳说道：“谁说的！我刚刚也没说话啊。”

据《搬迁补偿安置标准》，棚改当事人至少能拿到 40 元每平方米的搬迁费，120 元每平方米的清租补偿。

但据清水河街道信访办解释：“棚改拆除的是当事人的房屋，与租户没有直接的关系。”租户们想拿到补偿须“与出租方友好积极商定”。而这笔钱需要房东先自掏腰包，签署《前置协议》，清空楼屋交楼后才能在指挥部领到。

玉龙新村的租户们一般见不到真正的房东，只见得到代替房东收租管理的代房东。罗小哥和李小姐决定上楼与代房东沟通。

代房东独自一人站在房间里，整栋楼宇早已停水停电。通过手电筒昏黄的光线，记者看到屋内十分简陋：约十平方米的单房被一张双层床占满，下铺摆满了杂物。

“人家为什么有两个月房租，我们只有一个月？”租户们把代房东团团围住。“人家有正式合同的，你们的合同都到期了。”代房东继续拿手电筒照着眼前的结算单据，头也没抬地说。“你不能要搬了才说合同到期，每个月的房租我给没给？”李小姐质问道。

梁小姐是李小姐口中那名拿到两个月补偿的女租户。“我们都没有合同的，（但是）这个‘合同’是事实存在的嘛。”梁小姐称。玉龙新村的出租屋大多没有签订租赁合同，“我们在这里住了几年的，一般都是一年一续（合同），但是后来太麻烦了就没有续了。”

事实上，根据《最高人民法院关于审理城镇房屋租赁合同纠纷案件具体应用法律若干问题的解释》规定，出租人就违法建筑与承租人订立的租赁合同无效，相关合同不受法律保护。

玉龙新村建筑基本为历史遗留违法建筑，相关房屋的租赁合同事实上属于无效合同。也就是说，房东不可根据合同违约条款拒绝退还押金。

梁小姐认为，她能拿到满意的赔偿是因为她去了玉龙片区指挥部上访。

“今天不去棚改上面（玉龙新村现场指挥部）的话，我估计一分钱也拿不到。”梁小姐说，“房东一副气不顺的样子，我管他那么多”。梁小姐称，一起去上访的租户共同签了一份文件，只有签名的租户获得了较多赔偿。

最终，在玉龙新村现场指挥部工作人员的调解下，罗小哥的房东只愿多退还他每天 21 元，共 15 天的房租。

在这次棚改中，房屋的业主拥有对租户补偿的绝对话语权。每位租户都只能忐忑等待房东通知他们搬离的时间及补偿金额。“你说补多补少，都是房东一句话的事情。就是他不愿意补，你也拿他没办法。”罗小哥说。

商铺租户：更想拿回本钱

对商铺租户来说，这次棚改不仅使他们失去了住所，也夺取了他们的生计来源。做小本生意前期投入较大，导致他们在拆迁之后很难重起炉灶。不少商铺租户陷入对未来的迷惘之中。

2017 年 1 月 20 日，玉龙新村 A 区 18 栋只剩在一楼经营重庆面馆的夫妻仍未搬走。

“只是想把我们的本钱拿回来就可以了，我们也不是狮子大开口，要你几十万。”面馆老板娘表示，说着，她拧开水龙头，没有水流出。“房东断水电赶我们走啊。13 号以来，这里就断水断电好几天了。”

面馆老板正将出租房内的双层铁架床的木板和支架一块块拆下来，搬到楼下面馆后面的小厨房里面，重新搭好，打算在里面住上一段时间。“拿不到补偿，机票也不敢订，今年过年可能就守在这厨房了。”面馆老板说。

“我想要的真的不多。”付小姐称。在玉龙新村的育龙实验学校门口，付小姐独自一人经营着一间不到二十平米的小卖部，出售零食和学生用具。店内有张小桌，据付小姐称，以前常有学生在此聚会玩游戏，店内顾客络绎不绝。但临近期末，适逢棚改，现在店内门可罗雀。

“你看隔壁的门店，现在转下来要八万，这转让费真的很贵。”付小姐称，当初她盘下这个店铺也交了两万的转让费。

转让费是除了房租之外，在新开店时另交给房东的一笔费用。在深圳市，这笔费用已经约定俗成，地理位置越好的店铺，转让费就越贵。

“开了一年多了，刚开始来深圳谁都不认识，没生意，一天就赚几十块钱。倒贴了几个月的房租在做。做到现在，差不多有熟人了，又遇到拆迁。”付小姐也有些犯愁，拆迁之后，店铺需要重新选址，再给转让费。同时，客源需要重新积累，她的压力会更大。

与冷清的小卖部不同，黄励国收回来的货堆满了整间店铺。“最近的生意是挺好的。”黄励国在木棉岭村租下两家店铺用以回收旧家电家私，平时骑着一辆电动三轮车“小钢镚”穿梭在巷道之间，上门收货。

“以前收的都是一些半成新的，拆迁一来，现在一些小年轻把那些没用

图片10：
2016年3月9日，已经搬空的布心街道
林志丽/摄

几天的床啊桌啊就卖过来了。”黄励国说。

黄励国看着堆满两间店铺的货，却笑不出来。他的货虽多，但收货的下家开始打压价格，无法脱手。

而且现在，每天他都会遇到一些上门“扰事”的陌生人，“那些人一来一大帮，跟我闲扯半天，又不肯走。真正的生意都不肯上门了”。每日店里养的狗都叫个不停，黄励国很是头疼，“不知道是不是房东得罪了什么人”。

他只能硬着头皮继续开张，“你看我这要是搬家，两三车都拉不完，这个搬迁成本就高了”。他决定先把货囤着，年后再卖。“反正房东还没通知我什么时候要搬。”黄励国说。

因为“怕那些人直接冲进来把我拖出去”，黄励国准备把两个儿子从老家龙川叫来深圳过年。“先一起过个年，以后的事情再说吧”。黄励国说。

去路：农村？还是下一个城中村？

“我不是不想搬。其实我都已经在下沙联系好房子了，都不敢租，不可能交两边的房租嘛。”罗小哥说。

“他们（其他地区的房东）听到这里要拆迁，都先把价格要上去了。三个片区那么多租客，现在好点的房源都不好找。”罗小哥说，周围的房子现在都跟着在涨价，本来跟玉龙新村差不多价位的房子租金都往上提了五六百元。

罗小哥在上沙附近的工厂做电子零件组装工作，一个月收入约三千元。“不知道为什么，钱都不见了。”罗小哥笑称，他每个月都存不下钱。“以后（搬去下沙）每月的租金就要占大头了，要省吃俭用了。”

实际上，罗小哥是从一个城中村搬去了另一个城中村。两个地铁站之隔的下沙村，与玉龙新村一样脏乱和拥挤。因为价格便宜，自改革开放以来，城中村里的“农民房”一直承担着给来深建设者一个落脚点的角色。

据相关部门的房屋数据，全市约有 1 200 万非深户人口住在 700 多万间（套）出租屋内。而深圳共有 2 000 多个历史遗留下来的城中村，提供了至少 400 万间（套）十分廉价的出租屋。几乎每个闯深圳的人都有一段难忘的城中村记忆。

“城中村以它巨大的存在证明了人类社会的重力法则：每一个城市都必须有低成本区，每个人的生活都希望降低自己的成本，这就是人类社会的重力法则。”哈尔滨工业大学深圳研究院城市规划与管理学院的宋聚生教授在其论文中写道。

宋聚生认为，城中村居民通过提供低价的服务性劳动降低了整个城市的生活成本，从而间接降低了整个城市的生产成本。

但在罗湖棚户区内，“提供低价的服务性劳动”的付小姐可能要离开深圳了。“可能以后就回四川老家种地，陪陪儿子吧。”付小姐苦笑着说。这家小卖店已经耗尽她打工多年积攒的全部积蓄，她无力重新再开一家店。

付小姐来深已经有八九年，“一开始在工厂里打工，天天就对着一堆机器，也赚不到什么钱。”付小姐说。一开始她住在离工厂较近的水库新村，好不容易攒了点钱，才盘下店铺，搬到玉龙新村。

“搬家过来的时候，爬玉龙（新村）门口的那个坡真的累死了，怎么这么陡啊。”付小姐回忆。

但现在，可供来深建设者们居住的深圳城中村将越来越少。2016 年 11 月 21 日，深圳市规划国土委发布《深圳市城市更新“十三五”规划》。规划指出，在规划期内，深圳将稳步推进城中村和旧城区综合整治，规划期内力争完成 100 个城中村或旧住宅区、旧商业区综合整治项目，完成约 20 个城中村住宅改造项目，满足 50 万人的现代化住房需求。在旧城区更新指引方面，文件提到“采取以综合整治为主的更新方式，审慎开展拆除重建”。

城市更新之后，城中村将重获新生，但容身于此的来深建设者们的未来之路，又将走向何方？

未来：悄悄提高的门槛

深圳又被称为“移民城市”。在建立特区之前，深圳仅有人口约 33 万人，到 2016 年末，全市常住人口已经超过 2 000 万人，其中深圳非户籍人口和户籍人口的比例约为 4∶1。“来了就是深圳人”，来深建设者为深圳的快速发展做出了巨大贡献。

“深圳加入国际循环的主要优势，就在于低成本的劳动力资源和土地资源。高房价严重伤害了香港经济，一河之隔的深圳却得以避免，城中村功不可没。”深圳开发研究院的周琳在其论文中表示。

但现在老旧的城中村已经跟不上深圳飞速发展的脚步，将逐步被“城市更新”替换掉。旧城新生，却让寄居在城中村的人们，面对深圳高昂的房价无所适从。深圳这座“移民城市”似乎正在慢慢提高它的准入门槛。原先一只脚迈入深圳大门的人，现在也被拒之门外。

2016 年 11 月，人才招聘平台猎聘网发布了一份《深圳人才大数据报告》。报告显示，金融业是深圳全行业人才净流入占比（净流入占比 = 该行业人才净流入人数 / 该行业人才流动总人数）最高的行业，达到了 15.89%；人才净流入占比最低的行业是机械制造，为 -8.04%。从事制造业等行业的人正在离开深圳。

深圳中原董事总经理郑叔伦在接受媒体采访时曾表示：“整个深圳的定位和趋势都是往金融、高科技方向发展。在经济转型过程中，人口结构肯定会发生变化。”

围局：历史和现实的重影

农村城市化历史遗留违法建筑一直是深圳市政府的难题。在罗湖区棚改中，它同时困扰着政府和民众。“违建”使得许多当事人无法拿到想要的赔偿，“违建”使得政府被当事人指责为“没有信用”。“违建”这一名词的来由可追溯到改革开放初，它的影响却持续到三十年后的现在。一幢幢杂乱低矮的“违建”，像是历史和现实的重影。

保不住的家　住不下的房

赖灼宏没想到，拆迁之后，回迁的房屋将无法容纳自己的一家老小。

赖灼宏一家三口和表哥表嫂一起住在布心山庄 35 平方米的小屋里。一眼望去，唯一的电器是架在置物架上的平板电视。小小的厅内摆着一张办公桌，一张茶几，几把藤椅，墙上贴了几排奖状，十分简陋。但在赖灼宏的努力下，局促的房屋变成一个家。他用水泥加盖了一层天花板，搭起一层阁楼分割出一层空间，把 35 平方米翻倍为大约 70 平方米，五口人才得以蜗居在此。楼上是他们的房间，因为房屋层高足够，这隔出的阁楼还算明亮。屋内只有一张床和一条窄边桌，桌上放着装裱精美的一张结婚照。

“其实我们的要求是很低的，我们也不要求住什么豪宅，只要能够栖身就好。现在也没办法。”赖灼宏说，他手中的烟点了一支又一支，烟头已堆满了烟灰缸。

赖灼宏持有的“房产证”与其他市民不同，他只有“两证一书”，房屋属于历史遗留违法建筑。在此次棚户区改造中，政府出台的政策是“违建”在产权置换中以 1 : 1 建筑面积置换。也就是说，除非另外增购，他的回迁房使用面积还不足 35 平方米。此外，他加盖阁楼属于违法行为，房高未超过 2.2 米的阁楼面积不能算在回迁的置换面积中。

显然，回迁之后的房子住不下五口人。不仅如此，在棚改之后，赖灼宏将陷入失业的境地。赖灼宏是俗称的“代房东”，以替整栋楼的房东管理房子为生。他现在的家也是他的办公室。

“我真的很大压力，也很愧疚。作为一个男人，连自己一个家都保不住。”赖灼宏语带哽咽，他再次点燃一支烟，陷入沉默。

据《罗湖棚改专项规划（草案）》，回迁后的木棉岭片区及布心片区拥有完善的公共配套设施及市政设施，规划有学校、社区警务室、文化活动室等。这些对于赖灼宏来说，只是“华而不实”的设施，远不及能容纳家小的房子重要。

如果选择签约，赖灼宏的生活反而更加窘迫。这一切，都是因为他的房子没有房产证，而只有“两证一书”，因此被定义成“农村城市化历史遗留违法建筑”，也就是违建。

真真假假的“两证一书”

其实，在赖灼宏买下这间房子时，早已埋下日后的祸根。

2004 年，赖灼宏在布心山庄买下这间一楼铺位。赖灼宏的《合资兴建住宅楼房协议书》显示，该楼为占延安与赖灼宏夫妇合建。占延安拥有此楼的房产所有权，赖灼宏夫妇付给占延安八万元，拥有一楼铺位的使用权。

“我们全部都写的是合资建房。”赖灼宏说。这种说法巧妙地掩盖了交易中的买卖关系。据《中华人民共和国土地管理法（1988 年）》第四十七条规定：“……买卖或者以其他形式非法转让土地的，没收非法所得。”

实际上，占延安是深圳最早的房地产“开发商”之一。他们与原村民联合起来，违规取得建房资格，并把房子卖给非原村民赢利。

“你看，当时我们都是有这些证的，原件在占（延安）那里，都是盖了公章的，说无效就无效了。”赖灼宏说。他指的是“两证一书”，即《建设用地规划许可证》《建设工程规划许可证》和《居民兴建住宅用地批准通知书》。这些证书被业主们认为是“房地产证”。

但服务于布心片区棚改法律咨询室的胡进辉律师表示：“‘两证一书’只是建设工程的手续之一，不具有房地产权利证书的法律效力。”

“两证一书”原本是发放给原村民的建设房屋许可证明。在城市化的初期，深圳政府通过征地将深圳农村集体用地转化为国有土地，加快城市化进程。失去土地的原村民们“洗脚上田”，市政府将“两证一书”颁给他们，使他们能够建房自谋出路。

“特区政府刚成立，大家开始各种尝试，摸着石头过河。当时明确说了这个地方可以不按照旧的制度来，那到底按什么呢？当时各种想法，总的趋

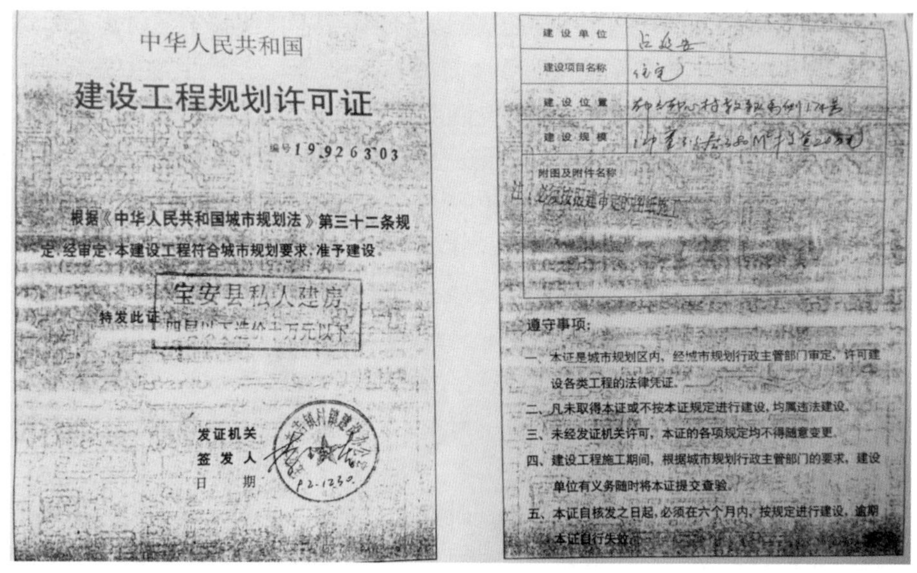
中华人民共和国

建设工程规划许可证

编号 19926303

根据《中华人民共和国城市规划法》第三十二条规定，经审定，本建设工程符合城市规划要求，准予建设。

特发此证

宝安县私人建房

发证机关

签发人

日 期

建设单位	
建设项目名称	
建设位置	
建设规模	

附图及附件名称

遵守事项：

一、本证是城市规划区内，经城市规划行政主管部门审定，许可建设各类工程的法律凭证。

二、凡未取得本证或不按本证规定进行建设，均属违法建设。

三、未经发证机关许可，本证的各项规定均不得随意变更。

四、建设工程施工期间，根据城市规划行政主管部门的要求，建设单位有义务随时将本证提交查验。

五、本证自核发之日起，必须在六个月内，按规定进行建设，逾期本证自行失效。

图片 11：
“两证一书”之建设工程规划许可证
受访者／供图

势就是把地拿出来招商引资，这时候的关键就是征地。”北京大学的城市社会学专家于长江教授说。

20 世纪 90 年代，深圳获得前所未有的政策支持。1992 年，邓小平南方谈话，奠定了深圳改革排头兵的地位，吸引了无数外来劳务工来深圳“闯特区”。随着外来人口的不断增长，深圳的住房需求剧增。但由于日益缺少的土地资源和有限的财政资金，政府未能提供充足的廉价住房。原村民自建的“农民房”便成了来深建设者的安家之所。

1997 年，赖灼宏来到深圳，第一份工作是在福田的一间发廊打工。在他看来，政策开放的深圳，和老家梅县相比更有发展机会。

“想着下一代，我也得走出穷大山。”赖灼宏说。

2003 年，赖灼宏决定自己开一间发廊。但是“当时没有 50 万以上，想开一间发廊都开不成，因为你要办营业执照又要给转让费”。据赖灼宏称，当时一间发廊的转让费就要 10 万元。

这时朋友向他介绍，布心山庄有门面在售，总价只需 10 万元左右，“买了就是自己的”。赖灼宏于是买下。没想到，生意没有他想象中好做，很快他的房子就从理发店改为了自己的家。

“基本上都知道的（房子是违建）。但是我买下来就不用去租了，买下来就安安心心了。买正规的，有房产证的又很贵，工薪阶层负担不起。”赖灼宏表示。

2004 年，赖灼宏向“开发商”占延安以 8 万元买下了布心山庄中区 19 栋 1 楼门面，签订了《合资兴建住宅楼房协议书》。占延安还给了他一份“两证一书”的复印件，作为房屋产权凭证。

赖灼宏知道这份“两证一书”有些猫腻，因为证书上的时间落款为 1992 年。“这个证书全是 2004 年的，写的都是 1992 年。我给你点钱，你就给我盖

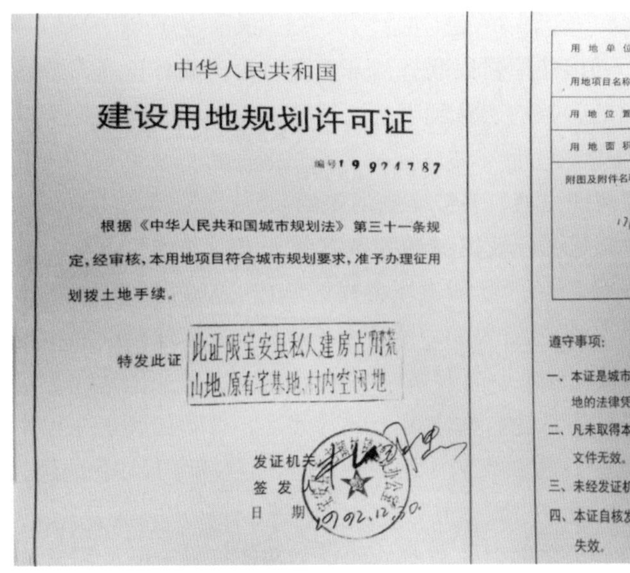

中华人民共和国

建设用地规划许可证

编号 1 9 9 7 1 7 8 7

根据《中华人民共和国城市规划法》第三十一条规定，经审核，本用地项目符合城市规划要求，准予办理征用划拨土地手续。

特发此证　此证限宝安县私人建房占用荒山地、原有宅基地、村内空闲地

发证机关

签发人

日　期　1992.12.30.

用地单位	
用地项目名称	
用地位置	
用地面积	
附图及附件名称	

遵守事项：

一、本证是城市规划区内，经城市规划行政主管部门审核，许可用地的法律凭证。

二、凡未取得本证，而取得建设用地批准文件、占用土地的，批准文件无效。

三、未经发证机关审核同意，本证的有关规定不得变更。

四、本证自核发之日起，有效期为六个月，逾期未使用，本证自行失效。

图片 12:

“两证一书”之建筑用地规划许可证

受访者 / 供图

个章。”

据他本人称：“听说后来洪水把资料冲走，开发商贿赂官员办好了‘房产证’，所以我们的‘房产证’就全都是写 1992 年的，但是都是 2000 年以后建起来的。”

记者并未查询到 1992 年深圳市洪水的相关资料。事实上，这更有可能是经验丰富的“开发商”占延安钻了政策的空子。

1992 年 6 月 18 日，深圳市政府出台《关于深圳经济特区农村城市化的规定》，规定特区农村城市化后，原各村红线范围内的集体企业用地和个人宅基地，经政府有关部门批准后，集体企业可以开发建设。原村民转为居民后，其产权不变。

随后，随着市场经济的发展，原村民开始疯狂“种房子”谋利。

1999 年 3 月 5 日，深圳《市人大常委会关于坚决查处违法建筑的决定》出台，明确规定此日期以后所建的违法建筑一律查处。但政府未能完成普查登记建立档案工作，难以甄别盖房完工的具

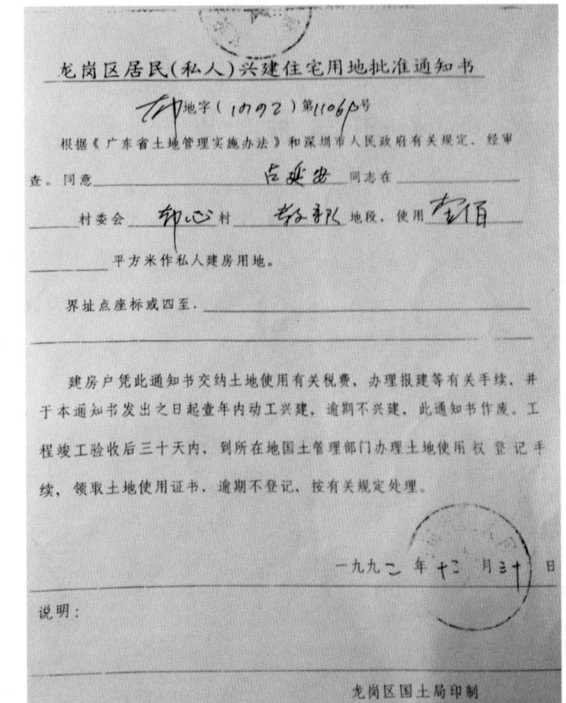

龙岗区居民(私人)兴建住宅用地批准通知书

地字（1992）第1106号

根据《广东省土地管理实施办法》和深圳市人民政府有关规定、经审查。同意＿＿同志在＿＿村委会＿＿村＿＿地段，使用＿＿平方米作私人建房用地。

界址点座标或四至：

建房户凭此通知书交纳土地使用有关税费，办理报建等有关手续，并于本通知书发出之日起壹年内动工兴建，逾期不兴建，此通知书作废。工程竣工验收后三十天内，到所在地国土管理部门办理土地使用权登记手续，领取土地使用证书，逾期不登记，按有关规定处理。

一九九二年十二月三十一日

说明：

龙岗区国土局印制

图片 13:

“两证一书”之用地批准通知书

受访者 / 供图

体时间。

抢搭“末班车”的心理促使原村民联合“开发商”再度疯狂抢建，于是此次查处以失败告终。因此，赖灼宏拿到手的“两证一书”的时间落款选择了“相对安全”的1992年。

其实，政府发放的“两证一书”有被撤销的先例。

1998年，《关于撤销玉龙坑垃圾填埋场区域有关证书的通告》指出，经有关部门查实，在玉龙坑垃圾填埋场周边樟畲村区域内，1993年至1994年期间，由布吉镇政府原有关部门发放的“两证一书”，有些属越权审批和越权发放，有些属利用虚假资料骗取，有些属非法转让和炒卖。

龙岗区原布吉镇人民政府认为，布吉镇干部曾元孚、曾学仁、李一凡等三人曾私自越权审批328户，越权发放“两证一书”，上级部门已对上述三人进行了处理，并撤销了相关“两证一书”。

但在处罚擅用职权的官员之前，在政府处取得“两证一书”的人们已经建起了层层高楼。“政府发给我的两证一书已经盖了公章，现在却说是错的？你们不能说上一届政府说合法的，下一届政府说不合法就不合法。”在清水河街道办的一次交流会上，一位玉龙新村的业主质问道。

野蛮“生长”的房子

“两证一书”是“深圳特色”的专有名词，它与“违建”或者“农民房”一样，都是因深圳特殊的快速城市化历程而生。在改革开放的初期，“农民房”使大量外来劳务工实现了他们“来了就是深圳人”的梦想，而在深圳经济高度发达的今天，它们又成为“脏乱差”的代名词，成为“难整治”的城市更新污点。

深圳是如何用三十年的时间把自己推入这种困境的？“农民房”是如何从栖身之所变为城市毒瘤的？

日后愈演愈烈的违建早在1992年就已埋下伏笔。1992年，在进行征地后，深圳宣布关内实现城市化。但根据1958年的征地条例，征地时要为每位村民一一安排就业指标，即把村民安排进国有企业。但是从一个小渔村起步的深圳并没有多少国有企业，而且征收动辄上千人，政府根本无力对数以千计的人员按照传统意义进行就业安排。

这么多人要生存怎么办？深圳政府采取了留地的做法，在原村子附近划一个新村子给原村民，每户宅基地100平方米，建筑基地面积80平方米，并且均不能超过3层；此外每人还留有15平方米的工业化用地，由当地村子开发，兴办企业，安排村民就业。

很快，大量的外来劳务工涌入深圳寻求更多发展机会，特区内原村民发现可以通过出租房子谋利。

1998年，《国务院关于进一步深化城镇住房制度改革加快住房建设的通

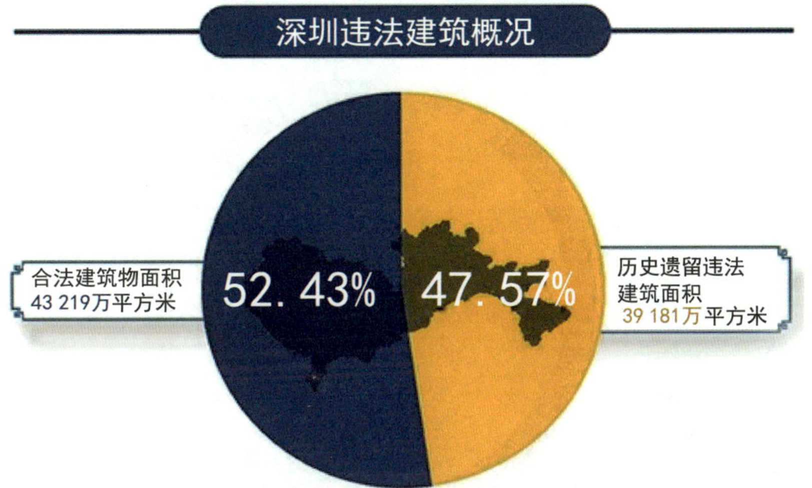

图片 14：
深圳违法建筑概况
黄敏旋／制图

知》出台，明确废止了住房实物分配。城市住房开始商品化改革，从此住房可以出售了，这大大刺激了房地产经纪蓬勃发展。土地从资源变成资产，经济价值暴增。

村民们意识到他们甚至可以用“合资建楼”的方式非法出卖土地，以获取更大利益。一些有生意头脑的人嗅到了发财的契机，与原村民联合起来建楼卖楼。他们成为深圳最早的房地产“开发商”。比如与赖灼宏“合资建房”的占延安，比如现在是布心山庄业主的曾宏金。

一边特区建设如火如荼，一边农村自谋出路。在市场需求和利益的双重刺激下，村民或者“开发商”们把原来的两三层楼拔掉再不断加层，完全无视原有“不能超过 3 层”的政府规定；他们把 100 平米的宅基地也建了 99 平米，密密麻麻的“握手楼”“贴面楼”由此而来。

因为存在“管理真空”，“二线插花地”成为违法建楼的重灾区。集体所有的土地分布在“二线”两边，村民们或代“开发商”申请在沿线开口通行，或直接撕开铁丝网进行违法建楼。

记者在走访时看见，为了建造出尽可能多的房屋，玉龙新村的房屋多为“连体楼”：两栋楼之间的距离不到一肩之宽，二楼以上就被水泥连接成一体，门牌号为 X 栋 A 与 X 栋 B。楼内暗不见天日，一层楼有多达 30 余个单间，每个单间只能放下一张单人床。

在罗湖棚改地区，绝大部分原村民选择了非法出卖土地给“开发商”。据《玉龙新村房屋及当事人信息补充公示》，玉龙新村现在几乎没有原村民，房屋所有者多为如赖灼宏、曾宏金这样的非原村民。

“开发商”曾宏金在 1993 年买下布心山庄 112 平米的地皮，一共花了 37.8 万元。他靠买地建房赚到了在深圳的第一桶金，修了七八栋楼，又“一下子全部卖掉，所有加起来赚了二三十万”。

1993 年，曾宏金才 37 岁。他说，那时候他“做业务”为生，到处推销

图片 15：

深圳市历史遗留违法建筑用途分类

黄敏旋／制图

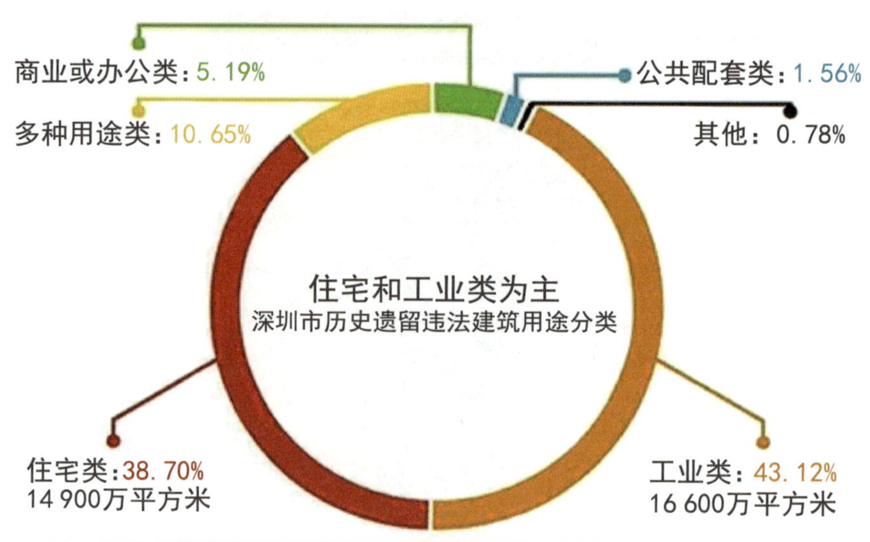

资料来源：深圳市规划国土局信息普查统计报告

啤酒饮料，踩着小单车全深圳到处跑。“我看到这块地皮就问人家，这块地皮怎么卖”。发现有利可图，曾宏金召集同事和朋友，决定一起买地建房。

“后面有 3 个朋友一人带了 3 万，然后就一处一处地建。那时候这里都没有房子，我们是最早的一批，地皮是在原村民那买过来的。”曾宏金说。

曾宏金回忆，在当年非原村民取得“两证一书”不是一件难事。“拿着‘两证一书’问看能不能过户，那时候原村民认识政府官员就可以过户，不认识就不可以过户。”

过户，是“开发商”们联合原村民建房子普遍使用的手段。原村民可以凭借自己的身份获得“两证一书”，然后再以“合资建房”的形式把非原村民的名字添加在《合资兴建住宅楼房协议书》中。

曾宏金说：“我们写得很清楚：我以你的名义买‘两证一书’，地皮是共同所有的。”

事实上，据《中华人民共和国土地管理法（1998 年）》第六十三条“农民集体所有的土地的使用权不得出让、转让或出租用于非农业建设”，“开发商”对土地的这种开发行为已经违法，同时，原村民加盖的超过 3 层的房屋也已违法。因此，此类房屋被定义为“农村城市化历史遗留违法建筑”。

曾宏金也模模糊糊地意识到这点：“肯定要给钱啊！政府是过不了户的，就私下给钱，2 万块就可以让他们过户。”

曾宏金表示：“一直以来国家有这样说（违法），但是控制不了是国家的问题啊。违法是你政府没管理好违法。”

历史上，深圳市政府亦多次试图对违建进行整改，但均无显著收效，甚至违建现象愈演愈烈。

自《深圳市人民代表大会常务委员会关于坚决查处违法建筑的决定》出

台整治无效后，1999 年至 2002 年，深圳全市增加了 10 余万栋新的违法私房及大量的违法厂房，违法建筑总量增加了近一倍。

2002 年，《深圳经济特区处理历史遗留生产经营性违法建筑若干规定》及《深圳经济特区处理历史遗留违法私房若干规定》（下称“两规”）开始施行。核心意图是对 1999 年 3 月 5 日前建设的“历史遗留违法建筑”在进行申报登记，履行查丈、补交地价款等手续后给予合法身份，以达到“既往不咎，不许新建”的目的。

但“两规”确定以 1999 年 3 月 5 日为界限，而政府并未在 1999 年 3 月 5 日的时候对全市农民房进行普查登记建立档案，那么原住民及“开发商”们就可以认为：政府并无任何手段可以甄别该房是否 1999 年 3 月 5 日之后所建，于是引发了深圳史上最强的一次抢建私房高潮。

2009 年，深圳市人民代表大会又通过了《关于农村城市化历史遗留违法建筑的处理决定》，试图再次处理违建问题，但依然无疾而终。政府实际上是一再让步。这也是第一次以“农村城市化历史遗留违法建筑”正式定义这种建筑物。

“深圳的违建是历史形成的，即使当时先知先觉，也没有人能解决那些问题。”深圳市社会科学院社会发展研究所研究员谢志岿认为，如果没有违法建筑深圳不可能有这么快的发展速度。从某种意义上说，正是这些违建降低了当时城市化的成本。

夹缝中的选择

王华生书记在玉龙新村大业主的交流会上数次提高声调，以盖过业主们的声音：“棚改现阶段也是在探索，并不是一拆了之……因为从法律来讲，‘小产权房’就是不合法的。但是因为它在深圳特殊的历史背景下，不能一刀切，所以棚改在给出一个出路，对当事人给予了适当的补偿。”

事实上，深圳已经到了不得不整改违建的时候。据 2011 年深圳市土地利用变更调查数据初步统计，全市国土面积为 1 993 平方千米，除去农用地面积 906 平方千米外，建设用地面积已达 934 平方千米，占全市国土面积的 47%。深圳的发展空间已经遭遇“土地天花板”。自 2008 年以来，深圳的土地供应一直呈现下降态势，到 2020 年，全市增量建设用地仅为 42 平方千米。

市规土委提供的数据显示，截至 2016 年，深圳住房总量约 5.2 亿平方米（1 035 万套 / 间），但存在占存量住房 79% 的未确定产权的原农村私房和企业集体宿舍。这些房子基本不能合法上市流转，制约了深圳房地产业的继续发展。

“违法建筑和违法用地的大量存在造成空间发展不足、土地资源粗放利用、引发生态问题，对深圳推动科学发展构成了很大障碍。”时任深圳代市长的王荣在 2010 年初召开的查处违法建筑和违法用地工作会议上指出。

图片 16：

深圳五次抢建潮及政府的治理历程

黄敏旋／制图

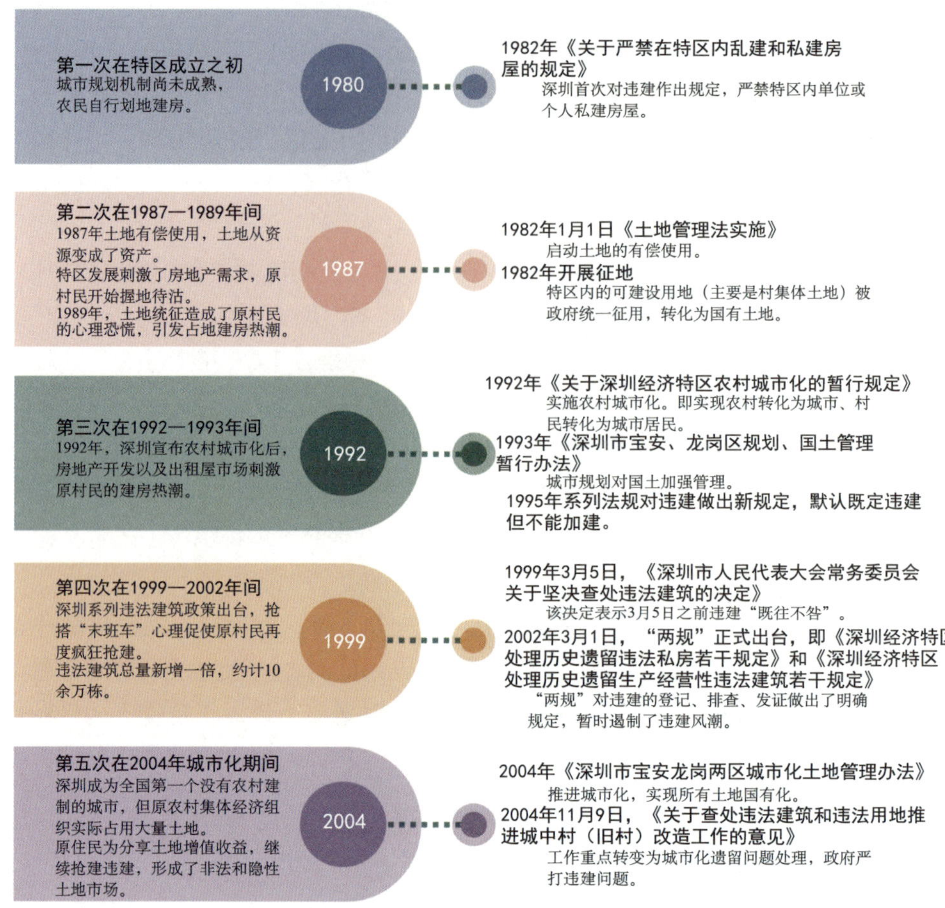

但玉龙新村的大业主陈奶奶表示：“我们确确实实拿真金白银来的，因为你当时就是说摸着石头过河，叫我们大家来投资，叫所有深圳市的干部来引资，那时候深圳是非常穷的。但那是中央的事，来投资那是政府发了文的，有红头文件的，公开卖地，为什么现在又说是错误的呢？”

迄今，陈奶奶仍不愿签约。1 月 21 日，曾宏金签署了《前置协议》，他说：“不签也没办法。”3 月 8 日，赖灼宏和唐姨都签署了《前置协议》。

从 2 月初至今，赖灼宏多次拿着自己用手机一字一字敲出来的诉求书，到布心片区棚改指挥部、社区街道办以及罗湖棚改总指挥部上访，希望能得到想要的赔偿，但每次都事与愿违。“我心里面明白，政府是不会为了我一个人放宽政策的。”赖灼宏说。

在决定签《前置协议》的前两天，赖灼宏把诉求书两次寄到市长信箱，到现在依然没有任何回音。

纵观：直面棚户区旧改任重道远

闻名世界的“深圳速度”，让深圳这座年轻的城市一跃成为中国最发达的城市之一。但奋力前进时，深圳也不得不面对发展过快带来的困扰——人口密度过高，土地空间严重不足。

据《深圳市安全生产“十三五”规划》，目前深圳城市人口密度达到每平方公里 10 000 人，位列全国第一；建成区面积占全市总面积近 50%，远超国际警戒线设定的 30%，高于北京、上海及香港。

深圳市统计局的数据显示，目前深圳建成区面积已经达到 900 平方公里。而深圳的全市面积仅为 1 993 平方千米。早在 2005 年，深圳市即将全市陆地总面积 50% 的土地划入基本生态控制线，共计 974.5 平方公里。这也意味着，深圳可供开发的土地空间已经基本饱和。

缺地，成为深圳最大的瓶颈所在，因而旧城改造是它必须做出的选择。从 2004 年开始，深圳在“盘活存量土地”的思路下，全面启动城市更新。据市规划和国土资源委员会（简称“规土委”）城市更新办的数据，从 2010 年开始，深圳旧改进入快车道，如今全城已批准纳入城市更新计划的项目达 407 个，总用地面积 35 平方公里，其中已实施的项目达 100 项，占比约为 19%。

城市更新和棚户区改造是目前深圳进行旧城改造的两个方向。城市更新之路，深圳已经磕磕绊绊地走了十余年，复杂的利益纠纷使路途日益艰难。棚户区改造，是深圳市政府在城市更新之外做出的一次新的尝试。

旧城改造必改但难改，其中的症结在哪？

从城市更新到棚户区改造：行政力量加强

深圳早就开始探索旧城改造之路。2004 年，深圳市政府出台了《深圳市城中村（旧村）改造暂行规定》，在全市启动了城市更新工作，由开发商主导项目进展。事实上，从这时起，老旧小区难改，就是开发商和政府的共识。

“最难推动的是住宅小区改造，因为利益主体极为分散。让利益主体统一意见，难度非常大。”时任市规土委城市更新办公室副主任谭权在接受媒体采访时曾表示。

由于少部分一直不愿签约的“钉子户”存在，每个改造项目进展都十分缓慢。因为“钉子户”大多取得良好“收益”，越来越多业主效仿，深圳有不少旧住宅区的城市更新项目成为旷日持久的战争。

2007 年，在蔡屋围城中村改造项目中，蔡珠祥夫妇认为开发商提出的拆迁赔偿过少，拒绝签约。经与开发商不断谈判甚至诉诸法院后，蔡珠祥夫妇终获得 1 700 万元的赔偿款，被称为“最贵钉子户”。

随后，在几乎同期进行的岗厦城中村改造项目中，认同原定赔偿标准的

图片 17：

深圳棚户区改造实况

黄敏旋 / 制图

原村民从 85% 下降到 50%，岗厦改造陷入僵局。抗争过后，据新闻报道，岗厦村诞生了约 20 多个资产过亿的家族，近 10 个资产过亿的家庭。“最穷”的一户身家也在 700 万左右。

有媒体把深圳的城市更新称作是“造富运动”，其实政府或开发商为此付出了巨大的代价。在大冲城市更新项目中，大冲股份公司负责人曾对媒体表示，约占大冲 931 总户数 1% 的“钉子户”严重制约和影响了大冲“旧改”进程。根据测算，如果大冲“旧改”因他们的干扰，拖延一年完成改造，村集体和村民每年损失将高达 3.896 亿元，折合每天为 106.7 万元。

2009 年，《深圳市城市更新办法实施细则》出台，其中规定：“属于以旧住宅区改造为主的改造项目的，区政府应当在城市更新单元规划经批准后，组织制定搬迁补偿安置指导方案和市场主体公开选择方案，经占建筑物总面积 90% 以上且占总数量 90% 以上的业主同意后，公开选择市场主体。市场主体与所有业主签订搬迁补偿安置协议后，形成单一主体。”

也就是说，只需 90% 的业主同意与开发商签署协议，即可启动旧住宅区的城市更新项目。这降低了“钉子户”想要通过拒绝签约和搬迁来争取利益最大化的可能性，也为城市更新进程的加快提供了一定程度上的保障。

2010 年，即有 8 个旧住宅小区被列为拆除重建试点，但这些项目依旧进展缓慢。目前，其中只有鹤塘小区项目在六年后才顺利正式动工建设。而罗湖区太宁路金钻豪园更新单元则一直有 5% 的拆迁面积未能谈妥拆迁补偿，2015 年，其开发商深圳市翠芳园投资开发有限公司资金链断裂，黯然退出。

在复杂的利益纠葛之下，旧住宅区依然是“拆不动、赔不起”的顽疾。

图片 18：
罗湖旧城改造规划十大产业片区
黄敏旋／制图

之后的三年内，深圳市政府批准了 15 批城市更新计划，其中再无住宅小区。

2012 年 1 月 21 日《深圳市城市更新办法实施细则》出台，要求旧住宅区改造应“市场主体与所有业主签订搬迁补偿安置协议后，形成单一主体”。换言之，要有所有业主同意签约才能启动项目，使得旧住宅区改造更加举步维艰。

木头龙项目也是 2010 年 8 个旧住宅小区拆除重建试点项目之一，但不知何时才能正式启动。2016 年底，有 30 名“钉子户”业主选择签约，亦只完成 98% 的签约率。

在接受媒体采访时，世联行首席工改顾问董极指出，城市更新以市场化运作为主有一个很大的问题：很多城中村拆不动，实践周期太长。

政府为解决这个问题，亦在探索新的方向。2017 年 1 月 5 日，深圳市出台《关于加强和改进城市更新实施工作的暂行措施》，其中指出，“十三五”期间，将全市试点开展 10 个左右以政府为主导的重点更新单元。

“政府逐渐把旧城改造的权利收回有一定的科学性，因为旧城涉及很多民生、社会问题，这些问题不是开发商完全可以自行解决的。”第一太平戴维斯投资部董事吴睿建曾在接受媒体采访时表示，“如果充分放开，市场可能会陷入恶性竞争或无序状态，我相信在这方面政府介入是对的。”

罗湖棚户区改造，或许是“政府把旧城改造的权利收回”的一次尝试。棚户区改造适用政策与城市更新不同，棚改模式为“政府主导 + 第三方机构参与”，对当事人来说，其中并无多少议价空间。此外，对于违法建筑，政府可启动行政征收程序，即“强拆”。显然，棚户区改造顺利的话，将大大提高旧城改造的速度。

违法建筑：罗湖棚改解决的问题

此外，在旧城改造中，由政府主导的罗湖棚户区改造能比城市更新做得更多：整治农村城市化历史遗留违法建筑。由于违建产权情况复杂，整体项目操作难度大，开发商难以盈利便不愿意开发。

但深圳已到了必须解决违建问题的时候：深圳共有违法建筑 37.30 万栋，违建面积 4.28 亿平方米。失控的违法建筑曾经为深圳的迅速繁荣扮演过重要角色，但今天它却像一个无底的黑洞正将深圳引入窒息的深渊，制约了深圳的进一步发展。此次罗湖棚户区改造，就是一次整治违建的实验。

历史上，深圳市政府曾整治过此次罗湖棚改区域，但收效甚微。2004 年，因布吉街道办长排村发生混凝土护坡挡墙倒塌事故，一青年妇女及其 6 岁儿子丧生，龙岗区政府出台了《龙岗区清理违建及拆除边坡危楼工作实施方案》和《龙岗区关于强制拆除布吉长排村存在重大安全隐患建筑物的行动方案》，开展“空楼行动”。

按照上述两个方案，有关部门将从 9 月 3 日起用 3 个月的时间，拆除布吉长排村边坡危楼。用 1 年左右的时间，依法全面清理全区违法建筑。

但清空 52 栋“边坡危楼房”后，本次“空楼行动”便戛然而止。至 2016 年，罗湖棚改区域仍有约 1 413 栋房屋。《龙岗区清理违建及拆除边坡危楼工作实施方案》的规划无疾而终。

政府政策的失败背后，有着复杂的原因：除了产权认定问题和补偿标准问题，相互矛盾的政策法规也使“违建”的整治更加困难。

比如关于非农用地的认定，1993 年出台的《深圳市宝安、龙岗区规划、国土管理暂行办法》规定“农村居民住宅用地，每户基底投影面积不超过 100 平米”；但 2004 年出台的《深圳市宝安龙岗两区城市化土地管理办法》却规定“居住用地，按 100 平方米 / 户计算，建筑面积不超过 480 平方米”。这种相互冲突的条款，给拆迁补偿的认定带来了相当大的阻碍。

任教于北京大学的城市社会学专家于长江教授认为，这是由于深圳发展初期制度不规范导致的：“我们的城中村问题，其实是不同时代政策的叠加造成的。”

此外，由于深圳经历过四次行政区域调整，政策适用的地域范围发生变化，给主管部门的仲裁认定工作带来极大困扰，严重影响了旧城改造的进程。罗湖棚改区域所在的“二线插花地”便是因为地处行政区划线交界处，成了“三不管地带”。

种种原因使得违建依然在深圳的土地上矗立。2016 年 11 月 19 日，深圳市政府通过棚户区改造的方式，重启对三大片区违建的整治。

“多重标准”：缺失的信任

旧城改造是一盘难下的棋。在城市更新中，错综复杂的利益交织，拆迁方与被拆迁方都为了利益敲打着自己的算盘，双方在不同层次上博弈。而在棚户区改造中，人们敏感的神经时时被撩拨着，暴露出政府与民众间的信任危机。

在深圳旧城改造的历程中，涌现出的“钉子户”大大阻碍了项目进度，使得城市更新愈发艰难。于长江教授表示："'钉子户'是选择了自己最有力的一种博弈方式。"

于长江教授认为，"钉子户"的产生是由于中国拆迁法律尚不健全。"在发达国家，大家都在一个方式上博弈，就是一套逻辑：用法律解决问题。"

但在中国，拆迁方与被拆迁方之间，却存在着"多重考量标准"。"我们解决问题一般要综合考虑，包括公众舆论的影响，政府怕出事，要维护社会稳定。可能很多时候道理讲不通，但我闹到一定程度你害怕了，我也就办成了。"于长江教授称。

这次棚户区改造中，布心山庄中区现场指挥部李部长表示："我们这里不会有'钉子户'。"据《搬迁补偿安置条例》，因多数建筑被定性为"违建"，政府可按照行政征收或行政处罚方式对房屋进行处理，也就是可以进行"强拆"。

但曾就职于深圳市规划国土系统，现为"公众力"民间智库创始人的范军认为，像"强拆"这种"口号式政策"，除了会给业主带来抵触心理之外，还极有可能使业主走到政府的对立面，成为"钉子户"，与政府展开拉锯。"这样可能会制造更多的麻烦。在做的过程中，如果遇到阻力，政府会停下来。老百姓就觉得反正我拖你越久，你就会赔我越多。"范军称，"这样政府的公信力会不断下降"。

罗湖棚户区签约已进入倒计时，到底会不会出现"钉子户"不得而知。

"从社会学来说，旧城改造的主体之间确实缺乏信任。"于长江教授说，"因为缺乏信任就形不成一种权威判断。"

罗湖棚改中部分含糊不清的政策也加深了官民之间的"不信任感"。业主张三丰一直无法确定回迁房的具体位置。《罗湖棚改专项规划（草案）答疑》上关于回迁的说明是"原址回迁"，但他在咨询棚改指挥部的工作人员时，却被告知是"就近回迁"。

"你说就近，那把我们迁到龙岗坪山那里是不是也叫就近？讲得不清不楚，让老百姓怎么相信政府？"张三丰说。

在《搬迁补偿安置条例》中，针对居民回迁的相关介绍，只用三张抽象的片区规划蓝图一笔带过。

棚改指挥中心的网格员小李表示："我们所说的就近回迁指的是棚改片区范围内的回迁，越早签约的业主能够越优先选择自己回迁房的所在位置。有些业主一听到'就近回迁'就开始胡思乱想，老觉得政府会占他们便宜。"

于长江教授认为："政府应该在操作层面上树立它的权威性，制定政策需要做得很细，才能无懈可击。如果漏洞百出，后面（被老百姓）抓住一个就是事，很被动。"

同时，在本次罗湖棚改中，许多业主认为第三方机构会"占他们便宜"。业主陈大爷便坚持要网格员陪同他测量房屋面积，他认为："网格员不过去盯着，待会他们（测绘机构）又得缺斤少两。""棚改这块肥猪肉，阿猫阿狗都想来砍一刀！”陈大爷说。

在这次棚户区改造中，各个环节都有“第三方机构”的参与，包括前期的地质评估；中期的动员、测绘；后期的拆迁、重建。棚改模式便是“政府主导，第三方参与”，政府通过招投标购买第三方机构的服务。

“（第三方机构）就是给政府执行这个任务，他们没有真正的利润。政府给他们一定的劳务费。”于长江教授认为，业主的行为暴露出他们对政府和第三方机构的信任危机。

“按说第三方应该是权威，但是中国的第三方很难界定。”于长江教授说，“第三方必须是房东政府都能接受的，政府单方面找的不叫第三方。”

“如果我们明摆着利益是对立的，我是不可能信任你的。没有人会这样。”于长江教授表示。

信任感要如何建立？于长江教授给出了他自己的建议：政府应公开相关信息，并有多家第三方组织机构以独立的形式介入项目调查并给出相关数据和方案，最终以双方最能接受的方案作为最优方案。如此一来，这家机构就会在一定程度上获得双方的信任，从而减少在方案实施过程中，第三方权威性受质疑的情况发生。

态度转变：政府更加“人性化”

罗湖“二线插花地”棚户区改造项目是深圳市政府首次主导的棚户区改造项目，其中爆发出的信任危机，给政府带来新的挑战。事实上，在治理由土地引起的城市问题中，政府面对民众的思路已经有了转变。

2004 年 3 月 17 日，深圳市政府召开市容环境综合整治“梳理行动”动员大会，开始整治城市“脏乱差”，一片片违法建筑在轰隆声中被夷为平地。

据深圳市城管局资料，仅用了四个多月时间，这次大规模的梳理行动已拆除了违法乱搭建建筑 3 545 万平米。深圳市城管局的负责人曾接受媒体采访说：“按最保守的每 10 平米居住 1 人计算，（这次梳理行动）所涉及的流动人口也在百万以上，（所以）实际上是在迁移一座百万人口的中等城市。”

事实上，“梳理行动”的整治对象主要为随处搭建的简易窝棚，即流民聚居区。与罗湖棚户区改造项目相比，“梳理行动”更像对“棚户区”（squatter）的整治。

“slum 和 squatter 是两个有联系但并非同一的概念。前者被译作‘贫民窟’，后者译作‘棚户区’。”时任综合开发研究院副秘书长的郭万达在接受媒体采访时曾表示，“实际上，前者是指‘不雅观的建筑’，而后者是指‘非法占地’‘非法居留’‘不付租金而占住’。因此，两者的主要区别在于，前者可以看成是合法的行为，而后者可以看成是非法的行为。”

据“梳理行动”的有关报道，这个“梳理行动”也曾扫过罗湖棚改的三个片区：罗湖区木棉岭一条困扰当地十年之久的“问题街”终于畅通，围岭公园红线范围内有一块 100 多平方米的临时建筑也被拆除。

同年，一篇网络文章《铜像照耀下的深圳》引起热议。文章认为，“政府以强大行政力快速推行”的“运动式”的梳理行动激发了社会矛盾。文章引述有关媒体的报道说，民工学校被梳理后，许多孩子因此失学，深圳南山区一处建筑民工宿舍区甚至发生了暴力事件。

“即便是拆除违法建筑，难道就不能人性化一些吗？”深圳大学国世平教授曾在接受媒体采访时表示。在 13 年后的 2017 年，罗湖棚户区改造中，深圳市政府进行了“人性化”的处理：数千名网格员和政府干部深入拆迁一线，挨家挨户上门做工作。截至 3 月 22 日，签约户数已过超 97%。

于长江教授表示：“其实深圳相对来说是最开放的，深圳也是小政府，在中国平均的政府力度上，深圳相对算弱势。”于长江教授认为，深圳民间的力量亦促使了政府思路的转变，“深圳的民间力量相对比较强，一直有人在组织抗议，串联表达不满。这些深圳政府也默认为一个常态。”

对于深圳来说，旧城改造是一盘难下但必须下好的棋。在城市化改造翻天覆地，商品房价格一飞冲天的今日，房子最能触动普通百姓的神经。棚户区改造项目使政府从幕后走向台前，但要如何下好这盘棋，深圳仍在进行漫长的摸索。

（本文中部分业主名为网名或化名。）

表 1　　中国城市棚户区改造的典型模式

模式	导向	特点
阜新模式	推动资源枯竭型城市主动转型	2005 年始，阜新市利用棚户区改造的契机，以土地置换为依托，促使产业结构优化升级：改变过去单一的依赖煤炭产业的经济发展模式，促进现代农业与服务业全面发展，大力扶持发展第三产业，侧重科技密集型产业。
哈尔滨模式	变商业开发为政府主导	2008 年始，哈尔滨市政府针对棚户区改造新增拆分政策：回迁安置居民可先选择面积户型，在拆迁面积内“拆一还一”；选择异地安置或其他保障性住房的居民，除补贴外还有一定优惠。
长沙模式	以健全住房保障为先导	2009 年，长沙市按照“一健”“三改”，即健全住房保障体系，改革制度、改造房屋、改善环境的总体思路，推进安居工程建设。长沙市建立了住房保障市、区、街道、社区四级工作的网络体系，争取构建全方位、多层次的城市住房保障制度。
包头北梁模式	以保护和传承历史文化为导向	2013 年包头市北梁在棚户区改造过程中，将老城改造与历史文化保护传承相结合，突出城市特色，充分挖掘老城的文化底蕴，实现历史资源增值，拓展老城空间，促进老城可持续发展。
成都模式	以城市综合治理为导向	2014 年启动的成都棚户区改造是将棚改与危旧房改造、旧城更新、新区开发以及历史文化建筑保护相结合的城市综合治理，统筹民生改造、城市建设和历史文化保护，提升城市综合竞争力。

黄敏旋／制表

学生感言

新闻有路，以勤补拙，以笔为刀

黄竞

从未想过，一个毕业设计需要全体组员花费那么多的力气去完成，不断地走近它，再走近它，一层层剥开表面喧嚣的迷雾，也一次次打碎传统固有的看法。

回想当初确定“罗湖棚改”这个选题之时，我们的内心只有兴奋，对新事物的好奇产生的兴奋，或者直白地说是因无知而无畏产生的兴奋，不知道自己将会面对什么，脑海中已经构思好无数种可能的剧情。涉及拆迁，任何事情都可能会发酵成为新闻，挑动着读者的神经。“首次”“棚改＋违建”“八万＋”等等在媒体人眼中都存在价值，仿佛前方有一个被轻薄尘土掩埋的宝藏，只需要用力吹开表面的灰尘，就可呈现在世人眼中。

这些脑补剧情在之后的四个月里被一一打破。

“棚户区改造”对我们来说是一个全新的领域，那初涉其中必然要对完全陌生的词语进行解读。“建筑面积”“套内建筑面积”“两证一书”“二线插花地”“容积率”“历史遗留违法建筑”等，无法一次性完全接受，只有在之后的收集资料、采访中一点一滴去理解应用，入脑入心。现在组内每个人都可以对这一问题侃侃而谈，有独到的见解，或许这就是新闻的魅力吧。

也有可能是不够深入，社会调查经验不足，无论是了解业主居民还是政府、棚改公司，在一开始都找不到门路，以至于我们除了微信端那无法核实的信息之外，几乎找不到任何的矛盾冲突。受访者表述的信息真假难以核实，特别是涉及过往的历史文件，如十几年前“两证一书”的签订内容和时间，每个人都有自己的说法，所以我们只能选择增大采访量来归纳同一群体的共同意愿以保证信息的客观。

从大体上看，97%的签约率也代表这个棚户区改造项目是政府高度重视的民生工程，也是被业主居民所接受认可的暖心工程，双方都做出了努力和妥协，在这些选择中，有些人走了，有些人选择坚守。诸如我们的一位受访者赖灼宏先生就需要思考搬迁之后家人无法入住的问题，这也不仅仅是他们一户需要面对的问题。我们在分析大环境的同时，也希望在业主群体中，从小视角为读者带来不一样的棚改群像。

业主群体也不是铁板一块。大业主和小业主、签约业主和拒签业主……身份的不同带来群体之间的对立，似乎每一个群体都有自己说不出的无奈和苦衷，他们在四处奔走上访，以图能多争取一块补偿面积。纵观深圳的发展史，不断转变的土地政策和人为的不规范操作，也让违建在时间潮汐中变成棘手的历史遗留问题。随着一步步深入了解，事件的复杂性也随之呈现出来，并对最后的组稿造成极大的挑战。十数万字的采访文稿，数十位受访者的信息资料，我们要做的，就是立好箩筐，将这些东西分类后一个个丢进去。

可后来发现，复杂庞大的信息并不是简单的线性逻辑就可以串联起来的。我们查找深圳三十多年来土地政策的变化，以及对于棚户和违建的具体行动，如2004年的“梳理行动”是针对全市范围内低矮棚户的拆除行动，但如果将其作为深圳第一例“棚改”又是不妥的，其中不涉及重建。所以对每一处稿件细节仔细推敲，将不合理、无逻辑的地方推倒重来，当剔除一切无法论证的信息之后，剩下的再单调贫乏，也是可贵的资料。

因为此次棚改正发生于毕设期间，由于毕设时间的限制，我们尽可能做最新资料的补充和对采访对象的跟进，但也不得不选择一个时间节点作为我们的截稿时间。我们现在与其中个别的受访者仍保持有联系，希望在数年之后的将来，他们能顺利入住现代社区，说不定“深圳首例棚改回迁”又是一个值得考量的新闻选题吧。

指导老师的话

再现复杂事件的多元样貌

张田田

“罗湖棚改”并非该毕设小组首立选题。深漂一族、同妻群体、WV旅游组织、基督教在深圳、大学生“空心病”、中国式陪读、广州黑人群体等议题都曾被纳入备选之列，可最终或因选题本身缺乏多维面向，或因创新空间有限，均遭淘汰。

2016年11月19日，深圳罗湖“二线插花地”棚户区改造项目全面启动。这是深圳有史以来第一例以棚户区改造立项的旧城改造项目，总占地面积约为60万平方米，需拆除房屋约1 413栋，涉及居民超过八万人。此次棚改工程难度大、辐射范围广、涉及人数多，历史问题复杂多样，内中关系盘根错节，被官方称为“中国棚改第一难”。

小组成员在媒体上了解到相关消息后，立即对该选题产生了极其浓厚的兴趣。经过小组讨论，大家一致认为该选题具有充分的新闻价值和社会意义。首先，这是深圳“首例”棚改。与大多数中国城市一样，旧城改造也是深圳城市化进程中无法绕过的门槛。城市更新和棚户区改造是目前深圳进行旧城改造的两个方向。由开发商主导的城市更新项目（如湖贝旧改、大冲旧改等）早已得到铺天盖地的报道，“钉子户”与“旧改富翁”的媒介神话也已为大众所熟知。而由政府主导的棚户区改造，则是深圳市政府在城市更新之外做出的一次新的尝试，其必然呈现出与城市更新不同的面貌与矛盾。小组成员希望能够通过自己的观察和思考来记录这一在深圳城市化进程中具有重大意义的特殊事件。其次，此次棚改涉及的人群复杂多元，棚改过程中还不得不面对深圳发展过程中独有的历史遗留问题——大量的违建。此类种种都无不在向我们暗示：该选题应当是一个新闻富矿，值得我们努力深挖。再次，尽管该选题已经得到大量媒体的关注和持续报道，但是这些报道更多呈现的是“作为政府工作的棚改”，也相对缺乏历史维度的观照。

我们的思考在于：棚改由政府主导，它体现在政府的各项公文和各种推进战略中；棚改也将影响八万多人的生活甚至命运，它不仅是白纸黑字的公文，更是这些普通人的日常生活。他们会以怎样的心态和行动介入棚改，他们的生活又将因此发生怎样的改变？此外，棚改作为深圳城市化发展进程中的重要一步，它不可能发生在历史的真空中，它必须面对深圳发展历史中留下来的各种遗产：好的资源，抑或是棘手的难题。历史问题将如何影响棚改现实，棚改又会谱写怎样的深圳发展历史？这些点滴思考，或许正是这个选题可能创新的空间所在。

在实际采写过程中，学生首先遭遇了政策解读的困难：大量的专业术语和政策语言，如建筑面积、套内建筑面积、“两证一书”、“二线插花地”、历史遗留违法建筑等词汇；花样繁多的补偿、奖励、处罚条例，以及不同的适用人群。对此无捷径可言，只能反复阅读吃透文献和政策。

采访的困难更加明显。棚改涉及拆迁补偿，事关个人切身利益，片区居民对访问非常警惕。学生需要多次接触后才能与其有较为深入的沟通，常会错失采访对象，因为一次访问并不足以让他们相信学生的身份，总担心学生是“政府的间谍和说客”。由于受访者对个人信息的谨慎态度，学生很难留下人物活动的照片资料。在居民上访活动和政府人员访谈中，拍摄也是禁止的，所以图片部分大多为棚改拆迁现场的照片。此外，片区的受访者往往出于自身立场仅提供对自己有利的信息，甚至是不实信息。因此，信息真假成为一个需要仔细甄别的问题。学生往往要对一个信息进行多方核查，推断其是否真实合理，如有偏差，还需要补充采访和核实。

在后期写作中，庞杂的信息让学生苦恼许久。政府与民众的角力，签约业主与不签业主的相互盘算、大业主和小业主时而联合时而对抗、业主与套房、商铺租户的矛盾……盘根错节的关系说明了选题的丰富性，可是如何才能在报道中清晰呈现这些矛盾、还原事件的复杂性和多样性呢？学生反复提醒自己要警惕“简化事实”的陷阱，在经过无数次讨论之后，拟定了现在的框架结构。从现有文本来看，学生对各种复杂关系的呈现还是较为清晰的。

总的来说，该报道较为真实完整地记录了“深圳棚改”这段特殊而重大的城市经历，讲述了形形色色的人和他们的“棚改故事”，展现了棚改进程中不同利益群体之间复杂的关系勾连。同时，将罗湖棚改还原于深圳发展的历史情境中，呈现了历史与现实的交叠与碰撞。但是，出于采访的限制，该报道在呈现棚改中的政府作为方面力度稍显不够。

这座市中心仅存的旧村，牢牢守护在昔日“深圳墟”一旁，却似乎和经济特区深圳之间，存在着一道“隐形的城墙”。

城墙内外

——湖贝旧村的最后岁月

指导老师：辜晓进
小组成员：刘羽洁、杨阳、林妍颖、卢静文
毕设时间：2013 年

在深圳市罗湖区心脏地带，东门步行街东侧的湖贝旧村里，聚居着一众移民，他们大部分来自潮汕地区。这座旧村，位于闹市，它周围的高楼大厦越建越多，但旧村也离城市越来越远。从湖贝地铁站 B 出口出站，需要经过一个狭小的入口进入湖贝旧村。恰如陶渊明笔下“世外桃源”般“与世隔绝”，旧村里自然没有纷繁复杂的世事，也无所谓时髦流行。

图片 1：
湖贝旧村掠影
（本文图片均由刘羽洁拍摄）

步入村内，耳边传来的潮汕话，让人有一种身处潮汕旧村的错觉。旧村的独特建筑形态从客观上赋予其与外界相区别的条件，而居民的观念、语言、饮食、日常生活等方面，也与村外的深圳其他地方形成差别。这座市中心仅存的旧村，牢牢守护在昔日“深圳墟”一旁，却似乎和经济特区深圳之间，存在着一道“隐形的城墙”。

200 年的张公祠，始建于嘉庆年间

根据 1987 年出版的《深圳市地名志》统计，在特区设立初期，罗湖区有包括湖贝村、蔡屋围村、罗湖村在内的居民点、自然村共 49 座。其中，位于当时深圳汽车站东南面 300 米处的湖贝村，原为一个村，一个大队，后分为四个坊，又新建了“湖贝新村”。

图片 2:
怀月张公祠

据传，湖贝祖先张氏一族，自明代由福建迁至广东南海之滨，在深圳本地世代相传已有 500 多年。湖贝村全村面积 11 万平方米，原有耕地 317 亩，村民 849 人，多姓张。80 年代改革开放后，湖贝旧村的原村民逐渐搬离旧村，他们或出国，或移居香港，还有部分搬去了湖贝新村。旧村的房屋被陆续到来的移民租下，旧村的语言，也从广州话逐渐变成了潮汕话和客家话。

在深圳城市化的过程中，湖贝旧村一方面继承着历史的老样貌，另一方面又开始接收来自潮汕的新移民。1992 年，湖贝旧村改造项目曾被提上议程。但由于各种原因，该项目并未能执行，湖贝旧村依旧以其独特的样貌盘踞在罗湖中心。未经大规模改造的湖贝旧村，保留了一部分清末民初的青砖尖顶平房，平房的瓦当可见传统建筑上常出现的雕花图案。其中部分旧村屋，被村民自行加高了一层甚至两层。

旧村西南面的怀月张公祠，建于清嘉庆九年（1804 年），是湖贝村村民为纪念开基始祖张怀月而建。旧村北面，是热闹的菜市场。一到晚上，这条街就会转变成夜市，熟食店会在店门口架起铁锅烹煮海鲜。此时的湖贝，铁锅烹煮食物的铿锵声，夹杂着食客干杯畅饮的气氛，比白天还热闹。

热闹的只是菜市场一带，旧村巷道内，低矮的平房间，只剩孩童随意奔跑嬉闹的声响。虽然旧村的环境称不上优美，但气氛和谐。回忆起十几年前的湖贝，大部分“老居民”的印象都是治安不好，偷窃、抢劫等事情经常发生，村内吸毒的人也很多。现在，虽然旧村依旧，但环境也算是得到了改善，治安案件越来越少，家家户户就算门不闭户，也很少有失窃的事情发生。

百年旧屋变“豪宅”，只能分拆出租

午后的旧村，民宅里传出来一阵阵麻将相互碰撞的声音。此时巷道内行人寥寥无几，连着几户房门都开着。顺着小巷走上一段，在电线杆、晾衣绳交错的墙壁上，贴着很多手掌大小的广告。其中有一张白纸，上面写着“单间出租”四个字，下面则挤挤地写着一个电话号码。贴出这张白纸的，正是一旁民宅的租客，王海源（化名）夫妇。

“这个房子很新很大，我们一家人住太奢侈了，所以想把里面那间房租出去，分担一些房租。”刘女士和丈夫王海源 1996 年由梅州老家来到深圳，他们从事的都是简单的劳力工作，自那时起就在湖贝旧村定居。夫妇俩有一个儿子，在家乡读完书后，也来到深圳打工。据刘女士介绍，当时，湖贝旧村就已经是罗湖区房租最低的地方，一个月 600 元上下的租金，吸引了许多外来务工者。

刘女士说，自己一家人实在承担不起现在 1 100 元每月的租金，所以打算把里间租出去，打算每个月收 700 元的租金。这间一室一厅的房子，由于刚被粉刷过，所以并不显得旧。这幢旧屋，面积约为 30 平方米，屋顶高大宽敞，屋子的大厅被分割成厨房和卧室。卧室里摆着一张椅子，一台电视机，一个鱼缸和一张双层铁架床。床内挤下了一家三口：夫妇俩睡下铺，儿子睡上铺。再往里是一间 10 平米左右的小卧室，也就是告示上写的需要出租的“单间”。

和旧村其他的普通出租屋外表无异，都是青砖白墙平房古宅，内部大小面积也差不多。刘女士估计，这栋旧屋可能已有百年历史。另据其介绍，为

图片 3:
旧村内玩耍的孩童

了方便“一户多租”，旧村房东在二三十年前就已经将大部分出租屋进行了装修。那次装修，一间大房子便被隔成四到五间小房间，并且多数旧屋被拆分成上下两层楼，出租给不同的租客。而王海源夫妇所居住的房子，在20年前也被装修为上下两层楼，一共隔离成了5个小间，分别租给了5户人家。

就在去年，房东将房子再装修，拆掉了隔层，装修完的房子恢复了原本一室一厅的格局，并且将原本已经黑旧破败的墙壁进行了粉刷。如今走进王海源夫妇的家，全然没有湖贝村其他旧屋的那种沧桑和压抑感，宽敞的厅堂、高阔的房顶、雪白的墙壁，这个旧屋确实与众不同。刘女士打趣地说，这样一间房子，在湖贝旧村已经算是“豪宅”。

虽然这栋“豪宅”是那么特别，但居住在里面的王海源夫妇，却和村内其他居民一样，拿着人均1 000多元的月薪，这刚好够维持生活。“来深圳打工二十年，别的地方，我们哪儿都没去过。”刘女士笑笑，“你想想，深圳这么大，去哪儿都要坐车，坐车也是很贵的。我上班都舍不得坐车，每天来回走四趟，一共两个多小时。如果坐车的话，就是四块钱，哪里舍得呀！”刘女士说，来深圳二十年，也没进商场买过东西，穿的衣服都是在东门和路边的小摊子上买的十几到几十元一件的，没有一件衣服超过100元。“能吃饱穿暖就很不错啦！”

王海源夫妇虽然知足，但也有些无奈。他们早出晚归辛勤工作，心中对于“家”的要求也足够简单：一个夜晚能够栖身休息的小窝就已足够。刘女士说，因为这间屋子原本住了5家人，5户人一起分担房租，所以并不觉得负担大。但房租每年都涨，装修后就更贵了。“我们一家人已在这里住了十几年，真不愿意搬走。说实话，也找不到其他更合适的房子。”王海源夫妇慢慢发现自己已经“享受”不起这栋“豪宅”，虽然他们已在此蜗居近二十载。

传统小社会，自给自足、自得其乐

湖贝旧村维持着一种“自给自足”的生态。旧村北头的街市，汇聚了肉菜档、海鲜档、熟食档、副食档、理发店、成衣铺，从湖贝旧村的任何一间村屋出发，步行去街市，都不会超过5分钟。村内还有不少分散在各处的小卖部，售卖食品及日用品。最重要的，村内的物价水平不高，花3元即可享用一根油条配一杯豆浆的早餐。

居民们有些在村内经营小铺子，也有一些在村子附近打工。因为湖贝旧村地处罗湖中心区域，所以周边提供就业的机会非常多。村西面有大型海鲜批发市场、布料市场，再往西，过了东门路，就是东门商业步行街。往东，乐园路海鲜街的生意红火，湖贝旧村周边的兴旺催生了不少就业供给。因此，湖贝旧村的大部分居民都能在附近找到工作，他们的日常行程相对确定，也不用在路程上花费大量时间。

下班回家，居民们都会到街市购买制作晚餐的食材。在这里，可以买到家乡特有的如肉丸、绿豆饼、腌海鲜等食物。深圳其他地方的潮汕人，也会时不时来到湖贝村，因为整个深圳大概只有这里，才能找到正宗的家乡味道。

温阿姨经营的猪肉丸档口在湖贝旧村南坊靠近街市的一个路口边，这座商住两用的出租屋，也是她和老伴在湖贝旧村的家。年过花甲的温阿姨和老伴俩人就靠着卖手工猪肉丸、粿肉和一些零散的小吃为生。他们的儿子儿媳虽在深圳打工，但不与他们住在一起，偶尔会带着孙子一起回来看望他们。

穿着一件浅色碎花上衣的温阿姨，留着利索的短发，由于要干活，所以袖子常常被挽起，久而久之，衣袖上也有了深深浅浅的折痕。温阿姨的双手，因为长年累月的劳作而变得粗糙厚重，在说话的时候，嘴里镶的一颗金牙也在不时地闪着光。

当记者问及温阿姨的名字时，她摆着手，笑着说："我姓温，名字我就不说了，我不识字，不识字就是蠢的人。"记者追问："是三点水的温吗？"温阿姨说："三点水几点水的我不知道，反正你随便写一个字就行了，我不识字，是蠢人。"

温阿姨的档口后方放置着一个看上去有点旧的木柜子，上面摆放了温阿姨每天手工制作猪肉丸的工具和材料：剪刀、菜刀、砧板、生猪肉，还有制作粿肉的面粉、马蹄等。几块破旧了的抹布被随意地搁置在柜子的角落。隔着这个掉漆的木柜，可以望见温阿姨老两口的住所。虽然是下午三点，街道上阳光充足，屋里虽没有伸手不见五指般黑暗，却也需要放一盏台灯在麻将桌旁来照亮屋子。

屋内，有一条五六级阶梯的木质小楼梯。可能是由于屋内潮湿，小楼梯

图片 4:
旧村巷子里的小吃摊

的木头都已被水浸泡得剥离开来。小楼梯连接着一个不到五平方米的小阁楼，小阁楼是温阿姨老两口睡觉的地方。小阁楼的一边是一道墙壁，另一边却是空的，连简单的围栏都没有，只用细绳搭着两块窗帘布用以遮挡。

温阿姨手工制作的猪肉丸和粿肉等小吃在潮汕一带非常具有代表性，在潮汕人的日常饮食中经常会出现。老一辈的潮汕人经常会手工制作猪肉丸和粿肉，近年来，手工制作的猪肉丸因其极佳的口感而大行其道。而在深圳，手工制作的猪肉丸却非常少见，也许只有在湖贝村的小巷子里才能见到。“湖贝村里住的绝大部分是潮汕人，卖猪肉丸啊粿肉这些比较有销路，大家都熟悉也喜欢吃。”温阿姨说道。

温阿姨在湖贝旧村住了十几年，和居住在湖贝村的大多数居民一样，温阿姨也甚少踏出湖贝村，“我每天开店做生意，村里要买什么都有，去到外面什么都买不起。”温阿姨说。

湖贝旧村内唯一一间理发店，门口挂着一张白色塑料板，上面用红色毛笔写着“理发”两个字，虽然字迹早已褪色，但这就是理发店唯一的招牌。招牌歪歪斜斜地挂在一边，招牌旁边挂了满满两排已经被洗得泛白的毛巾。

没有时尚杂志作为发型参考，进出的顾客也不是摩登女郎，剪发师傅更不会自诩为“首席发型设计师”。这间理发店，甚至连个正式的名字都没有，如同那块斑驳的招牌，显得古朴、传统和实在。没有技术先进的各种理发、染发用具，但墙壁上的几面方镜子，随机摆放在一旁的简单且基本的理发用具告诉我们，这就是一间不折不扣的理发店，或叫“剃头铺”。

理发店右侧躺着一张旧沙发，上面坐着几个等待理发的人，他们盯着角落一台 10 多寸的小电视机。老板正在一丝不苟地为一位顾客修剪头发，负责洗头的老板娘则在一旁吆喝着坐在沙发上的顾客说，“快啦快啦，这个洗好就到你啦！”

老板和老板娘，都已五十多岁，他们既是这间理发店的老板，又是店里的员工。夫妇俩 1987 年从河源老家来深圳打工，因为有理发的手艺，便来到消费水平低、房租便宜的湖贝旧村，做起理发生意，这一做就是二十多年。作为湖贝旧村内唯一一家理发店，夫妇俩渐渐包揽了村内几乎所有的“人头”，生意也是越来越好，这也解释了为何在这样一家简陋古朴的理发店内，顾客常常需要排队等候。

这间开在街市一旁的理发店，地理位置堪称优越，租金每个月 2 000 元。老板一家也住在湖贝村内，但不住在铺子里，而是另外租了一间房子，房租一个月 700 元。说到理发，夫妻俩显得相当自豪，他们告诉记者，刚开始的时候，生意并不像现在这样好，但是渐渐顾客奔走相告，人就越来越多。剪发的价格依然保持在 5 元，这个价格也是多年未变的。

老板娘说，“我们有手艺嘛，不在乎提不提价，人多自然就赚得多。而且来剪头发的都是一起生活了好多年的村民，大家都认识，也不想提这个价。大家抬头不见低头见，都是图个方便。”

街坊邻里间，满满“人情味”

早上九点半，村东头，老板娘林小云每天都会准时来到自己的小杂货铺，张罗着自己的铺面。四张椅子往店前一摆，上面架上一块木板，红豆、绿豆、黄豆、方便面、米粉……林小云将它们一袋袋搬出来摆在木板上，一天的生意就这样开始了。

本为陆丰人的林小云，十年前与丈夫随大哥来到深圳打拼，刚来到深圳便落脚在湖贝村内。“刚来的时候在湖贝这里租房子，现在搬出去了，在这附近继续租房子住。这家小店开了将近十年，店租比外面便宜。开了这么多年，也有感情了，不想搬到外面去。”林小云说，她的杂货店，每个月租金是 700 元。虽然现在物价飞涨，但房东并没有加收她的店租。

杂货铺虽小，商品虽说不上满目琳琅，但日常所需，还是应有尽有。鸡蛋、食用油、各式饮料，小孩子玩乐用的气球、钓鱼玩具……这个面积不足 10 平米的小空间内，货架靠着墙壁摆放，货架上塞满花花绿绿的包装。村外充斥着各式超级市场，而眼前的杂货铺，有一种将旧时记忆忽然唤醒的魔力。

林小云有三个儿子，老大在江门读大学，老二、老三在地王大厦附近的学校读书。中午十一点半，她开始张罗午饭，在狭小的杂货铺里，还有一个小小的厨房。灶台上，摆放着一个电磁炉、一些厨房用品和盘盘碟碟。下午一点半后，老二老三回学校上课，她又独自一人开始看店直到晚上十点。

“这个店赚不了多少钱，一包榨菜赚一毛钱两毛钱。”林小云介绍，每天来买东西的人络绎不绝，多数都是村内的邻里居民。就算不买东西，路过的村民也会和林小云互相打招呼，问上一句“买菜呀？”“吃饭了吗？”邻里

图片 5:
旧村内，妈妈带着孩子户外乘凉

间关系和睦融洽，交流间散发出的人情味，让包括林小云在内的不少湖贝旧村居民感到欣慰。

来自梅州的王阿姨，在村内靠缝补衣服来帮补家用。她已经对村内的居民非常熟悉，对这种邻里关系也是“赞誉有加”：“不住这儿的人从这里经过我们都能察觉的。湖贝村地方小，人员来往很固定，我们邻里都是认识的。所以除了晚上睡觉，我们一般都敞开门。”王阿姨说道。

一台老式缝纫机，摆在家门口相对宽敞的巷道内，无论天晴抑或下雨，炎热抑或寒冷，王阿姨都会在那个老地方，低着头默默干活。缝纫机发出的那种特有的“突突”声，也为旧村增添了一分怀旧的韵味。

王阿姨在湖贝旧村住了近二十年，她说，最近 10 年才开始帮人补衣服，村里的人只要有衣服需要修补，基本上都会来找她。居民们既是王阿姨固定的老顾客，又是她的老朋友。王阿姨开玩笑说：“周围这几家人的衣服尺码，改多了我都记得了。”

“我不知道外面补衣服收多少钱，这些年我就只加了一两元，线贵了也就意思意思。都是街坊邻里，加一点点价我都不好意思。”王阿姨说，“我们邻里这几家都是住在这里快二十年的，我们的小孩都一起长大，有些小病小痛也相互照看。这就是城中村啊，和我们老家一样，没有外面复杂。”

王阿姨一边补衣服，一边和我们交谈，同住一屋的一对年轻夫妻牵着一个约莫 4 岁的孩子进屋。孩子习惯性地问候“阿姨好”，王阿姨也停下手上功夫摸了摸小孩的头。

旧村将死，“狼”真的来了

陈旭（化名）是湖贝旧村所处地房屋租赁管理单位的一名职工，主要负责管理湖贝村内居民的各种事务。对于旧改，他的说法和绝大多数现居民如出一辙：“还没那么快吧。”陈旭给出的解释是，虽然年底就要改造动工，但只是小面积的动，还不会这么快拆掉。他告诉记者，湖贝旧村内的房子几乎都是出租屋，很多居民已在此居住三十几年。但是租房合同里并没有列明关于拆迁的相关事项，所以一旦拆迁，这些租客是没有任何补偿的。“房东最多预先一两个月告诉租客，这样可以方便租客及时为下一步做打算。”陈旭说，“湖贝旧村的现居民收入都很低，拆迁后他们在外面是绝对租不起房子的。”

湖贝村旧改项目 2013 年底将动工的消息在村内并未引起轰动。在采访过程中记者发现，知情的居民很少，他们相信改造不会这么快到来，这也和房东及陈旭口中说的“没那么快，至少三四年后才改造”相吻合。在走访过程中，有不少老居民向我们透露，自 20 世纪 80 年代末开始，湖贝旧村改造

图片 6：
村内随处可见的拆迁标语

拆迁的传闻就开始在坊间流传，于是他们相信，这回拆迁和之前一样，也只是传闻而已。

而事实上，在 2012 年 9 月，湖贝村原村民就已经就湖贝旧村的命运进行了投票表决，湖贝旧村将交予深圳某房地产公司进行整体改造。据这家房地产公司方面的公开资料显示，湖贝旧村改造项目总占地面积近 40 万平方米，拆除建筑面积将超过 75 万平方米，总投资 300 亿元人民币。改造后的湖贝旧村，将成为具有鲜明岭南特色的文旅胜地，规划总计新建建筑面积约 192 万平方米，其中零售、娱乐部分约为 50 万平方米，办公部分约为 45 万平方米，公寓及居住部分约为 97 万平方米。而村内那座建于清嘉庆年间的祠堂，也会被拆毁，再异地重建。整个工程预计于 2013 年年底开工，一期迁还及销售物业预计 2016 年竣工。

零售娱乐、商业办公、公寓住宅，被设计成有三大功能的湖贝旧改项目，与深圳其他旧改项目相比，功能设置几乎一样。负责湖贝旧村改造工作的深圳某房地产公司负责人陈先生称，“万象城”模式是适合深圳本地城中村旧改的一种模式，公司方面充分尊重原村民们的要求和当地的文化传统，一切拆迁及改建都是得到原村民的一致同意后才进行的。

恋恋不舍，不忍回头

杂货店店主林小云曾在湖贝旧村住过十年，对于湖贝村即将旧改的消息，她表示很无奈，“在湖贝住了这么多年，我觉得这里的生活悠闲便利，去到外面肯定没这么舒服。到时候湖贝重新建房子，有钱人就可以过来买，但

图片 7:

湖贝旧村改造后的效果图

是我们一定买不起，也只能在心里想想这个住了十几年的地方”。

经营传统猪肉丸的温阿姨对于旧改工程则表示毫不知情。虽然湖贝旧村随处可见关于旧改的标语，但不识字的她，也只能无数次默默从标语下走过。“拆迁大好，建设湖贝新面貌”的大红布条，她不关注，更不知道是什么意思。

温阿姨说，房东告诉她拆迁是三四年后的事情，现在不用着急。在记者的走访过程中，还有一位小卖铺的店主说她与房东的租赁合同已经绑定到三年之后了。“如果实在在深圳生活不下去，就回惠州老家种田，毕竟房子是别人的，心里再不想走也得走。”温阿姨说。

至于王海源夫妇，他们也坚信不可能这么快拆。当记者将今年（2013年）年底湖贝旧村就要动工改造的消息告诉夫妇二人时，王海源并没有显现出惊讶，他的脸上只透露出一丝无奈：“政府要拆，我们也没有办法，只能他说什么是什么。”

而刘女士在这时大声打断了丈夫的话语：“我不想离开深圳！”

刘女士说，自己一家人在这里打工生活了这么多年，从刚开始的一无所有到现在能负担每天的生活，孩子也顺利入学读书，对这里还是有感情的。“我们刚搬来的时候，这里的地面都是泥巴，一下雨到处都是泥。现在路被修了 3 次，每天还有专门的清洁工来打扫，干净了好多。”

“如果一定要搬走呢？”记者问道。

“要是外面房租太高我们实在付不起也没有办法，只有回老家。”刘女士说。

“这里就是我们的家，到时候我们会看能不能几家人合租一个小房子，只要能留下我们就留下，实在不行，那也只好离开这里，离开这个家。”王海源说。

在村内开理发店的老板娘则对这个问题显得不耐烦，她匆忙地打断了记者的问题：“别问了，拆就拆呗，我又管不了。”至于今后的打算，她坚信手艺能养活自己，她又重复了那句话："我们有手艺，去哪里都可以，况且我们也老了，要退休了。"

专栏作家：祠堂为何一定要"异地重建"？

南兆旭，专栏作家，曾当过工人、大学教师，1989年来深，著有《深圳记忆：1949—2009》《解密深圳档案》等书，创作过《深圳民间记忆》《岁月河山》等纪录片作品。南兆旭认为，深圳的城中村在城市文化、城市记忆方面，占有不可取代的位置，每个村都有其特殊的来历，都有着各自的故事，城中村是深圳最精彩的地方。

"城中村作为城市的缓冲地带，给低收入人士创造了一个生存的空间"，南兆旭认为，城中村是最具有深圳本土特色的地方。"深圳的城中村发展得特别早，特征也很明显：握手楼、高密度的人口、24小时的繁华。在深圳的其他位置，你找不到任何一处比城中村还繁杂、还精彩的地方。"

对于湖贝旧村内的怀月张公祠将面临异地重建，南兆旭说："危楼为什么不能修缮而一定要异地重建？为什么周围能建起这么多高楼大厦却不能修一修这座低矮的小祠堂？"

宗祠曾在历史上发挥过重要作用。深圳市的前身新安县，在1840年后被分割，一部分被英国占据。1898年，新界又被割了出去，新安县至此成为边陲地带。据南兆旭介绍，清政府及后来的民国政府，对于当时的新安（1913年后复称宝安）县，都无力管辖，当时的新安县可以说是"失控"的状态。于是，维系宗族关系的祠堂，在协调社会关系上起到了重要的作用。当时，这片土地上生活的人、这片地区的经济活动，基本都靠宗祠来维持。小孩在祠堂上学，判案在祠堂进行，逢节庆，祠堂更是全村人热闹聚会的场所。至于怀月张公祠，也有它独特的历史经历。据查证，1925年2月，广州革命军第一次东征讨伐陈炯明时，黄埔军校师生曾驻扎于怀月张公祠。1925年6月省港大罢工时，怀月张公祠也曾被作为工人接待站，后来变成省港大罢工工人纠察队深圳支队队部所在地。今天，这座祠堂已成危楼，怀月张公的后人也同意将祠堂异地重建。"既然村民已经跟开发商达成一致意见，那作为外人，我们也没什么好说的了。或许这样做有他们的考虑，但从文物保护和历史的角度来说，异地重建有问题的。"南兆旭说，开发商和政府的利益往往纠缠于一起，在这种情况下，即便被贴上"文物"的标签，也无法避免这些在城市遗留的具有历史价值的建筑被破坏。

"我认为，香港、台湾等地对于城市文化的保育，不能叫'慎重'，而是'尊重'。"南兆旭曾到访过台北，那里的庙宇给他留下了深刻的印象。因为台北的庙宇，不但数量多，样貌也是各具特色。在城市楼宇之间，随便走个几步，就能发现这些庙宇，因为它们的存在，市民的生活也变得有滋有味。而且，这些庙宇，或许50年前就已经存在，而50年后，他们依旧还在。它们见证了过去的历史，民俗及当地文化也在寺庙中得以保留和发展，它们慢慢地也成为台北城市文化里的重要组成部分。

规划专家：湖贝村绕不开旧城改造

从一定程度上来说，湖贝村只是深圳旧城改造棋盘里的一枚小小棋子。在深圳城市化发展的进程中，湖贝村不是第一个进行旧改的，不是第一个记录了深圳城市历史及原住民文化但却被忘怀的，它和已经经历改造的岗厦村、下沙村、大涌村等是一样的。

城市化隆隆的挖掘声背后是全民利益的喧嚣，而文化、历史的保护之声不过声若蚊蝇。

“历史很重要，但在这之前我们面临着城市发展、开发商利益、村民利益三座大山。我们不能绕过这些问题单独讨论历史，而且也只有把问题整理清楚了，我们才能发现问题是严峻的，历史责任是我们背负不起的。了解之后，我们才能充满力量，才能站在正确的立场讨论城市历史。”规划专家饶小军教授如是说。

饶小军教授，深圳大学建筑与城市规划学院院长，深圳市客家研究学会副会长兼秘书长，国家一级注册建筑师。他着力于深圳客家民居保护研究，曾主持并完成深圳龙岗第二工业区旧城改造规划等项目。

“城中村作为城市特殊居住空间类型，大部分是在我国改革开放后建设起来的，所以应区别对待城中村及文物保护，两者不可混淆。”饶小军教授一再强调城中村的性质问题。

随着城市的发展，城中村也在同步成长。改革开放初期，政府安排农民集中居住，并以土地置换发展的方式还以原住民土地，这就是农村宅基地。而今，农村宅基地已演变成城中村，且大部分已作为原住民物业供外来低收入务工人员租住。也就是说，近年来的城中村在功能及性质上都发生了重要变化。由于村民希望在其中得到更多的利益，不少城中村出现了房屋超标准及“握手楼”等违法现象，所以就法律层面而言，政府针对城中村的旧村改造是绝对合理合法的。

当问及城中村旧改是不是城市化进程的必经过程时，饶小军教授表示答案是肯定的。每一个城市在进行城市化的进程中，土地都是非常重要的部分。而在市场经济发展下，政府及开发商为追求高效率，唯有通过土地置换的方式将城中村旧村改造，建造容积率更高的城市建筑。这也是湖贝村、大涌、白石洲等深南路两侧的市中心城中村必然面临旧改的原因。

“城中村没有城市中心现代建筑群一般能达到的高容积率，且在法律上不能得到认可。但是，城中村有其存在的意义。”饶小军教授说，“而且，我是坚决提倡保护城中村文化的”。

提及城中村的存在价值，最重要的自然是城中村为一大批深圳城市外来低收入者解决了居住问题，让他们能更便捷地渗透到城市中生活，成为深圳第三产业的重要劳动力。而城中村自身文化也应当得到重视。城中村记载了深圳改革开放以来一代打工者所塑造的城市记忆。它所承载的历史事件、人文情感、社会关系资本都浸淫在城中村当中，不可磨灭。

当问及不少旧改中会出现的文物、历史建筑“异地重建”现象，如湖贝村的怀月张公祠时，饶小军教授称：“异地重建是最要命的事。它只能保留物质性的东西，但会丢失其本质。”每一个旧村祠堂在建设前都经过选点，一般是与风水相关，而后村庄会以祠堂为中心而建。而异地重建后祠堂本身只不过是个空壳，历史、家族、文化等内涵的东西都不能随着建筑的重建而重构。

关于城中村旧改的最佳方法，饶小军教授建议将其与保障房相结合，一箭双雕。“深圳政府没有意识到城中村就等同于保障房。”饶小军教授说。

既然城市化过程中城中村的旧改是必要的，那唯有在满足村民经济发展需求的前提下，对城中村的历史建筑形态适当保留进行微改造：政府承认城中村的合法性，将现有原住民物业纳入保障房计划，而村民在得到合法利益后，将土地自主开发、自主建设、自己获利。政府只在其中利用政策导向以保证居住质量。这样的“微改造”，既能保存城中村文化，不至于全部拆掉完全变成现代的居住楼盘，又能在满足利益更大化，增加城市容积率的同时，让村民获利。

1998 年，深圳政府提倡农民上楼，即政府通过土地置换的方式改造农民旧村落，还以农民新的居住房屋。而深圳市内有着 300 多年历史的古老客家村落——龙岗荷坳村就在这一政策之下进行改造。“在政府同意取消政策后，我苦口婆心地劝说村民保护自身村落文化，村长却把我赶出了村子”，饶小军教授说道，“在城市规划局做策划的短短一个月里，村民自毁古屋，整个荷坳村黄土飞扬。村民为了能尽快旧改，能一夜暴富，宁可砸掉老祖宗留下的一切。”

这是 15 年前的故事。而 15 年后的今天，即使是在我国的一些历史古城，为了利益而破坏历史遗迹、不择手段的行径数不胜数，让人心寒。“不少村民就像蛀虫一样，只想着个人的即刻利益。他们没有想到对后代将造成的后果，更不会考虑一个城市的历史、文化。”饶教授说。

（注：截至 2017 年 7 月，湖贝旧村的改造工程仍未动工。）

学生感言

不忘新闻人的初心

刘羽洁

第一个4年，我们是深圳大学传播学院新闻系的“一期生”。又一个4年，现在的我们已走向各自的人生。从学校毕业后，我如愿成为一名摄影记者，我坚持用自己手中的相机拍摄着深圳，表达着内心。回想起2013年的那个春夏，记忆既清晰又模糊。我记得我和杨阳、林妍颖、卢静文一起写了一篇让我们4人都满足的稿件，我也记得我们4人是如何一次次走入湖贝旧村、如何想方设法与采访对象建立沟通，最后又是如何站上答辩台推广自己的作品。

采访、摄影、写稿，这是记者的工作。经历过深圳大学传播学院新闻系的毕业设计旅程，我和我的同学们除了记者的工作外，还要学会如何把自己的稿件推向受众，更要学会如何在台上与经验丰富的专业人士、老师教授答辩沟通。科技楼报告厅渐渐成为一个平台：平台的前方是社会，背后则是大学。我和我的同学们站上平台，满怀信心向前迈，回眸时发现，背后的能量越来越强大，同窗也一代接一代，故事越说越精彩。

我们4人是幸运的。回忆毕业设计过程，我们进行得十分顺利，整篇稿件一气呵成，并未经过大规模修改。当时，采访的确不易，当正规记者在外采访都不被理解时，学生记者的工作就更难展开。这的确是一个大大的考验，没有经验和技巧，只能靠一片真心去“软化”采访对象。让我至今留下深刻印象的是，当林妍颖和杨阳在采访湖贝旧村内一位杂货店店主时，两位女生靠着智慧和魅力，才让采访对象完全放下了警惕，最后甚至变得十分热情，主动邀约我们一起“宵夜”。但我负责的地产开发商和政府管理部门就没那么好打交道了，被挂断电话、被推诿拒绝的记忆已经模糊。如今，我依旧要和不同的人发生工作上的联系，才慢慢了解当时“突破”困难的背后往往纠缠着利益。因此，我越发坚信：新闻人的“初心”不能忘。

4年又一个4年，现在的传播生态已大不同。我们曾将理论实践于毕业设计过程中，从中又在不断学习、认知。当自媒体兴起时，“网红”经济火热，有时真不知明日又会有什么其他“红”来取代“网红”。对此，深大新闻系毕业生应是有自信、有竞争力的。因为深圳大学新闻系的毕业设计已是一个体系：它既让学生领会到如何“不忘初心”（即把采访落实、把稿子写好），又让学生学会“融会贯通”（即学会把握传播发展方向、学习并利用好新技术），最后成为一名出色的、专业的“传播人”。

指导老师的话

随城市脉搏跳动

辜晓进

这个小组的学生是深大传播学院成立新闻系后的第一批毕业生。深大虽然此前一直有新闻专业，但全面的新闻实务训练是从这批学生开始的。他们参与了深大校园学生报纸《新新报》的创办全过程，其中多数人还参与了第26届世界大学生运动会（2011年在深圳举行）官方网站的内容生产及各场馆的信息发布活动。其毕业设计，也是第一次按我们关于深度新闻的大制作要求完成的。这个题目是他们自己选择的，一定程度上体现了我们在教学中一直鼓励和推崇的人文关怀的精神。

湖贝村位于原深圳特区内的罗湖区，是拥有完整祠堂和较多原住民、传统文化较为深厚的城中村。在深圳快速发展的过程中，这里住进了大量以潮汕人为主的外来移民，其中很多人在这里已生活了二三十年，湖贝村也成为拥有各种功能的五脏俱全的小社会。随着持续多年的城市化改造，原特区内的此类村落逐渐为现代化的高楼大厦所取代，基本保持原有模样或村落文化的“小社会”只剩下湖贝村。这个村也因此与深圳最先发展起来的罗湖区繁华的都市景象形成了巨大落差。最新的旧城改造计划出台后，这最后的“古村落”便面临消失的命运，也给长期在此生存的民众及其依存的文化和生活环境带来巨大的冲击。学生们正是在这个敏感时候，深入该村落进行调研的。

小组成员中有潮汕籍学生，这为他们与当地人的沟通带来便利。但村民的不理解、被采访者的过度警惕、权力方的不配合以及旧城改造中种种利益纠缠，都给采访造成了重重困难。他们也多次回来向我讲述碰到的问题。好在经过讨论，大家总是想到了解决的办法，特别是鼓舞起信心，在一而再、再而三的交涉应对中，突破了诸多调查瓶颈。有的学生还从最初的不被理解，发展到与对方交成较为亲密的朋友，令采访线索如滚雪球般增加起来。在这方面，小组长刘羽洁发挥了重要作用。大概是父亲也是新闻工作者的缘故，羽洁在大学四年中始终保持着较为旺盛的新闻热情，且擅长摄影，其不仅组织策划各种行动，还承担了大量文字撰写和几乎所有摄影工作。最后完成的作品封面，就是其摄影杰作。

这组毕设作品，展示了深圳旧城改造中很多鲜为人知的文化冲突、社区矛盾和生活细节，也带给人们关于城市发展的种种思考。表现出色的组长刘羽洁也在毕业后不久，被深圳第一大报《深圳特区报》聘为摄影记者，目前仍活跃在深圳的新闻界。

作为一种渗透在文化传统里的生活方式，民间宗教正在深圳重构出一个个社区，创造出新的本土性。

归来之神

——深圳民间宗教调查报道

指导老师：尹连根
小组成员：叶佳宾、冯凯、朱琪、张彰、陈冬、周漫兮
毕设时间：2015 年

前言

天后、关帝、北帝、侯王、土地公……你是否留意过深圳这座现代化大都市里那些“隐秘”的神灵？2014 年 12 月，我们铺开一张深圳地图，沿着深南大道和滨海大道自西往东走去，拨开鳞次栉比的摩登大楼，一路寻找被挤压在城市角落的城中村。在这些地方，我们发现了许多古朴的庙宇，它们香火萦绕，供奉着各路神明。

从深圳西边的南头古城开始，那里有关帝庙和土地庙；同在西侧的赤湾村里，有赤湾天后宫；往东一段，在湾厦村与后海村，则各有一座妈祖庙；向南村有一座侯王庙；大冲村有大王古庙。这只是南山区庙宇的一部分。继续往东走去，在福田区下沙村可以见到又一座侯王庙，然后是沙嘴村的洪圣古庙。站在石厦村的杨侯宫门前，可以望见福田区政府的大楼。再往前，深圳最热闹的街市东门老街附近的笋岗村里，有一座土地庙和一座天后宫；布心山脚下的布心村，也有一座兰花庙和一座伯公庙。

当我们走出市区，去到深圳边缘的沙井，在那里见到了刚刚修缮好的北帝庙，宝安西乡同样也有着两座北帝庙。在坪山新区，我们发现了圆山寺和太子庙两座小庙。临近盐田区的海岸线，在中英街之内的沙栏吓村，还藏着一座沙栏吓天后宫。

图片 1：
深圳民间庙宇不完全分布图
（本文图片均为小组成员制作或拍摄）

我们所见，只是深圳民间庙宇之九牛一毛。在这片 1 953 平方公里的土地上，光是通过互联网能搜索到的妈祖庙，就已经有 16 座之多。还有许多民间庙宇，是地图所不曾记载的。

民间庙宇，不是弘法寺这样远近闻名的佛教寺院，而是过去村落之中，为同村族人祭拜的村庙。它们既不属于佛教，也不属于道教，如人类学者杨庆堃所言，是扎根于民间，与地方文化传统相交融的民间宗教。在深圳，这些传统的村庙仍然存在。但在我们的走访之中，却发现，所有的这些庙宇，几乎毫无例外，都是 80 年代后才重新修建起来的。在 20 世纪 60 年代开始的“文革”之中，这些庙宇或被拆除或被荒废。改革开放之后，在现代化的城市被建立起来的同时，这些传统的民间庙宇也悄悄复兴。

神堂记忆：深圳民间宗教的兴衰起落

文 / 冯凯　朱琪

“菩萨取消了，就没得拜神了。谁拜神被抓到，就捉谁去斗争。胸前戴个牌牌，写你迷信、反革命，头顶个‘牛鬼蛇神’的高帽，‘咚咚咚’就被拉去游街示众。一边敲锣一边喊，‘打倒一切牛鬼蛇神，无产阶级文化大革命万岁’。”

寻找尘封的仪式

2014 年 4 月 3 日，农历三月初三，宝安区西乡街道真理街上迎来一场盛大的庙会——北帝古庙“三月三”庙会。庙会一连持续九天，除了传统的祭拜烧香，还有木偶剧、粤剧表演，甚至有由西乡街坊自发登台表演的文艺晚会。

“北帝出巡”是庙会最隆重的环节。人们用花轿把北帝抬出古庙，龙凤队、醒狮队、麒麟队、飘色队相伴其侧，市民紧随其后，沿街叫好。北帝古庙理事会的会长黄镇光记得，1993 年庙会刚刚恢复时，可不是这番光景。

“只有几个狮子，再没其他的了，特别简单，看完就散场了。”黄镇光说。他同时也是“三月三”庙会的传承人，刚刚恢复庙会时，他还有些忌惮，“拜北帝可能被说成封建迷信活动，搞庙会很有可能被批斗”。这是庙会单调的原因，另一个更重要的原因是，1993 年的时候，黄镇光根本不记得以前的庙会是怎样的。

尽管是文化局登记在案的庙会传承人，但黄镇光今年（2015 年）53 岁，在他出生后没多久，庙会就中断了。如今庙会的整套仪式，是黄镇光和古庙理事会的成员一点点挖掘和创造出来的。

想要重现庙会的盛况并不简单，光是打造迎请北帝出巡的轿子，黄镇光

图片 2:
北帝古庙三月三庙会

就费了好大劲。他先是从知道这段历史的老人家入手，听他们描述轿子的样子、尺寸、材料等，再画图纸不断修改。

和西乡北帝古庙相似的，是盐田区沙栏吓村的天后宫。沙栏吓天后宫最出名的鱼灯舞，是作为三月廿三“天后诞”时的祈福仪式而存在的，意在保佑渔民渔获丰收。中英街历史博物馆前任馆长孙宵告诉我们，鱼灯舞有两个重要部分：一个是鱼灯的制作，做鱼灯是门传统手艺，鱼头鱼尾要灵活摆动，鱼神糊纸要轻盈透光；一个是舞蹈的动作和造型，传统的鱼灯舞共有二十五条鱼。这两部分，据沙栏吓村村长吴天其所说，如今都只恢复了六成。而在他 2002 年找到村中老人吴观球之前，这里甚至已经没有鱼灯舞队了。

“解放前我们的鱼灯舞很出名，宝安县文化局都很重视，1957 年到广州、佛山表演过。1965 年开始就不能演，1969 年就彻底断掉了。”吴天其说。1999 年他当上沙栏吓村的村长，2001 年就集资重建了村里的天后宫，然后开始恢复“天后宝诞”的仪式，其中最为重要的就是鱼灯舞。

沙栏吓鱼灯舞很快得到了国家的认可，2008 年 6 月入选了国家级非物质文化遗产名录。吴天其说：“我们搞起来也不是想获奖，老人家一个一个去世了，只想村里的文化传统不失传。”

时代推倒的神堂

西乡北帝古庙的庙会和沙栏吓鱼灯舞的中断，都始于那场波及全国的政治风暴。

1966 年 6 月 1 日，《人民日报》登出社论《横扫一切牛鬼蛇神》，提出“破除几千年来一切剥削阶级所造成的毒害人民的旧思想、旧文化、旧风俗、旧习惯”的口号。两个月后，全国的“红卫兵”都走上街头，运动开始了。

“红卫兵”是什么时候来到北帝庙的，林光华已经记不得了，可“清扫”的场景却还历历在目。“都是本地‘红卫兵’，什么‘红旗派’‘东风派’。那时讲‘破四旧’，庙是重点目标。里面的神像都被扔到垃圾堆里，北帝神像被扔到河里。”林光华比黄镇光大10岁，北帝古庙是他从小玩到大的地方。他记得，当时北帝庙屋檐上的雕花公仔全都被铲掉了，庙里的台台凳凳也都被扔了，庙祝被赶回家去。

在西乡北帝庙做义工的王奶奶回忆说：“菩萨取消了，就没得拜神了。谁拜神被抓到，就捉谁去斗争。胸前戴个牌牌，写你迷信、反革命，头顶个‘牛鬼蛇神’的高帽，‘咚咚咚’就被拉去游街示众。一边敲锣一边喊，‘打倒一切牛鬼蛇神，无产阶级文化大革命万岁’。”

彼时，在宝安县的另一头——大鹏湾沙栏吓村，村民也在为这场运动犯难：他们预料到村里的天后庙必会成为攻击目标。为了保全沙栏吓天后庙，在“扫荡”前夕，村民吴马生、吴奕金连夜将庙内的天后行像和两座香炉搬至香港新界，算是逃过一劫。而没能搬走的神像，被“红卫兵”扔进了大海。

“红卫兵”总结了古庙的罪状：传播封建迷信应被视为‘四旧’予以破除；拜神耽误农事，影响生产；庙宇占地，拆除后可以提供建筑空间和原料。

被破坏的古庙确实派上了“用场”。沙栏吓天后宫的东、西两殿改为民宅，庙殿被当作仓库。北帝古庙则几经转手，先后成了公社办公室、友谊商店和纸巾厂。

“‘文化大革命’，什么都铲除了，什么都拆了。这样的情况，谁敢阻止，谁敢出头？”回忆往事，年过70的林光华此般感慨。

尽管政治运动如火如荼，但民间尚有敬神之人。在西乡，黄镇光的奶奶无意间充当了“出头人”。北帝古庙被拆毁后，她连夜把被扔到河里的土地公神像拾回了家。

“只能半夜去，怕被人看见，第二天还要去公社干活。”黄镇光对奶奶的事迹不陌生，奶奶捡回的神像，曾让他提心吊胆。“有时放在床底，有时埋在地板下。一听到有人来抄家，就要藏起来。”这尊神像，黄家偷偷供奉了26年，直到北帝古庙重建。“文革”时期，烧香拜佛虽被“明令禁止”，像黄家这样的私下祭拜却从未断绝。

重建庙宇的浪潮

1991年2月5日，国家出台《中共中央、国务院关于进一步做好宗教工作若干问题的通知》，首次明确提出：“尊重和保护宗教信仰自由，是党和国家对待宗教问题的一项长期的基本政策。”

对于这项《通知》，西乡的街坊们并不知晓。但是中央政策的变换所激起的浪潮，也很快涌进西乡。1992年，占据着北帝庙的西乡纸巾厂结业，居住在西乡的黄细梅敏感地察觉到，“机会来了”。

黄细梅是黄镇光的父亲，他找到黄庚喜，跟他商量重建北帝古庙的事情。黄庚喜当时已迁居香港，还是频频回西乡见一帮老友。黄镇光跟记者说：“我老爸这个人胆小怕事，他做这件事，是因为我奶奶生前一直嘱咐他，有机会一定要重建北帝庙。”

重建北帝庙，要做两件事，一件是要回真理街 24 号的房子，一件是让政府同意修庙。这两件事都要黄庚喜出面。1992 年，邓小平刚刚来深圳做了南方谈话安抚人心，但民间谁也不知道修一座庙会引起什么后果，让“香港同胞”黄庚喜来做这件事，既“安全”，实现的可能性也大。

西乡街道办很快同意了把古庙归还给街坊，并同意他们集资重建庙宇。移交过程出奇地顺利，已是“断壁残垣”的古庙被空出来，黄细梅把家里的神像立在了新修的北帝古庙里，物归原主，完成了他母亲的心愿。

同一时间，距离西乡 10 公里外的赤湾村，一场更大的庙宇重建活动正在酝酿。

1992 年秋分前后，家住东莞的周秀英做了一个奇怪的梦。梦里天后娘娘叫她带三炷香去湄洲妈祖庙请香火回深圳赤湾天后宫。周秀英是天后宫虔诚的信众。“文革”虽然禁止拜神，但周秀英说：“我每年都偷偷来赤湾天后宫拜妈祖，从东莞到赤湾，要走两天两夜。”

在同村人的陪同下，周秀英第一次去到了福建湄洲妈祖庙，按照天后娘娘的吩咐，把香火请了回来。当时赤湾天后宫尚未重建，只有一间小屋供信众祭拜，周秀英就在这间小屋里面完成了香火的传续。

民间自发的香火传续，跟官方筹备的重建，几乎在同一时候发生。也是 1992 年，阮成洲从河南来到深圳赤湾村，他被南山区政府请来为赤湾天后

图片 3：
三月三庙会的重要环节，北帝游街

图片 4：

图为旅美华人殷亮先生 1992 年在美国收藏的同治四年（1865 年）由蔡富成立石的赤湾天后宫九十九道门全景图拓片

宫做石壁雕刻。阮成洲回忆说：“赤湾天后宫的重建，是南山区政府牵头的，响应 1992 年全国文物工作会议上提出的抢救和保护文物的决议。”重建在当时十分轰动，奠基仪式上还邀请了时任全国人大常委会副委员长王光英和其他中央领导。

让阮成洲记忆犹新的，不是政府官员的支持，也不是当时媒体的大力报道，而是信众们的热心捐款。

他说：“当时各大媒体一报道，很多人过来捐钱，本地外地的都有。渔一村、渔二村、南山村、南园村的村民，还有福建莆田，东莞的大朗、东坑、长平这些地方的村民，很多都是了解到哪个地方收钱，就拎着钱一起送过来。后来统计了一下，光老百姓捐款都大概有一千多万。”

两年后，1995 年农历的九月初九，一尊高大的妈祖像立在了赤湾天后宫的山门外。赤湾村的居民陈笑莲回忆说：“当时我们都去抢盖在天后娘娘头上的红绸缎，老人们说可以保平安，最后撕成了很多小块让我们带回去了，我还留着一块呢。”阮成洲至今仍记得这一天，那是赤湾天后宫重光的日子。他回忆那天，脑海里是漫天的熏烟和装也装不完的捐款。

“那人简直是不动的，太多了，吃饭的空都没有。功德箱一会儿就满了，后来没办法，就用麻袋装起来，一会儿麻袋又满了。”重光当天，功德箱里的捐款就超过 24 万。

在西乡北帝古庙和赤湾天后宫开始重建的第二年，1993 年，福田区下沙村也开始重建村中的侯王庙。1995 年，下沙侯王庙竣工的时候，南山区向南村郑氏族人集资重建了他们的侯王庙。1997 年，南山区大冲村的大王古庙重建。1999 年，罗湖区笋岗村的天后宫重建。同年，布心村的兰花庙和伯公庙重建。

重建的速度在21世纪也没有减缓的迹象。2001年，沙栏吓村重建了天后宫。2005年，龙岗区龙东社区天后古庙开始重建。2014年，沙井博岗北帝庙也进行了重新修缮。越来越多的民间庙宇被重建起来，这股浪潮打在深圳这座现代都市上，激起的浪花，点缀成了一份民间信仰的地图。

流动的信仰：城市化与村庙变迁

文/叶佳宾　张彰

1979年，深圳立市之前，本土只有大约30万人居住。这30万人是深圳真正意义上的本土居民，主要分为“广府民系”与“客家民系”。广府民系多数自北宋年间迁入，大体居住在如今南山、福田、罗湖与宝安区，客家民系多数在明末清初年间迁入，主要居住在如今龙岗区。

无论是广府民系还是客家民系，本土居民均以宗族为组织聚居在各个村落。深圳开始其城市化和现代化进程后，本土宗族遭遇了巨大的变化。1992年，农村城市化改革，深圳上步实业股份公司成立。随后，深圳六十余个城中村均进行改革，成立股份公司。股份公司的成立，让本土居民持有了股份，借由集体经济迅速富裕起来，许多村民也顺势出国。同时，传统的宗族跟现代化的公司合二为一，宗族面临消解之困。

同一时间，外来的人口涌入深圳，深圳市统计局的数据显示，常住人口从1979年的30万人变为2013年的1 060多万人，增加了30多倍。而非户籍人口，从原先占总人口的0.48%，变为如今的71%，正是这150多倍的变化，让深圳成为中国最著名的移民城市。

宗族的股份公司化，对本土的村庙造成很大影响。而大量的新移民，在带来劳动力的同时，也携带着自身的文化基因，包括其他地区对不同神明的信仰。当这两者碰撞在一起，不仅“深圳人”这个概念在不断被改写，深圳“神明”的谱系，亦处在流动的状态里。

日渐冷清的村庙

2015年3月3日，农历正月十三，这一天是沙嘴村洪圣古庙一年里最热闹的日子。负责福田区沙嘴村清洁的环卫工人张叔抱怨道：“我清晨刚刚扫过了，现在这里又满地炮仗。”从北方过来的张叔，只知道沙嘴村有一座庙，并不知道里面祭拜的是何方神圣，也不知道正月十三沙嘴村都会举办洪圣祭典，而这个祭典由欧氏族人操办。

正月十三的热闹已经大不如前，冷清才是洪圣古庙如今的常态。洪圣祭典结束后，当天下午，古庙的院子就聚集了十来个沙嘴村民，坐成两桌打麻

图片 5：

大冲村的大王古庙，藏在工地深处

将。庙宇内的供品被用胶袋封起，香炉空空荡荡，没有香火萦绕。张叔说，每天中午过后，洪圣古庙的管理者都与几个村民在此打麻将。记者在庙中徘徊，试着与张叔口中的管理者——一位着西服的中年女性搭话，但她并不理会。

欧伯今年六十八岁，自小在沙嘴长大，见证了洪圣古庙的兴衰成败。在沙嘴村的文化广场旁，他告诉我们："本村人大多已经不住在村里，有些搬到香港，也有移民国外的。"因此，洪圣古庙的香火越来越弱。深圳市社科院研究员施洁去洪圣古庙调研过后，在她的田野笔记里留下了这样的记录：洪圣古庙正在慢慢消亡。

信众迁徙离开使得香火衰弱，这样的境况不只有洪圣古庙正面临，深圳的城中村庙宇普遍处在同样的境况里。南山区的向南村，是郑氏宗族建立起来的村庄。向南村居委会工作人员郑进来告诉我们，姓郑的本村人住在村里的已不足十分之一，村中的侯王庙平日也没有太多香火。福田区的下沙村有另一座侯王庙，由黄氏宗族建立，庙宇金碧辉煌，占地 600 多平方米，为向南村侯王庙的三倍大，但平日去上香者也寥寥无几。据下沙黄氏宗亲会统计，留在下沙村居住的黄氏族人只有 1 500 多人，比之移居海外的 3 000 多人，少了一半。

在传统农村之中，几乎"村村皆有庙，无庙不成村"。台湾人类学者林美容认为，传统村落里的村民组成了祭祀共同体，有义务祭拜并且只祭拜本村的神明。1980 年，深圳成为经济特区，城市化像点燃的火线一样迅速在海边的渔村蔓延，耕地被征收夷平，摩登大楼接连拔地而起，交通网路贯通了整座城市。地域的限制因此被打破，"同族聚居"的现象渐渐消失，村庄的宗族群体开始散开，围绕着村庙组成的祭祀共同体也随之消散。

不仅原生的信众迁徙让城中村的庙宇减少了香火，城市化也给神明造成了足够的动荡。

图片 6：

尽管被木板隔绝起来，大王古庙依然香火不断

福田区沙嘴村的洪圣古庙，经历过三次拆除重建。除却“文革”期间经历的灾难，1992 年，因政府征用土地，洪圣古庙被迁移到了村子的角落，门开在南面，对着沙嘴渔村卡拉 OK 俱乐部。从沙嘴村的牌坊走进来，迎面只能看见洪圣古庙的墙背，绕到一处角落，才找到一个小门进去。每天清晨，当卡拉 OK 俱乐部里世俗的欢腾结束时，神明也“降临”洪圣古庙，接受村中为数不多来上香的老人的朝拜。

2015 年 1 月 30 日，我们来到南山区大冲村，在一片硕大的工地内，看见了大王古庙，它被木板隔绝起来，藏在工地深处。整座庙崭新亮丽，但东墙已经裂开，神像和香炉都迁到了村中一处临时房屋内。大冲村村民郑先生怨怒地告诉我们：“他们要拆掉大王古庙，另建一个新的。”大冲村的大王古庙，始建于明代，是现存最大的大王古庙。2011 年，大冲村启动了旧城改造，这个全广东省最大的旧改项目，把大王古庙也规划在内。

深圳市的城中村在陆续进行旧改，为了配合旧改项目，村庙被拆除再重建这样的事并不少见。深圳市勘察研究院古建筑保护专家曹伟说：“做建筑是要考虑风水的，但因为旧城改造，深圳所有风水基本都变了。”曹伟告诉我们，如今规划城市旧改，已经没有考虑村庙风水的余地了。然而对于村民而言，风水至关重要，这关系到神明是否愿意“进驻”庙中，频繁更换庙址隐含着神明“离开”的风险。

被举报的董事长

城市化给城中村带来的，不仅是人员的流动，更为显著的，是宗族组织方式的变化。而维系着传统宗族一体化的宗族权威与道德伦理的消解，则使城中村遭遇了更大的冲突。

2014 年 1 月 24 日，福田区下沙村数百人手持横幅在村内游行请愿，白底横幅用黑字写着“下沙村民股民宗亲维权请愿大会”。同年 2 月 17 日，数百名村民聚集在下沙村黄氏宗祠门前静坐。这两起事件，针对的是当时的下沙村村长黄某，他同时还是沙头下沙实业股份有限公司的董事长，以及下沙黄氏宗亲会会长。

据报道，让村民起来反抗的导火索，是黄某将村集体土地低价变卖给房地产商，有村民在微博和论坛上曝光了黄某的英国护照，称他随时准备潜逃国外，帖子同时举报黄某通过暗箱操作敛财 20 亿元。当我们来到下沙实业股份公司求证时，股份公司的员工表示拒绝任何形式的采访。但在股份公司的布告栏内，我们注意到了一张会计师事务所的公示函，他们受福田区委维稳办委托，审计股份公司的资产。

黄某在下沙村的地位，相当于过去的族长。1992 年，农村城市化改革，深圳六十余个城中村统一由集体股份公司进行管理。黄某在这一年成为下沙实业股份公司的副董事长，其他黄氏族人以手中的土地入股，村民变为股民。如今，黄某既是宗族管理者，又是正式的行政权力人员，两种身份重叠在一起。

深圳市政府非物质文化遗产保护专家许石林分析过去的宗族时说：“过去村庙是宗族的共同圣殿，是一种教化的手段，宗族的力量是很强大的。德行有亏的人不能进祠堂，做了坏事的人会受到宗族的惩戒，因此人的羞耻心是很强的。但现代化带来的法治社会，它有一个效应，宗族这种带有道德力量的惩戒功能消解，人的羞耻感没有从前强烈了。宗族之内的人际关系，‘利’的成分在增大。一旦涉及个人利益的计算，道义也不讲了。”

黄某是下沙黄氏宗族地位最高的人，但并不是过去那种有德行、威望的族长。不愿透露名字的下沙村民黄先生告诉我们，黄某能成为股份公司董事长，靠的不是大家的推举，而是一些手段，但只要他给村民带来收益，大家也不会反对他。中山大学人类学系博士田阡专注于研究都市中的宗族，他分析道：“如今城市里的宗族，最能够为族人带来利益的人，最可能成为宗族权威。”

即便下沙的村民与黄某有着难以调和的冲突，村庙与宗祠还是成为凝聚下沙黄氏宗族的力量。每年下沙村黄氏都会举办祭祖活动，一次在春季，一次在秋季。根据下沙博物馆的统计，最鼎盛的一次，2000 年有 1 500 多名黄氏宗亲从海外 13 个国家回到下沙村参加祭祖活动和大盆菜宴。

村庙凝聚宗族散居各地的成员，这一点在南山区的向南村体现得更为明显。向南村居委会工作人员郑进来说，每年农历四月廿三，向南村举办“侯王诞祭典”会有 2 000 多郑氏族人从香港和海外回来参加，最多的时候有 3 000 多人。郑进来也是郑氏宗族的一员，每年他都会参加祭典，他说：“如果没有侯王诞，很多人是不会回向南村来的。”

孔子、玄天上帝，同居一室

深圳以移民城市而闻名，本土宗族成员迁徙出走的同时，数以百万计的外地移民来到深圳。据深圳统计局发布的统计数据，2013 年深圳常住人口已达 1 000 万，而其中有 750 万是非户籍人口。来自中国各地的移民把自己信奉的神明带着，让神明随着自己漂泊到新的城市，其中来自有浓郁民间信仰传统的潮汕人尤甚。

2007 年，汕头迁居深圳的廖先生集资在西丽建了一座供奉玄天上帝的庙宇，这座庙宇几经政府拆除，最终廖先生辗转以“中华妈祖文化交流协会”的名义取得身份认同，但实质上还是玄天上帝庙。

罗湖区布心社区的兰花庙，原是一处民间佛堂，供奉如来佛祖。如今我们去到兰花庙时，先见到的却是妈祖和宋大峰的神像，爬上二楼，才能在大雄宝殿里找到佛祖的神像。在兰花庙修行的郝先生告诉我们，妈祖和宋大峰的神像是应周边居民的要求而设置的。随着迁居布心社区的潮汕人越来越多，当地神明的谱系也在慢慢发生变化。

兰花庙处在布心山的山腰，从妈祖神像旁的侧门走出，再走一小段山路，就到了伯公庙。伯公庙同样属于布心村，由布心股份实业有限公司兰花庙统一管理。原先这里只供奉福德老爷。管理伯公庙的蔡伯告诉我们，虽然伯公庙是属于股份公司的，但它的扩建却是这里的外地人推动的。2014 年信众自发筹钱扩建了庙宇，从陆丰请来了玄天上帝的神像，同时还请人造了一座孔夫子的神像。小小的一座社区神堂，汇聚了各路神仙，儒道释皆有，就像布心社区也汇聚了来自各地的移民。

2015 年 4 月 3 日，记者随台湾“清华大学”人类学所研究员林炳洲到

图片 7:
众神共处一室

龙岗区做田野调查，林炳洲把龙岗区龙东社区的天后古庙视为移民重新构建社区的典范。天后古庙分为三层，天后神像供奉在最顶层，第二层是古庙理事会办公区域，而首层则提供给龙东社区的居民活动，当我们进入天后古庙时，见到十来个老年人在此喝茶与拉二胡。

古庙理事会理事陈占生说，2006 年天后古庙由居住在龙东社区的潮汕人出资重建。每逢初一、十五，附近的居民都会来此上香。祭拜之余，很多人会帮忙打扫古庙的卫生，而古庙的饭堂每天都免费提供饭菜给信众。与记者同桌吃饭的陈女士告诉我们，她们都是住在附近的居民，虽然互相不认识，但经常都会聚集在古庙同桌吃饭。

天后古庙理事会办公室的墙上挂着许多锦旗，有由各地同乡会赠送的，也有由民办企业赠送的，但其中尤其显眼的一面是由龙岗区公安局赠送的。天后古庙每年都有信众捐赠，2014 年结余后还剩下 88 万元。陈占生说："我们会花很多钱做慈善，派送大米和食用油给龙岗区的敬老院和孤儿院，给附近的贫困户提供生活保障。"日复一日的慈善活动也使得他们和当地政府的关系十分和谐，日常祭祀活动都得到公安局的支持和帮助。

林炳洲分析道："天后古庙成了龙东社区的公共空间，让附近的人群汇集到这里。他们通过慈善活动搞好和当地人的关系，也取得了政府的认可。以天后古庙的空间和活动为核心，这里的移民建立起了他们的社区。"

接手？烫手！民间宗教的管理困局

文 / 冯凯　朱琪

进了坪山新区碧岭社区上沙村，向东走 1 公里，穿过一片荔枝林，就看到了圆山寺。不远处的马栏山阻隔了俗世的喧嚣，让圆山寺犹如世外桃源。飞鸟啾啾鸣叫，袅袅白烟从果林上升起，飘向田野。

今年 2 月，施洁曾经来过这里调研。刚掏出相机，她就遭到了村民的喝止。施洁是深圳社会科学院的研究员，她受深圳市民族宗教局的委托研究一项课题：像圆山寺这样散落在深圳民间的"神堂社庙"是否可以纳入民宗局统一管理。为了完成这个课题，她走访了深圳 31 座庙宇，圆山寺是最偏远的一个。

"文革"结束之后，中共中央于 1982 年印发了《关于我国社会主义时期宗教问题的基本观点和基本政策》这一文件，重新确立中国的宗教信仰自由政策。然而一直以来，宗教信仰自由政策的落实仅限于官方认可的五大宗教，即佛教、道教、伊斯兰教、基督教、天主教。

改革开放之后，政治环境日渐宽松，历史上曾经出现过的民间宗教开始在各地复苏，深圳也不例外。90 年代初，大批"文革"中遭到破坏的本土村庙恢复重建。伴随着城市化，传统的村庙与现代的高楼不可避免地相遇、碰撞。“城中庙”扰民、污染、违建、拆迁、财政不透明等种种纷争也如期而至。在执法的无奈之中，民间宗教的身份尴尬开始暴露在人们眼前。

拒绝政府管理的庙宇

“你给多少钱我们都不卖，我们就信这个。”何素松告诉我们，前年有房地产开发商看中了这块地，想连圆山寺一起买下来，派人来议价，开口3亿，愣是被村民请回去了。

白水泥墙、大理石地砖，圆山寺的造型十分简陋，并不似其他庙宇精雕细琢。大殿里供奉着观音，旁边的屋子堆满了妈祖、关公、土地爷、孙悟空、招财猫……各路神仙。这不是一间正统的寺院。

圆山寺是坪山新区上沙村的私产，由于地处偏远，人烟稀少，平日来往的都是本地的村民，偶有我们这样的外来者，也可以自由进出。但是与其他庙宇希望香火鼎盛不同，上沙村民并不希望太多人到来，以免破坏他们的清静。

圆山寺因“文革”被毁，90年代村民自发重建，集资修缮、维护，一直到现在。寺院旁有一栋两层高的小楼，里面厨具灶台一应俱全。2015年3月7日，当我们来到圆山寺时，就有三个村民先后开着电动摩托车来这里煮饭。她们说，自己平日经常来这喝茶、聊家常，节庆时烧饭聚餐。

不仅拒绝房地产商，村民们也拒绝接受政府的监管。1月份，深圳市社会科学院研究员施洁带着民宗局委托的课题来这里调研时，咨询村民是否愿意接受民宗局的管理。

“我们告诉她不想有人来管。”小楼里，村民何素松边沏茶边说，“万一开发成旅游区，政府要收门票，还要防火，我们就不能这么自在了。”

拒绝政府管理，维持自治，这样的态度在施洁走访的31个民间宗教点中占一大半，宝安区的西乡北帝古庙尤甚。

“两次开会，要求他参加，黄镇光都不来，他怕你政府插手。”说到此处，汪锦华难掩愤怒。他是宝安区西乡街道办社会事务科科长，主管宗教工作。

黄镇光是北帝古庙理事会会长，理事会成员私下里称他“黄老板”。五十出头的黄老板，是最年轻的一位，他接替父亲黄细梅的位置管理古庙。1992年这座古庙因黄细梅牵头而成功重建。

每年农历三月三北帝诞，古庙都要举办一场盛大的庙会。巡游、醒狮、舞龙、高跷、木偶戏、大盆菜……庆祝活动一连持续九天。黄镇光已经操办过3届庙会，据他介绍，每年庙会要花去100多万。

“我们是纯民间的活动，主要是同乡捐赠，另外卖香也有一定利润。如果不够我们也有一点之前的盈余。我们基本不担心钱的问题。”

黄镇光不担心“钱的问题”，社会事务科科长汪锦华却十分担心。“如果本来一年收入100万，他只不过拿10来万20万出来做慈善，剩下的中饱私囊怎么办？”汪锦华希望古庙理事会能在西乡推行普选，在民宗局注册备案并公开财务状况。但每次请黄镇光来开会商讨，他都以缺席作为回应。

我们询问黄镇光为什么不去开会，他回答说：“我们是西乡的庙，是纯民间性质的，西乡人做西乡事，不想跟政府有太多接触。”

期望政府接手的村庙

“最好是接管，纳入政府的管理。”布心村股份有限公司总经理赖宝忠说。自罗湖区布心村兰花庙重建后，股份公司一直承担着物业管理的工作。

兰花庙原是布心村里的老庙堂，1985 年因配合特区道路建设被拆毁。1999 年村民自发在布心山市政公园内将其重建。布心山周围满是住宅小区，沿着小径爬上山坡，站在兰花庙门前，布心村尽收眼底。

重建后的兰花庙一直没有合法身份。3 月 6 日，我们去到兰花庙堂，墙面醒目位置张贴着2004年的申请报告，这封落款为布心村民的“请愿书”写道：“兰花庙给片区人心带来祥和，是社区的福祉。长期以来，我们曾多次向市政府宗教局和国土部门反应，希望将其手续合法化，但至今没有得到答复。”

寻求身份的合法化最主要是为了避免麻烦，庙内祭拜活动频繁，噪音和随风四散的香火时常引发周边居民不满。“我们每个月都收到很多投诉。”这是困扰赖宝忠已久的问题。

“有一次山下的业主冲进来要拆庙。都是外省人，他们不敬神的嘛。”蔡伯回忆此事仍心有余悸。他是兰花庙的义工，因为热心被村民请来打理寺庙，常年吃住在此。

“主要是污染太大。阳台一到刮风，就飘满了黑乎乎的灰。”家住景亿山

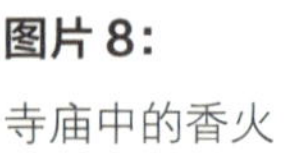

图片 8:
寺庙中的香火

庄 7 栋的赵先生抱怨道，附近居民“意见很大”。

赖宝忠说，他们经常被政府人员找上门。“2013 年 8 月，报纸报道了我们兰花庙，说我们‘非法’、扰民。”在罗湖区民宗局的要求下，他带人拆除了庙内的化宝炉，从此庙里的元宝都只能集中送至坪山焚烧。

“其实我们也想合法，不仅想合法，我们希望政府最好把这个庙接过去管理。每年太多投诉了。”赖宝忠无奈地说。

社科院研究员施洁说：“这些重建的村庙大多难摘‘违法’的帽子。为争取合法身份，管理者们各出奇招。有的以图书馆的名义运作，有的申请成为博物馆。最常见的办法是申请文物保护。”

施洁的说法得到了宝安区文物管理办公室工作人员孙国立的肯定。他把文物保护单位的牌子形容为“免死金牌”，“一旦鉴定为文物，就是不可移动文物点，一般不会拆除，搬迁都要打报告。”

进退两难的执法

“严格来说他们还是不合法的”，西乡街道办社会事务科工作人员池夺说，北帝古庙虽是文物保护单位，但仍旧不是政府审批通过的宗教活动场所。

依据 2005 年颁布的《宗教事务条例》，未经合法登记的宗教场所，不得私设功德箱、接受捐赠和举办宗教性质的活动。如果是登记挂牌的，要有专职的会计人员，每年公布财务报表，并需要第三方公正年检。

汪锦华清楚这些条款，“但是谁牵头管，哪里有能力牵头管？历史问题没人解决得了。除非有市领导或者更大的领导下来批示才可能”。

在罗湖区民宗局副局长李立笔的眼里，兰花庙遭遇的麻烦更加棘手。“《条例》写得很清楚，企业和个人不具备申报宗教场所的资格，只能依托像宗教协会这样的宗教团体。”李立笔介绍，股份公司所有的兰花庙几乎不具备合法化的可能。

“执法会有点难，你不能把它关了，只能规劝。”李立笔介绍，兰花庙在布心一带的信众近万。如果强行拆除，容易激化矛盾，甚至造成群体事件。

李立笔曾建议村民委托宗教协会进行申请。这给村民出了更大的难题，兰花庙供奉的大峰祖师属于民间宗教，根本没有对口的宗教协会。

政府分工直接把民间宗教的尴尬暴露无遗。深圳市民族宗教局下设两处，一处管理佛教、道教、伊斯兰教；二处管理基督教、天主教。民间宗教没有专门的分管部门，只能依托文物保护、“非遗”这样的光环换取有限的合法身法。

“我们的职权范围还是五大宗教，能够靠上五大宗教的，我们就把它转变，该批准的批准，该整改的整改。但是民间宗教目前还不在《宗教事务条例》的生效范围内，也不归民宗局管理。”市民宗局主任科员陈懿德介绍。

“这实际上是一个管理真空。要么大家都管不着，要么就以其他名义合法化。”施洁认为，民间宗教一直处在灰色地带。

李立笔对现行《宗教管理条例》也有看法，“《条例》执行到现在整整 10 年了，很多地方不适用，亟待整改。”民间宗教不可能被简单取缔，但现行条例并未给予民间宗教足够的生存空间。

民宗局的下一步

2004 年，国家宗教事务局增设“业务四司”，其主要的业务职能是承办五大宗教之外的其他宗教业务，门类繁多的民间信仰包括在内。这可以看作对民间宗教管理的顶层设计。

李立笔说：“这两年，国家和省里的宗教局领导来深圳调研，视察民间宗教的情况，我每次都会带着他们去兰花庙看一看。”李立笔估计，国家关于民间宗教的“意见”是迟早要下来的。

国家宗教事务局近期发布的《2014 年工作总结和 2015 年工作要点》证实了李立笔的预测。这份文件中明确指出，“研究民间信仰问题，梳理总结多年来调研成果和试点经验，进一步深入实地调研，广泛听取各方意见，形成调研报告和工作意见”。

中国宗教学会理事刘澎在文章中写到，《要点》的出台表明官方终于公开承认除了传统的“五大宗教”之外，我国不仅有“民间信仰”，而且“民间信仰”发展的程度已经到了需要“深入研究”的程度。

2014 年年底，深圳市民宗局向社科院递交了委托书，希望借着学术研究的目的，对深圳的民间信仰点来一次摸底调查。“相当于上面布置一份作业，各个地方就要去看，我这个地方该怎么管，我这个地方情况是什么样子。”陈懿德说。

2015 年 4 月 1 日，施洁和她的团队完成了调研报告的初稿，在正式提交给深圳市民宗局之前，还要经过几轮修改。陈懿德说，2015 年年底，市民宗局将在这份报告的基础上形成一套针对民间宗教场所的管理办法。至于具体将怎么管理，他说：“现在还说不准，可能是发佛教和道教一样的牌照，也可能设置一块民间宗教专门的牌照。”而在这之前，深圳民间的各路神灵将继续“逍遥法外”。

一样的天后宫，不同的政治梦

文 / 叶佳宾　张彰

无论是 20 世纪 60 年代狂风暴雨式的摧毁，还是 80 年代起浪潮般的庙宇重建，民间宗教的命运，似乎总与政治息息相关。再往前推移，中国古代，政治亦通过鼓励或抑制对神明的信仰，在民间创造具备一致性的文化。以妈祖信仰为例，如历史学者华生所说，妈祖原是地方小神，被国家采纳，又作为官方认可的女神重新强加于地方社区。

在今天都市化的深圳里，单是我们所知，就有16座天后宫。同样是供奉妈祖神像的天后宫，但不同的天后宫有不同的组织方式。赤湾天后宫以博物馆的身份存在，沙栏吓天后宫则像许多城中村里的庙宇一样，归村民所有。

面对政治，两座妈祖庙采取了不同的措施和态度。然而，无论是靠拢还是疏离，它们始终都在政治的框架之中进行叙事，也始终无法脱离体制对它们的束缚。

古庙里的“中国梦”

2015年2月18日，除夕当夜，赤湾天后宫迎来了上千人次的造访。天后宫位于深圳南山区赤湾村，远离市区，搭乘地铁2号线到终点站，仍要步行十数分钟才能到达。平日这座古庙万籁俱寂，偶有游人穿行过来游览上香，也动静极小。

除夕夜不寻常的热闹，源自一场灯会。当晚我们来到天后宫，站在正门往里望去，两侧的竹子上挂满灯笼。黑夜之中，灯笼飘浮在半空之中，漫天灯光，和煦地在古庙之中“燃烧”。

除夕灯会由赤湾天后宫馆长陈文广一手策划。之所以称他为馆长，是因为赤湾天后宫又名“天后博物馆”，既是一座供奉妈祖的庙宇，又是一个国家事业单位，是南山区文体局的下属单位。

陈文广对灯会的传统一面十分重视，筹办灯会时，他亲自与制造灯笼的厂家联系，要求他们必须使用传统工艺、以竹子和绸布制作。而李如则在这些古朴的灯笼上，注意到了被焰火映红了的“富强”“和谐”“爱国”“文明”等词语。错落出现的十二个词，正是社会主义核心价值观的基本内容。

李如是在赤湾天后宫做历史研究的研究员，她说：“如果没有出现社会主义核心价值观，这个灯会活动就不可能被南山区文体局今年通过。”

当记者在南山区区委，向文体局分管赤湾天后宫的副局长周保民求证李如的说法时，周保民给出了肯定的回答，他说：“社会主义核心价值观，其实是建立在民族的历史基础之上，提出的二十四个字，是随着时代进步、民族发展提炼出来的。天后的精神能跟这个契合的，我们就会选择性地使用在灯会上，比如和平、富强、爱国。”

与此相一致，在天后宫的门廊上，挂着一幅牌匾，写着“万灯点亮中国梦”。这是陈文广为这次灯会拟的主题。“中国梦”是比二十四个字的社会主义核心价值观更为中国人所熟知的概念，2013年3月17日，国家主席习近平在十二届全国人大一次会议闭幕会上发表的25分钟讲话里，就9次提及

图片 9：

赤湾天后宫的新年祭典上，一块牌匾写着“万灯点亮中国梦”

了“中国梦”。

2015 年 4 月 3 日，台湾“清华大学”人类学所研究员林炳洲来到赤湾天后宫做调研，他专注于妈祖信仰研究。林炳洲私下向我们夸赞陈文广，称他为“一个有智慧的人”。

在谈论举办除夕灯会的初衷时，馆长陈文广一再提到“海上丝绸之路”。他说，明朝万历年间，三宝太监郑和所经的“海上丝绸之路”，赤湾天后宫是其中重要的一站。“海上丝绸之路”是赤湾天后宫前几年在其宣传资料中就提及的概念。2013 年 10 月，国家主席习近平提出建设 21 世纪“海上丝绸之路”，赤湾天后宫才开始重申这一概念。陈文广说：“这两年国家开始提出‘海上丝绸之路’，这对我们是一个非常好的机遇。”

从“天后”到“海峡和平女神”

与其他民间宗教不同，妈祖信仰自古代起就与政府官方有密切的联系。妈祖原是地方小神，因宋代至清代朝廷的 36 次褒封，而逐步由“灵惠夫人”

变为“天后”——南海最负盛名的海神。天后作为被朝廷允准的神，对它的祭祀必须在礼部的监督之下进行。

林炳洲认为，900 年来妈祖一直与政治相合作。他说，古代皇帝通过褒封妈祖，来让民众信仰他们能控制祭祀礼仪的神明，进而达到教化子民的作用。而他认为，即便是在今天，妈祖也还具有深刻的政治意涵。

“今天妈祖被称为‘海峡和平女神’。妈祖信仰在祖国大陆和台湾地区都有很大影响力，借由两岸人民对妈祖的共同信仰，两岸的和平与交流可以更进一步发展。”林炳洲说。1988 年，福建莆田市政府在妈祖山下的石壁刻上了“海峡和平女神”六个字，自此，这一称呼慢慢流传开来。

在负责管理赤湾天后宫日常事务的阮成洲的回忆中，赤湾天后宫的重建，响应的是全国范围内的政治决议。“1992 年，中央开了一个全国文物工作会议，抢救性发掘、保护历史遗留下来的古迹、文物。当时深圳市政府，尤其是南山区政府知道赤湾天后宫在历史上影响力比较大，就决定重修赤湾天后宫。”

阮成洲着重向我们讲述的另一件轶事，让天后宫重建的政治色彩变得更为浓厚。1992 年主持修复天后宫的张一平，在一场展览中与时任国家主席的江泽民碰面，他被介绍给江泽民，并提及了重建赤湾天后宫一事。江泽民确认天后宫是妈祖庙后，说道：“这件事很重要，一定要把它办好。”阮成洲说，江泽民这句话很快传开来，成为妈祖界的标语。而它也被记录在《赤湾天后宫志》的序言之中。

图片 10:
赤湾天后宫

中英街里的天后宫

赤湾天后宫是原新安县最灵验的妈祖庙，声名远播，在深圳东边，距离赤湾 40 公里远的沙栏吓村，也有一座天后宫，它从赤湾天后宫分灵而来。

跟赤湾天后宫一样，沙栏吓天后宫在“文革”期间经历了一次破坏。令村长吴天其感到庆幸的是，沙栏吓天后宫并没有被拆毁，只是破除神像、禁止祭祀。神像被“红卫兵”扔掉后，庙宇征作他用，2001 年吴天其筹备重修天后宫时，这座庙已辗转几手，被卖给中英街的商家作为仓库。

重修天后宫，是沙栏吓村历史新篇章中的一页。1999 年，是吴天其在向我们介绍沙栏吓传统文化时提到的时间拐点。这一年，吴天其被选为村长。

沙栏吓村有着特殊的地缘，它处在“一街两制”的中英街之内，这条街一半属于深圳、一半属于香港。由于香港直到 1997 年才回归中国，沙栏吓村 20 岁以上的村民，都拥有双重身份，同时持有深圳香港两地身份证。而村中的新生代，则必须在香港和大陆身份之中选一个。“无一例外，他们都选了香港。”吴天其说。

不同于上届村委以六七十岁的老年人为主，新的村委都较为年轻，在四五十岁之间。“我们都是做生意的，很多人都不拿工资，就是一心想为村里做事。”吴天其特别强调，“我们里面没有一个人是党员，我们村里的情况比较特殊，在这里做事，很多事情很难办，我们在身份上要很小心。”

2003 年，沙栏吓村被文化部命名为“中国民间艺术之乡”，而在 1999 年之前，这座“中国民间艺术之乡”几乎断绝了一切民俗传承，村民大多不知道鱼灯舞，也没有人祭拜妈祖。吴天其认为，这要归咎于上一届的村委。吴天其认为他的前任村委们延误了恢复村中传统文化的时机。他不满地做出了评价：“他们年轻的时候不懂也不重视这些传统。”

千禧年伊始，以吴天其为首的村委班子开始挖掘村中的传统文化、恢复沙栏吓村民间艺术。吴天其高兴地告诉我们，这些工作很快收到了成效。他向我们介绍，2006 年“天后宝诞庆典”入选深圳市级“非物质文化遗产”名录，2008 年“鱼灯舞”入选国家“非物质文化遗产”名录。

沙栏吓村村委办公室是一栋独立的楼房，吴天其请人把五楼进行装修，准备改建为一间村史博物馆，展览沙栏吓村的民间艺术。沙栏吓村被国家授予了“中国民间艺术之乡”的荣誉勋章，除了天后宝诞和鱼灯舞，这里还有麒麟舞、客家山歌、鱼名歌等一批民间艺术。吴天其在筹备替这些民俗一一申请“非遗”，将沙栏吓打造成一个“非遗生态村”。

天后宫重新修缮、“天后宝诞”申请“非遗”、作为“天后宝诞”祭祀仪式之一的“鱼灯舞”申请“非遗”，这三者，都是吴天其恢复沙栏吓村传统文化计划的一部分。吴天其特别向我们强调本村文化的“民间”性质。由于沙栏吓村处在中英街里，吴天其认为他们的文化比其他客家文化更加接近古代样式，不受现代化进程的影响。

这样的观点遭到了中山大学人类学系教授麻国庆的反驳："改革开放以来三十余年的传统文化复兴，其所代表的并不仅仅是传统的简单再生，而是在社会主义的政治和话语体系之下的再造与重构，其在当前对非物质文化遗产的一系列认定、保护与传承当中，亦已显露端倪。"

深圳市政府非物质文化遗产保护专家许石林也认同麻国庆的看法，他认为沙栏吓村的村民和村委要发展文化时，所能想到的只有申请"非遗"，而"非遗"恰恰是因为国家的政策鼓励才在中国热起来的。因此，许石林说，沙栏吓村要建立一个"非遗生态村"，这仍然是在国家政治所规范的"文化"框架中所进行的表述和行动。

发展与制约

无论是靠拢政治的赤湾天后宫，还是对政治持谨慎态度的沙栏吓村村委，很多时候，他们的发展受到了城市规划的制约。

作为事业单位的赤湾天后博物馆，其上级管理单位为南山区文体局。它的发展并不能由自己把握。陈文广说："政府行为的东西跟企业不太一样，它不是有钱了就能发展，还要考虑城管、规划、建设，等于是政府的一盘棋中的一步。"

陈文广对赤湾天后宫的体制有些不满，他在试图寻求一些突破。天后宫作为一个事业单位，所有的收入（主要是博物馆门票、信徒捐赠和售卖线香的收入）都要上缴给财政，再每年报批预算，文化局审批后下拨资金。下拨的资金不会超过去年上缴财政的80%，也正因此天后宫不得不考虑赢利的问题。

"我们今年想要提出一些改制的方案。把一些经营的东西给它放出去，然后由政府来监管。过去比如说我捐10万块钱，你要明年才能真正下拨过来。那还不如我们五个人成立一个协会，自己来运作，更加直接、可靠。"陈文广说。他想让民间成立妈祖理事会，让捐赠资金流向理事会而不是政府，从而让天后宫在举办活动时更加自由。

陈文广的设想，是受到湄洲妈祖庙的启发。他举湄洲妈祖庙和泉州天后宫做比较，泉州天后宫与赤湾天后宫同一性质，是政府背景，而湄洲妈祖庙是社团型的。早年泉州天后宫的发展势头远远高于湄洲妈祖庙，但如今，湄洲天后宫甚至已经成为全世界妈祖的祖庙了。陈文广的判断是，这是不同体制带来的不同结果。

当被我们问及这些改制能否成功时，陈文广回以一笑："我就说今年要探讨这个问题，想如果能够探讨成功，那么就要以这种模式去做，但要探讨不成功，那我们也没办法。因为政府的改制，不是说你说想干啥就干啥，是没办法的。"

中英街历史博物馆前任馆长孙宵向我们分析沙栏吓村的经济状况，他认为，沙栏吓村由于被困在“一街两制”的中英街内，属于半封闭状态，无法发展自己的经济。而沙栏吓村面积很小，又没有集体土地，也无法像深圳其他村落一样靠土地致富。“所以村长只能搞文化、搞民俗了，这也是无奈之举。”

然而，即便是发展文化，沙栏吓村也十分被动。沙栏吓村天后宫的兴衰，事实上亦不是沙栏吓村村委所能左右的。吴天其说：“2001 年天后宫刚刚重建的时候，香火十分旺盛，沙头角做生意的老板很多，大家都来拜天后。2006 年就萧条了，因为中英街没有人来。这两年中英街重新开放，天后宫又旺起来了。”

由于重建天后宫的时候，周围已经建起了许多房屋。因此，如今的沙栏吓天后宫，被居民楼围在中间，地理位置并不好。村长吴天其认为这样对风水不好，但他亦无可奈何。他告诉我们，他在等，等政府对沙栏吓村进行旧改，到时才能有空间和金钱让他规划一个“非遗生态村”出来。但政府什么时候会到这里旧改，吴天其也没有主意。

新闻评论：在庙宇中理解深圳

文 / 叶佳宾

民间宗教在中国普遍存在，但对它的认知，却一直处在割裂的状态。一方面，进到乡村，或者是都市里的城中村，你都能迅速地找到一座土地公庙、妈祖庙、关帝庙或者其他传统村庙；另一方面，关于这些供奉神明的庙宇能不能被称为“宗教”场所这个问题，无论是学者、官员，还是信众、庙祝，几乎每一群体给出的回答都是含糊其词的。他们或者认为是文化，或者认为是民俗，或者认为是精神寄托，直截了当谓之“宗教”的，几乎没有。

众所周知，民间庙宇在计划经济时代曾经长时期被视作“封建迷信”，既而发生了种种清除运动。然而追溯历史，我们会发现，民间信仰在古代也一直不为主流所待见。“子不语怪力乱神”，儒家传统对鬼神持不可知论，他们不关注这种不具道德实质的东西。

“宗教”一词来自西方，通常指向那些具有正式的教会组织、专门的神职人员、基于经典的教义的宗教。而中国的民间宗教几乎没有完善的神学体系，诚如武雅士所言，中国宗教的超自然世界不过是对中国社会的隐喻：玉皇大帝隐喻皇帝，城隍庙隐喻县衙门，诸如此类。从这个角度看，民间宗教确实不像是宗教。但不管称之为什么，对超自然力量的敬畏和祭祀始终是中国社会生活的重要部分，它业已嵌入中国人的文化习俗之中。

20 世纪 60 年代，深圳几乎所有的庙宇都被拆除了，祭祀也是被禁止的。在特殊政治氛围之中，神明被打倒了。尽管如此，民间也还有敬神之人。比如深圳赤湾村的天后宫被拆除后，每年仍有少数年长的信众偷偷来旧址上香。再比如西乡的北帝庙，神像被“红卫兵”扔掉，可同时被一位老奶奶偷偷捡回家，在家里藏了二十四年，而且每逢初一、十五都会被老奶奶拿出来祭拜，拜完再藏回去。

这些事例触及了民间宗教的本质——一种根深蒂固的生活方式，经由代代相传，最终成为一个地方的文化传统。这也是我们选择调查民间宗教，而放弃在深圳同样有大批信徒的佛教和基督教的原因。我们真正要关注的，不只是神灵、不只是庙宇，而更重要的是想由此管窥和探索深圳人生活方式上的变化。这种变化，应该能够部分地映射出这座城市以什么样的演变逻辑发展到今天。

第一条逻辑是市场至上。政府推动产生的市场经济让深圳拥有令人惊叹的发展速度，而市场的逻辑也渗透到了人们生活的每一处，深圳城中村的村庙也不例外。过去，村庙是宗族的圣殿，宗族中如果有人做了有违道义之事，是需要在此受到宗族的惩戒的。但深圳城中村在 1992 年改制为股份公司以后，原先村中的宗族关系也发生了改变，宗亲变为股民，族长变为董事长，村庙成了村中的一处资产或者说一处文化标识而已。今天，法律代替宗族成为惩戒人们的手段。古人云“礼失求诸野”，然而今天，面临城市化、市场化的冲击，“礼”所依附的宗族、村庙的功能在迅速退化，其教化功能也日益失去。

第二条逻辑是个体的原子化。现代化给中国带来的最大改变是个体在很大程度上从家族的纽带，以及集体主义之中解脱出来。而深圳，作为中国最大的移民城市，这里的人尤其有着漂泊之感。作为原子化个体的现代人，在很大程度上是孤独的，经受科学主义和工具理性的锻造，我们经历了一次“祛魅”。但与此同时，神不再、信仰不再，那么谁来决定对错、真假、美丑？只能是我们自己。换言之，寻找世界与生活的意义这一任务不得不落在我们自己的身上。这样的担子，对普通人而言是沉重的。更多时候，人们干脆被消费主义和民族主义所俘虏。

这两条逻辑固然给深圳带来了高速发展，可同时也让深圳人陷入“虚无”的困境。不过，困境之中往往孕育着转变。民间宗教在现代的复苏，很大程度上就是一种转变。正如其他宗教一样，民间宗教给“祛魅”之后的个体提供了慰藉。但更为独特且重要的是，作为一种渗透在文化传统里的生活方式，民间宗教正在深圳重构出一个个社区，创造出新的本土性。一方面，许多沿海过来的移民很快融入深圳本地的祭祀氛围，在深圳找到如他们家乡一样的妈祖庙，将自己过去与当下的生活连贯起来，萌发出新的归属感；另一方面，一些移民把家乡的神明请到深圳，在这里修建新的庙宇，为人群的汇集提供一个理由，孤独的个体组成祭祀共同体，新社区由此而生。

学生感言

经得起时间的考验

叶佳宾

做这个毕业设计最难的步骤，是确定选题。在我们还毫无头绪的时候，能确定的只有一件事，即最终呈现出来的必须是有一定体量的、严肃的、经受得住时间考验的新闻报道。它时效性不能太强，以免花四个月时间去采访后，做出来的东西已经“过时”了，必须是那些每天都在我们身边发生，又不太受媒体留意，但深挖起来足够丰富的事件。

“民间宗教”刚好是这样一个选题，确切地说是“深圳的民间宗教”。一座现代化的城市，一项古老的文化遗存，这两样东西天然带有冲突，放在一起就一定有好看的故事。

确定了这个选题后，事情开始有眉目了，我们每天没别的事情做，就是在城市的大街小巷里到处走，有小路就拐小路，有城中村就进城中村，城市版图的每个边缘地带都被我们扫荡而过。收获是很丰富的，而且很意外，没想到在深圳有着这么多香火旺盛的庙宇。

在庙宇里徘徊了一段时间后，怎么进入成了一个问题。这里的“进入”不是指身体的在场，而是指融入围绕着庙宇生活的人群中去。这是个很难的事情，后来阅读人类学家们的民族志，也发现他们很多人在这个环节会卡住。找到一个人带我们进入是很重要的，但这个人不好找。

幸运的是，很快我们遇上了两位研究者。一位是受赤湾天后宫委托做历史研究的李女士，另一位是受深圳民宗局委托做调查的社科院施女士，她们能很快理解我们的项目内容和目标，并把我们介绍给一些寺庙的物业所有者、管理者和信徒。这使得我们能够顺利展开采访。

而在另一些地方，我们不得不硬着头皮往里闯，比如在市、区一级的政府、街道办、居委会，还有城中村的股份有限公司（亦即本土宗族）。硬闯当然碰了很多壁，有些对象我们去了几次，对方都不愿意接受采访，但这同样传达出了一种信息，我们在稿子里有所体现。而有些地方则比我们想象的顺利，比如政府的公务人员，几乎都抽出时间接受了采访，提供了很多有用的信息和图片。

四个月的采访，和各种各样的人接触，我们不仅对深圳民间宗教有了深入的理解，透过宗教这块棱镜，对深圳这所城市也有了新的理解。

指导老师的话

温文尔雅

尹连根

在指导该小组毕设之前，我怎么也没有想到深圳竟然有这么多民间庙宇散落在市井里弄之间。这也让我更真切地感到，指导毕设本质上是一个教学相长的过程。

这篇报道无论从选题还是从风格来说，大体可以当得上四个字，即，温文尔雅。

这篇报道贵在以文化味取胜。深圳的民间庙宇本身就是一个文化味十足的选题。尤其是，我们知道世人对深圳的一大突出刻板印象就是，没有文化味。那么，这个选题可以看作对这一刻板印象的回应。其次，就写作而言，报道着力于时间的交替、文化的更迭，洋溢着历史的厚重感与浓浓的文化色彩，笔调舒缓，娓娓道来，颇得人类学民族志的韵味。

报道抓住了深圳这座城市移民为主的特点，凸显了深圳民间宗教的独特性，即，分散性、流动性、多元化。同时，也达到了我当时对他们的修改要求，即，充分呈现深圳民间宗教的今昔之变。而且，在抓住深圳民间宗教的个性的同时，报道也巧妙地彰显了宗教随着时代而盛衰的共性。

总之，尽管该报道还可以在文字以及细节的生动上更进一步，但我认为它还是以其独特的文化味而在众多毕设报道中显得别具一格。

在市场经济的“现代化”冲击下，佛山武术正在憧憬着一个坚定而精致的“转身”。

佛山武馆之商业江湖

——探寻佛山传统武馆的转型之路

指导老师：李明伟、彭华新

项目组成员：孙诗棋、吴峰丞、林若诚、张颖、叶雯雯、卢婉婷

毕设时间：2015 年

选题背景

新闻专题片有别于常规的以文稿形式呈现的毕业设计项目，我们选择了新闻专题片的呈现方式。电视新闻专题片作为新闻的一种，除具备一般意义上新闻的本质属性外，自身还有运用图像、声音、文字等多种信息符号报道新闻事实的特性。电视新闻与报纸新闻、广播新闻相比较，因其形声兼备、直观生动、现场感强，可把事实的本来面貌具体、形象、细致入微地展现在受众面前，使受众产生身临其境的参与感和亲近感。如我们的项目记录武馆日常生活、武术相关展示、推拿、醒狮等场景时，通过画面、声音与文字的结合，呈现出更为市井、更有人文情怀的意境。

目前有关佛山武馆的报道都呈现碎片化的特点，多为突发性新闻事件报道、针对经营层面的某个角度的分析、单纯体现历史人文情怀的报道，少有对佛山武术发展困难现状进行全景化、深度式的报道。相对于这些局部描写，我们通过展现不同类型的样本案例在当下面临发展困境选择不同的转型道路进行突围的过程，体现目前佛山武馆所做出的革新发展的缘由、过程及未来的规划，力图将武馆面临的困境与发展现状进行全景化的展示。

我们的专题片通过展现武馆在现代社会市场经济环境下选择不同的商业化道路进行经营转型的过程，呈现商业化转型道路上遇到的困难。同时展现了传统武术文化在商业化进程中的挣扎。在告知人们佛山武馆发展现状之余，引起观众和社会对佛山武术文化乃至中国武术文化传承与保护的关注。

整体设计

框架结构

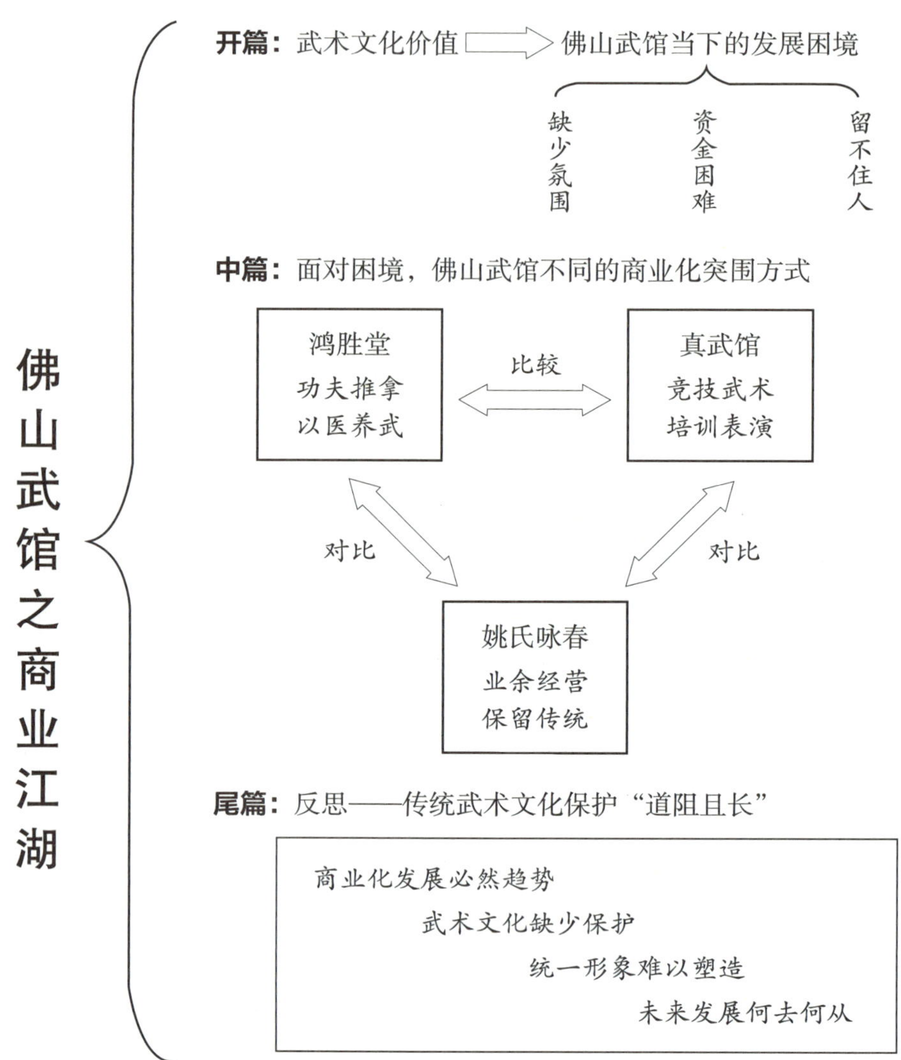

思路设计

本专题片呈现佛山诸多武馆在现代社会环境中面临的困境与不同的商业化转型之路，意在探讨传统武术在当今社会发展中遇到的阻碍与何去何从。

（1）开篇：困局——佛山武馆的“生存多艰”

功夫，是民族智慧的结晶，是汉族传统文化的体现，是世界上独一无二的“武文化”。功夫的思想核心是儒家中和养气之说，同时融合道家的守静致柔，释家的禅定参悟，构成了博大精深的武学体系。它讲究刚柔并济，内外兼修，既有刚健雄美的外形，更有典雅深邃的内涵，蕴含着先哲们对生命和宇宙的参悟，是华夏人民长期积累起来的宝贵文化遗产。

本部分呈现佛山武术整体氛围与环境，突出佛山武馆发展面临的困境，以及驱使武馆转型的现实原因：有悖于“武术之城”名号的黯淡学武氛围；武馆经营面临资金短缺；学武人才的流失等。

开篇部分旨在用佛山黯淡的学武氛围以及佛山武馆不如从前的经营困境来设置悬念，基调设定“无奈”，引起观众关注片子后面部分如何发展，关注武馆转型。

通过引用呈现电影中繁华热闹的武馆经营画面，与现实中的佛山场景，如藏身城中村或巷子里的武馆、废旧的武馆设施、人烟寂寥等进行对比。同时通过被采访的武馆馆长同期声表达武馆当今发展面临的困境。

（2）中篇：突围——武馆商业化的“投石问路”

本部分作为专题片的主体部分，深入武馆内部，呈现三个选择不同道路的武馆及其代表人物的故事。故事以逻辑顺序展开，故事主体包括鸿胜堂、真武馆和姚才姚祺咏春拳馆。具体描述以鸿胜堂和真武馆为代表的商业化经营模式，比较呈现以姚才姚祺咏春拳馆为代表的传统武馆经营方式。通过人物故事的描述，使观众了解人物的信息与武馆的经营状态。同时适当设置故事矛盾，通过冲突点形成情节高潮来推动剧情发展，为专题片结尾升华中心思想做铺垫。

1）呈现鸿胜堂“功夫推拿，以医养武”的商业化经营模式

鸿胜堂馆长梁旭勇是佛山蔡李佛门派的第五代传承人、蔡李佛非物质文化遗产申遗项目的负责人之一、从鸿胜祖馆走出来的创新分子。在采访中梁馆长提到无法忽视功夫推拿的巨大市场价值。传统武馆着重武术发展，以武术教学为重心。武馆武术发展的同时，也伴随着跌打推拿相关医术和武馆醒狮队的繁盛。然而随着市场环境需求转变，原本的武术热渐渐退潮，经营武馆面临着如何从低迷状态重新崛起的问题。因此与武术相应的附属产品，如膏药、医药、功夫推拿受到重视。从武术以外的附属产品里，武馆甚至能获得更多利润，并能以此带动整个武馆的发展。于是功夫推拿这块硕大的市场也被创新武馆发展的经营者瞄准。这也是以梁旭勇馆长为代表的传承人决定另辟蹊径，在武术、推拿、醒狮中选择暂缓武术发展，着重功夫推拿的重要原因。梁旭勇馆长经营的鸿胜堂医武馆是一个典型代表。

2）呈现真武馆的“竞技武术、培训表演”经营模式

尽管现在武术电影引起了一定程度的民众关注，电影热潮也使得习武群体日渐增长。但在走访了数家武馆，采访了馆长、拳师等人之后我们了解到，传统习武的动因是自卫，而且过去的娱乐方式并不多，因此习武的人群壮大且热情极高。但如今传统武术的受欢迎程度并不高，对于现代人来说传统习武方式过累过久。因此相比起故步自封，许多传承人对习武方式以及武术招式进行了改造革新，从而延伸出短期习武课程、竞技体育、表演型武术等。真武馆为代表的新型培训式武馆正是迎合民众快速学习、追求美观和

表演效果需求的武馆转型。同时，迎合学生考试加分政策需求，与相关的学校合作武术课程也非常热门。

在真武馆的拳师霍东熙眼中，传统武术讲求实用，但是实用性的东西并不美观，因此他选择在一个传统的套路里面，按照自己的方式去修改它，使改革后的拳术显得华丽、有吸引力。他坦言经过改革的拳术并不受老师傅的待见，但他强调如果不进行改革，很多习武人士会在传统模式“先扎三年马步，再练习拳术”的起步阶段就望而却步。因此在他的理解中，适应现代人的需求，灵活地变通运用，是传统武馆进行变革的出路。

3）呈现姚才姚祺咏春拳馆的“传统兼职”经营模式

作为咏春门派的其中一个支系，“姚氏咏春”已有百年历史。鼻祖姚才师从咏春名师阮济云，在师父精心培养下，经十载苦练，武技大成，自创“蛇形咏春”。其子姚祺继承其拳术，后又传至下一代。2002 年，姚氏咏春的第三代传人姚永强、姚汉强、姚忠强三兄弟创办姚才姚祺咏春拳馆，意图传承祖辈咏春精髓。三兄弟的下一代目前也在学习拳术，呈现出姚氏咏春后继有人、薪火相传的景象。除了最为核心的嫡系传承，姚氏咏春也保留传统的收徒模式，在确认徒弟的品格、资质等基本条件后，以严格的拜师仪式如行跪拜之礼、书写拜师帖、在祖师像前上香、给师父斟茶等步骤，将之正式纳入派系。

在武馆经营方面，姚才姚祺咏春拳馆收费低廉。一个月学费仅 300 元左右，有 12 个课时，分别在每周二、五、六晚间进行教拳。目前收入仅能维持馆内日常开销，且该馆使用的是大哥姚永强的物业，已省去了大笔租金费用。馆内教拳师傅基本是兼职任教，白天时段都有自己的工作。馆内收入少有盈余时，基本用在活动经费上。姚才姚祺咏春拳馆不以营利为目的，通过子承父业、广纳贤才的方式，将姚氏咏春发扬光大，弘扬祖辈的咏春精髓。

此处选择姚才姚祺咏春拳馆在中篇的第三部分呈现，意在与选择商业化转型道路的鸿胜堂、真武馆形成对比，展现佛山传统武馆在经营上的多种选择。

（3）尾篇：反思——传统武术文化保护“道阻且长”

专题片的结尾部分将结合学者的采访，深化“传统武馆在现代社会所做出的商业化变革”的主题，探讨传统武术文化发展过程中面临的阻碍以及商业化的何去何从。通过人物所说突出情怀，即希望中华武术精髓能够得以发展、壮大，并做到延续性的传承，借此引起观众思考，使观众的思绪沉浸在专题片当中。

在市场经济的推动下，如何在武馆经营上使利益最大化是每个武馆经营考虑的重点。佛山武馆现在多数处于转型期，许多传承人在构想经营新式武馆时专注于武术如何适应市场经济发展，缺少保护传统武术文化的意识，政府更是缺少对武术文化保护的实际支持。然而，面对现代化的社会，武馆走向商业化发展又是必然的趋势。

因此，如何保护好传统武术文化？面临当下的环境，商业化究竟该选择一条怎样的道路？众多门派和拳种究竟该如何规范发展？佛山武术乃至中国武术该怎样适应现代人的需求才能更好地传承？这些问题都值得思考。

《佛山武馆之商业江湖》分镜头脚本及文稿

扫二维码观看纪录片《佛山武馆之商业江湖》

镜号	景别	技法	长度	解说/采访	画面内容
1	中景	固定镜头	4″	武，意为“止戈”，自上古传承至今。它是华夏民族历史悠久的传统文化瑰宝。	
2	近景	固定镜头	2″	佛山，意为“佛家之山”。这座城市被现代人所熟知，	
3	近景	固定镜头	2″	并不是缘于她的佛家文化，	
4	全景	固定镜头	2″	而是因为武术。	
5	近景	拉	2″	世界上广泛流传的蔡李佛拳、	

镜号	景别	技法	长度	解说/采访	画面内容
6	全景	固定镜头	2″	洪拳、咏春拳等，	
7	特写	固定镜头	4″	不少知名拳种和流派，其根，都在佛山。	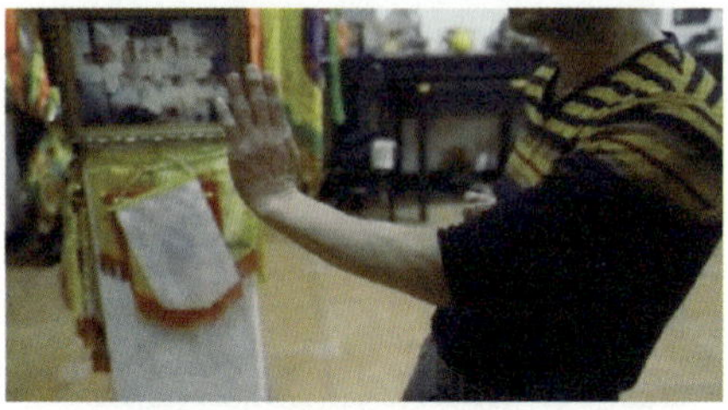
8	特写	固定镜头	2″	武术大师黄飞鸿、	
9	全景	固定镜头	3″	咏春宗师梁赞、叶问、	
10	特写	推	3″	影视武打明星李小龙等，	
11	中景	固定镜头	2″	师承亦在佛山。	

镜号	景别	技法	长度	解说/采访	画面内容
12	全景	固定镜头	2″	2004年，佛山	
13	全景	固定镜头	2″	被授予“武术之城”的称号，	
14	全景	固定镜头	2″	而这座武术之城，	
15	全景	固定镜头	1″	繁荣的背后，	
16	全景	固定镜头	1″	却面临着武术技艺	
17	特写	固定镜头	2″	后继无人的困境，	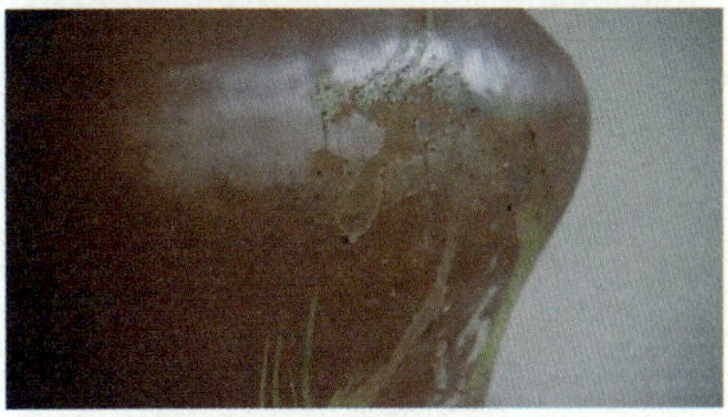

镜号	景别	技法	长度	解说/采访	画面内容
18	全景	固定镜头	3″	许多武馆难以维持经营。	
19	近景	跟	4″	“但现状没有想象中乐观，很多拳师无法靠武术来养活自己。”	
20	中景	跟	4″	《叶问》《一代宗师》等一系列武术电影，在取得巨额票房的同时，	 资料：2008年《叶问》
21	特写	固定镜头	3″	也提升了佛山武术的知名度，	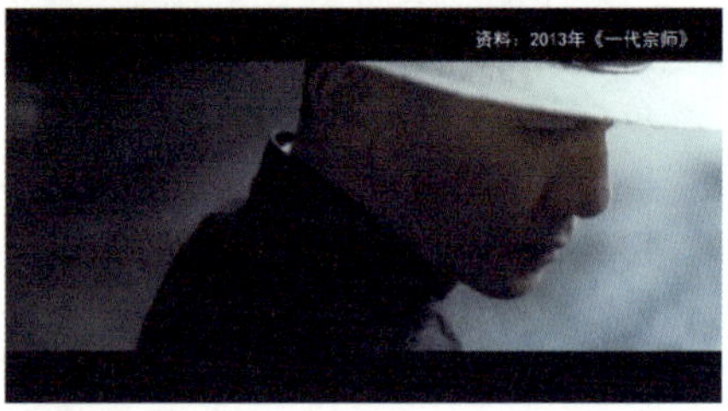 资料：2013年《一代宗师》
22	全景	固定镜头	4″	但在佛山，武馆却难觅踪迹。	
23	全景	摇	3″	现在的佛山，已经看不到像电影中，外人踢馆、	

镜号	景别	技法	长度	解说/采访	画面内容
24	近景	固定镜头	2″	门派切磋这种江湖气息浓重的场景。也极少出现，	
25	近景	固定镜头	3″	众多的徒弟，穿着整齐划一的服装，在练同一种招式。	
26	全景	摇	3″	生存，是每个武馆面临的首要问题。	
27	近景	固定镜头	4″	姚忠强：“单靠拳馆教拳所收的学费，不去工作的话，是无法挣钱，很难维持的。”	
28	中景	固定镜头	2″	白天工作，晚上教拳，	
29	中景	固定镜头	3″	这是许多业余拳师的生活。	

镜号	景别	技法	长度	解说/采访	画面内容
30	全景	固定镜头	4″	和过去相比，现在的年轻人不再愿意把传习武术，作为自己的职业。	
31	近景	摇	4″	武术传承，面临着留不住人的尴尬。	
32	近景	固定镜头	12″	“你想让他传承，想让他创新发展，但一到了适当的年纪他就要工作、生活、建立家庭，这是比较大的坎。”	
33	特写	固定镜头	2″	随着社会转型发展，传统武术	
34	全景	跟	3″	已经难以满足现代人的需求，	
35	中景	固定镜头	3″	佛山武术，正深陷商业江湖的桎梏。	

镜号	景别	技法	长度	解说/采访	画面内容
36	特写	拉	4″	面对如此困境，不同的佛山武术人，有着不同的选择。	
37	特写	固定镜头	2″	现在是早晨八点，	
38	中景	跟	3″	梁旭勇开始了一天中的第一件事：练拳。	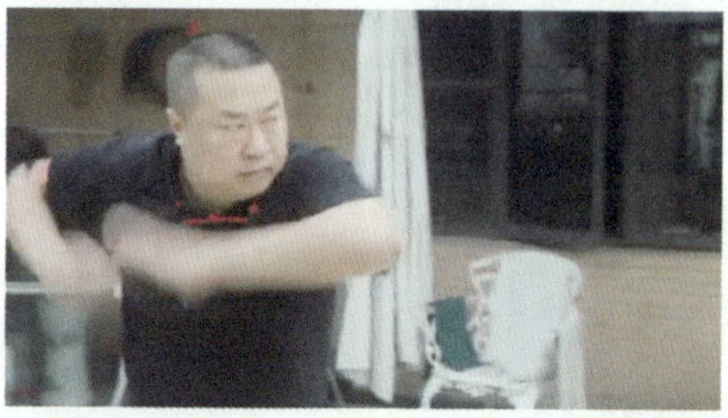
39	全景	跟	3″	自从2004年搬进这个家以来，	
40	近景	固定镜头	2″	这个习惯已经保持了十年之久。	
41	全景	摇	3″	位于佛山新鸿业市场的鸿胜堂。	

镜号	景别	技法	长度	解说/采访	画面内容
42	近景	固定镜头	5″	2009年，鸿胜堂开馆，他就放下经营印刷厂的工作，全职发展武馆。	
43	中景	摇，固定镜头	4″	梁旭勇最多每天要做12个小时的功夫推拿，	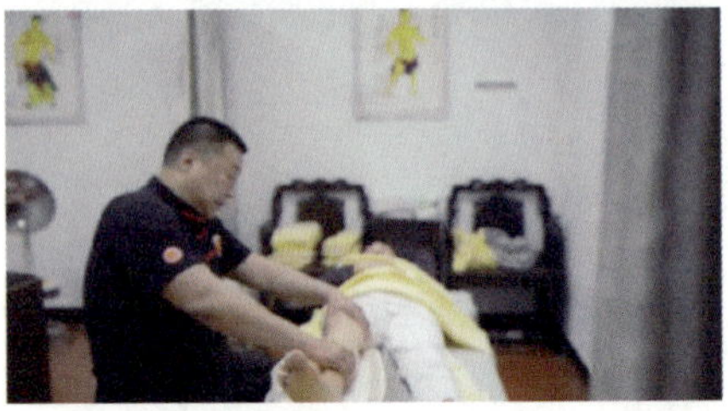
44	中景	固定镜头	7″	梁旭勇：“自己做推拿做久了身体也有损伤。主要是腰、关节，因为站的时间长，就让徒弟帮我做推拿。”	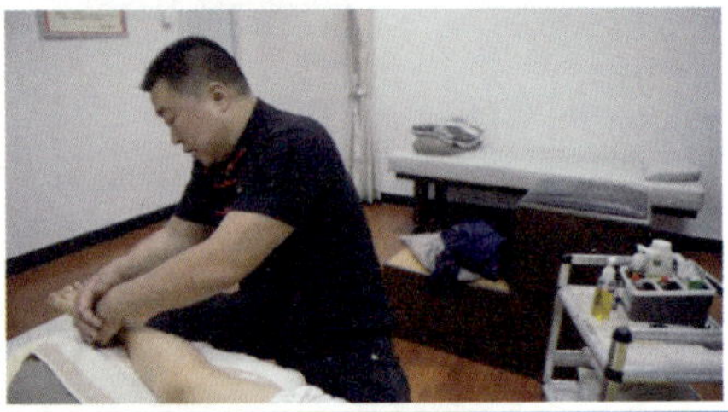
45	特写	固定镜头	3″	网络上，搜索“鸿胜堂”，就能找到全身功夫推拿的团购。	
46	中景	固定镜头	2″	帮助他人的同时，也为武馆打响名声。	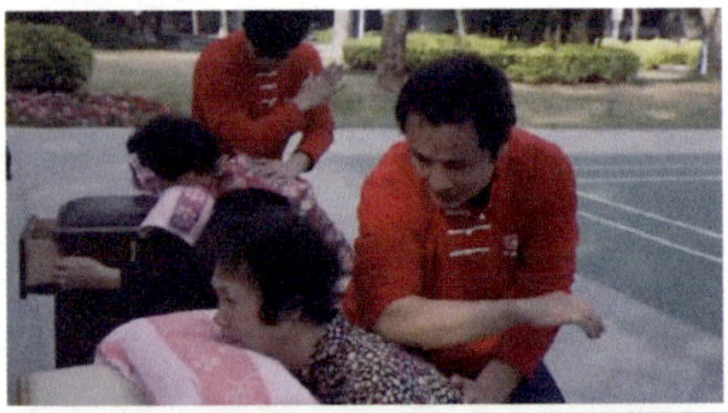
47	近景	固定镜头	7″	“我们打造的是‘武医’的概念，要符合现代的需求，现代人需要的是健康，那我们就顺应这个需求改变。”	

镜号	景别	技法	长度	解说/采访	画面内容
48	中景	固定镜头	4″	鸿胜堂的弟子，还将是未来的合伙人。	
49	近景	固定镜头	4″	“徒弟开武馆的话希望是以合作形式的，类似连锁加盟。”	
50	近景	固定镜头	4″	“师父也不是人人都收，观察之后觉得你的品行可以了才收。”	
51	全景	固定镜头	2″	梁旭勇希望弟子也能走出去，	
52	近景	固定镜头	2″	将鸿胜堂发展到全国各地。	
53	近景	固定镜头	3″	除了经营自己的武馆外，梁旭勇还有一个身份。	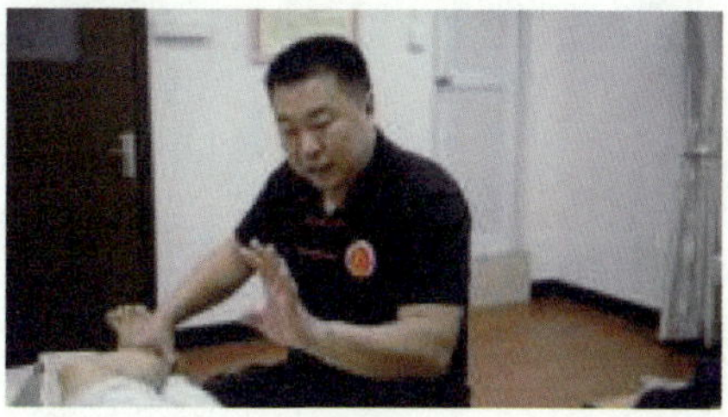

镜号	景别	技法	长度	解说/采访	画面内容
54	近景	固定镜头	2″	佛山蔡李佛鸿胜祖馆副馆长。	
55	近景	摇	4″	自创馆以来，无数的蔡李佛拳弟子从这里走出去。	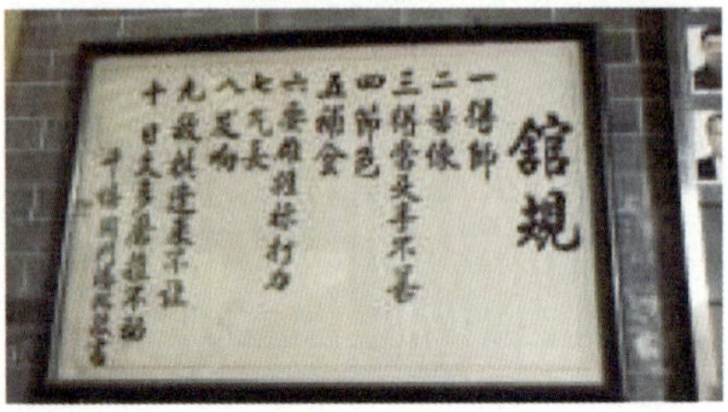
56	近景	摇	4″	梁旭勇也是其中一位。	
57	全景	摇	4″	虽然现在鸿胜馆已经成为纪念馆，但每到活动之时，	
58	中景	固定镜头	2″	蔡李佛的弟子们总会聚到这里，	
59	中景	拉	2″	有时下班后，他也会去祖馆看看。	

镜号	景别	技法	长度	解说/采访	画面内容
60	近景	固定镜头	3″	“鸿盛馆周五周六才有人。”	
61	全景	固定镜头	5″	今天是鸿胜醒狮队训练的日子，已经寂静的鸿胜馆又喧闹了起来。	
62	中景	固定镜头	4″	“辛苦但是有收获。”	
63	近景	固定镜头	4″	“对于一个正宗的武馆而言，武术、跌打、醒狮三样缺一不可。”	
64	全景	固定镜头	4″	“像鸿胜馆醒狮队这样日常仍在训练的，已经非常少了。”	
65	近景	固定镜头	3″	“现在的小孩比较金贵，家长不愿意（孩子）来。”	

镜号	景别	技法	长度	解说/采访	画面内容
66	特写	固定镜头	3″	对于开办功夫推拿的鸿胜堂而言，压力不仅来源于社会的变化，	
67	中景	固定镜头	2″	还有同门的不理解。	
68	近景	固定镜头	4″	有的人认为我的师父传给我的才是正宗，你现在搞的这个（鸿胜堂）不正宗。	
69	中景	固定镜头	2″	但在他看来，鸿胜馆成立150多年，	
70	中景	固定镜头	2″	没有创新就没有出路。	
71	中景	固定镜头	3″	过去鸿胜馆的跌打药方和医术，没有系统的归类。	

镜号	景别	技法	长度	解说/采访	画面内容
72	中景	摇	2″	都是靠师父的口口相传。	
73	特写	固定镜头	2″	而鸿胜堂目前正在进行校馆合作。	
74	特写	固定镜头	1″	把传统文化整理成册。	
75	近景	固定镜头	2″	让更多的学生能够系统地学习跌打和医术。	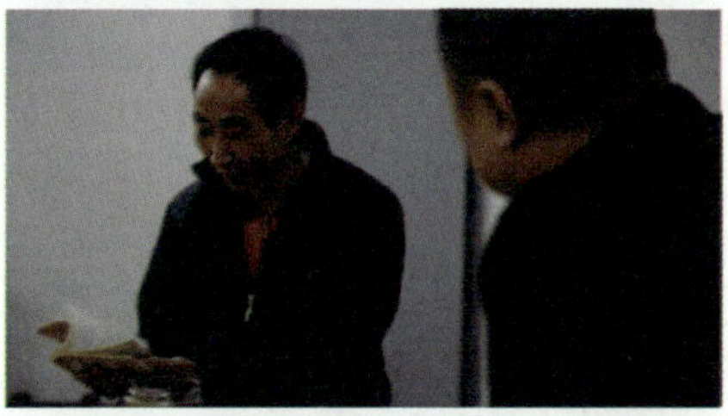
76	近景	固定镜头	4″	把师父教的东西把它传下去，不要在我们这一代夭折了，这是我最大的心愿了。	
77	中景	固定镜头	2″	对于梁旭勇自己，	

镜号	景别	技法	长度	解说/采访	画面内容
78	近景	固定镜头	2″	他也承担着巨大的压力。	
79	特写	固定镜头	2″	武馆一共投入了260万，	
80	全景	摇	3″	却至今也无法产生稳定的效益。	
81	中景	固定镜头	3″	他只能靠自己制造厂的利润来维持经营。	
82	近景	固定镜头	5″	其实到现在我还不是很支持，到现在还在亏啊！	
83	中景	摇	2″	现在是他做自己喜欢的事情，而且可以帮到很多人。	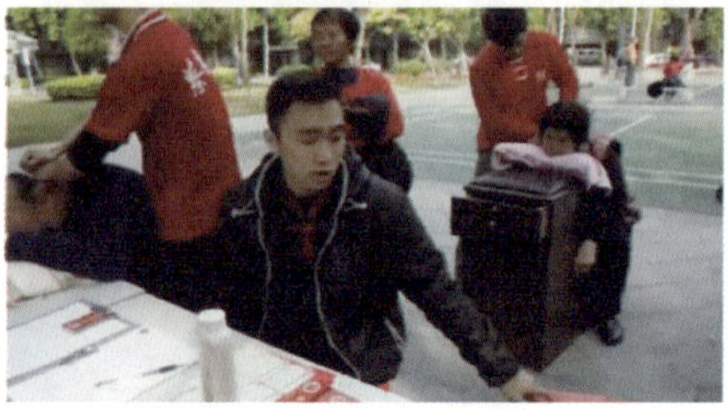

镜号	景别	技法	长度	解说/采访	画面内容
84	全景	固定镜头	2″	“但是其实到现在都还没有赚钱。”	
85	近景	固定镜头	27″	“曾经也试过，就是说，不要做了，自己做回自己的事好过。想着想着真的觉得很，怎么说呢，很……比较……比较坎坷一点。实际我是想把我们蔡李佛的好东西带给蔡李佛，带给鸿胜馆整一个门派，能够有好的东西能够展示出来。包括功夫，包括我们医药，包括醒狮。”	
86	近景	摇	5″	与鸿胜堂不同，佛山真武馆则选择了一条竞技武术培训的商业化道路。	
87	全景	固定镜头	4″	他们统一招收学员，和学校进行合作，	
88	中景	摇	3″	把武馆经营成了一个品牌培训机构。	

镜号	景别	技法	长度	解说/采访	画面内容
89	近景	固定镜头	14″	记者："一节课每个人大概是多少钱？" 霍东熙："我们这边，像我们馆是暂时来说是400块钱一个月。" 记者："一个月多少节课？" 霍东熙："八堂课，每堂课两个小时。"	
90	中景	固定镜头	3″	在真武馆教拳的拳师，都是全职授课，	
91	近景	固定镜头	2″	这就是他们的唯一工作。	
92	近景	固定镜头	11″	"大部分他们（老拳师）基本上是不收费的，现在我这个年龄段，我把这个当成我的职业了，而且那么年轻，那我必须我要维持我自己生存的方式。"	
93	近景	固定镜头	2″	霍东熙现在教给孩子们的	

镜号	景别	技法	长度	解说/采访	画面内容
94	中景	移	4″	是经过修改的竞技武术，舍弃了一部分	
95	中	固定镜头	4″	传统武术的训练方式和手法。在他看来，	
96	中	摇	4″	武术要想推广，符合现代的审美很重要。	
97	近景	固定镜头	5″	“教出来的武术，只要好看就可以，只要大家认为这是一种美，就足够了。我现在教小朋友就是这样子。”	
98	近景	固定镜头	4″	带领武馆的孩子们，参加各式各样的竞赛和表演，	
99	全景	固定镜头	3″	也为他们带来了更多的生源和名气。	

镜号	景别	技法	长度	解说/采访	画面内容
100	中景	固定镜头	10″	记者："就算那么辛苦，也很喜欢练武术吗？" 女孩："对。" 记者："为什么？" 女孩："因为它能锻炼身体，而且不容易感冒。"	
101	全景	固定镜头	5″	然而，真武馆的统一标准化培训方式也面临着一些质疑。	
102	近景	固定镜头	12″	"我们改变的这种方式还是大部分人不会愿意接受的。特别是那些，老拳师比较出名的，每个人都有他们每个人一套的东西，他就会做着他那一套东西，打死都不改。"	
103	全景	移	7″	如鸿胜堂、真武馆此类践行商业模式的武馆，在佛山，只是凤毛麟角。	
104	中景	摇	4″	大部分的武馆仍然保持着"业余"的状态。	
105	全景	固定镜头	2″	甚至低调地隐藏于城市的	

镜号	景别	技法	长度	解说/采访	画面内容
106	中景	固定镜头	2″	阴暗角落，难以发现。	
107	中景	固定镜头	2″	位于朝安北路的	
108	全景	跟	5″	姚才姚祺咏春拳馆，若不是姚师傅的指引，我们根本无法找到。	
109	中景	摇	4″	武馆居于城中村里一座农民房的一楼，	
110	全景	固定镜头	3″	每天晚上八点，果房	
111	全景	固定镜头	3″	第二新村163号的灯总会准时亮起。	

镜号	景别	技法	长度	解说/采访	画面内容
112	中景	固定镜头	3″	他的学员、徒弟们，从佛山各个地方赶来，	
113	全景	固定镜头	2″	开始一天的训练。	
114	中景	跟	6″	“你和人过手的时候，别人不喜欢你这样，想伸拳的时候，把它夹下去。”	
115	近景	跟	5″	环境音	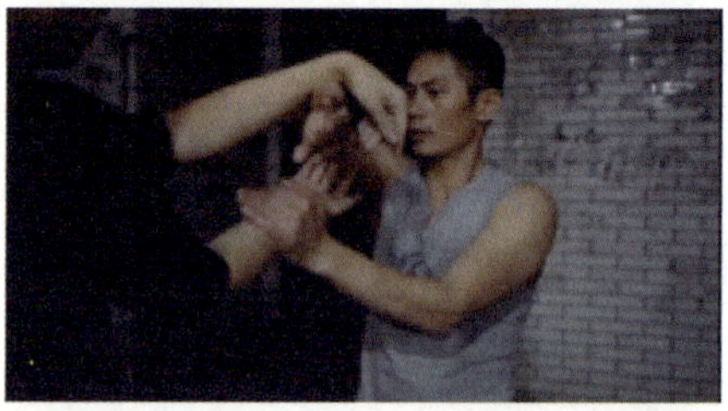
116	特写	跟	7″	“你要注意一点，那个手，这里跟身体是成90度。不是那样子。”	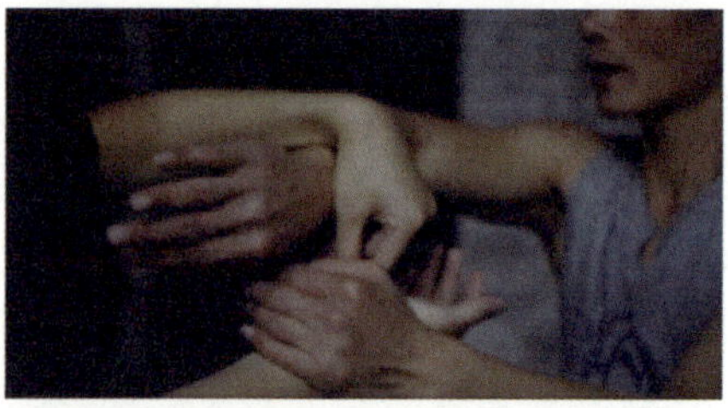
117	特写	固定镜头	3″	环境音	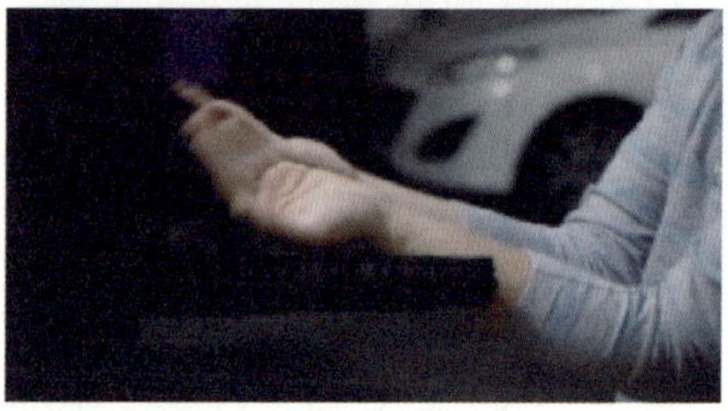

镜号	景别	技法	长度	解说/采访	画面内容
118	中景	固定镜头	3″	环境音	
119	中景	跟	3″	姚忠强，经营武馆已经十三年了。	
120	近景	跟	5″	用他的话来讲，学员收的那点钱，可能只够维持水电费。	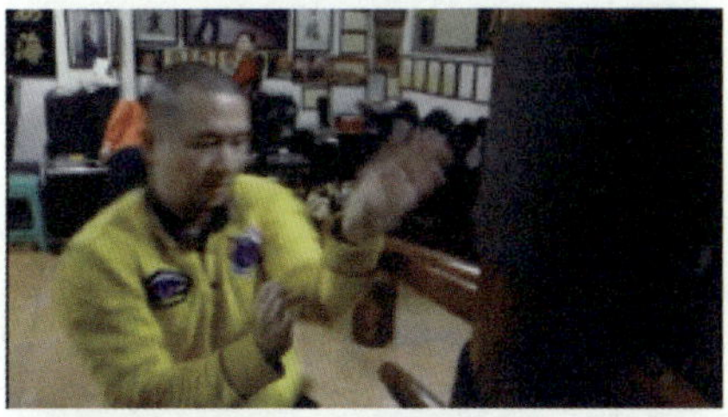
121	中景	跟	2″	姚师傅有自己的工作，	
122	中景	跟	3″	他在佛山当地一家酒店，负责采购。	
123	全景	固定镜头	2″	白天的他，	

镜号	景别	技法	长度	解说/采访	画面内容
124	中景	跟	2″	在佛山各大批发市场穿梭，	
125	全景	推	3″	而到了晚上，他摇身一变，成了武馆里的拳师。	
126	中景	固定镜头	3″	“一、二、三。”	
127	中景	固定镜头	4″	环境音	
128	中景	固定镜头	1″	他似乎更喜欢后者的身份，	
129	近景	固定镜头	1″	平时出去工作，	

镜号	景别	技法	长度	解说/采访	画面内容
130	近景	摇	2″	也穿着武馆的衣服。	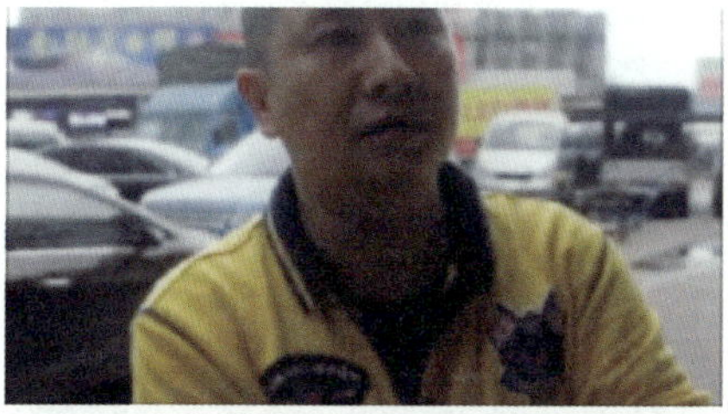
131	近景	固定镜头	2″	“第一是咏春，第二是工作。”	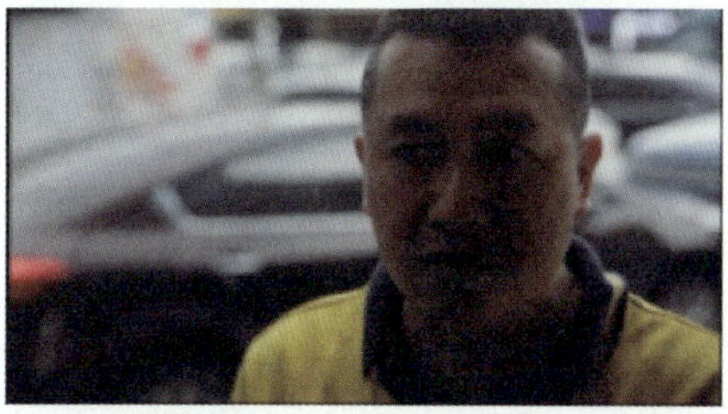
132	近景	跟	3″	姚忠强，在姚氏三兄弟里排行第三。	
133	中景	跟	4″	因为两个哥哥生意繁忙，他负责着武馆的日常工作。	
134	中景	固定镜头	2″	身为第三代传人，	
135	中景	移	3″	传承姚氏咏春，是他难以割舍的情怀。	

镜号	景别	技法	长度	解说/采访	画面内容
136	近景	固定镜头	3″	工作之余，生活当中都离不开。	
137	中景	跟	2″	对于姚氏咏春拳馆	
138	近景	跟	3″	维持现状已经是最大的限度，	
139	全景	跟	3″	要想开枝散叶，只能依靠徒弟们的支持。	
140	近景	固定镜头	11″	“暂时都不会有什么问题，你说要我再去拿一笔钱再去开一间馆，那就真的有问题了。”	
141	全景	摇	2″	商业化武馆艰难摸索，	

镜号	景别	技法	长度	解说/采访	画面内容
142	全	景移	3″	传统武馆举步维艰，	
143	近景	淡出	2″	这正是佛山武馆发展的缩影。	
144	近景	定	3″	佛山市武术协会会长薛绵木证实，	
145	全景	移	4″	佛山现有武馆500多家，但其中70%的武馆发展	
146	全景	定	2″	受制于场地和租金。	
147	中景	定	4″	佛山市文化广播新闻出版局的学者邓光民研究武术文化多年，	

镜号	景别	技法	长度	解说/采访	画面内容
148	全景	移	3″	他认为，佛山武术想要发展，	
149	中景	定	3″	商业化是必然选择。	
150	中景	定	11″	“你不通过商业的现在如果都是公益性的或者什么的那现在也做不好，所以呢，通过商业的手段去做应该是没问题的，	
151	中景	定	3″	不变，这个就很难适应社会的需要。”	
152	中景	定	6″	“好不好它还要不断地修正不断地提升，但是你做和不做是两回事。”	
153	全景	定	2″	虽然佛山市修建了很多	

镜号	景别	技法	长度	解说/采访	画面内容
154	近景	定	3″	武术文化纪念馆，但这些形式	
155	全景	定	3″	仅通过静态的文物	
156	全景	移	2″	和图片展示，	
157	全景	移	4″	对于宣传和保护佛山武术文化是远远不够的。	
158	近景	定	3″	邓光民觉得，需要有专门的人员和机构，	
159	近景	定	3″	对佛山武术文化进行挖掘和整理。	

镜号	景别	技法	长度	解说/采访	画面内容
160	中景	定	14″	“两个方面都没有去研究。武术该怎么传承下去没有人去研究，武术文化的史料，用什么方法把它搞出来，整理好，完全没有人去做。”	
161	近景	移	3″	政府对武术文化事业的投入，	
162	近景	定	2″	与佛山武术的名声并不匹配。	
163	中景	定	6″	目前佛山各大拳种和门派的传承后继乏人，武馆因财力不济而倒闭的	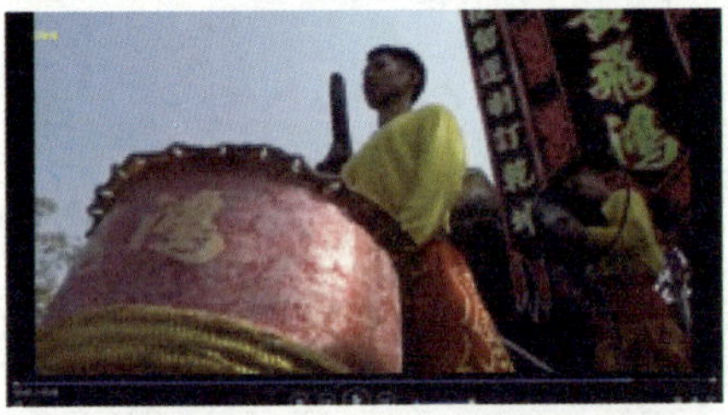
164	全景	定	6″	有很多，这也影响到了民间投资的热情和信心。	
165	全景	移	7″	反观河南登封，凭借电影《少林寺》的热映，拉开了少林中兴的序幕。	

镜号	景别	技法	长度	解说/采访	画面内容
166	全景	移	8″	一度衰败的少林寺重起江湖，在海内外掀起了少林功夫的狂飙，带动了武术产业的大发展。	
167	中景	定	7″	记者：“那我们往小了说，对于佛山武术政府有没有什么相关的保护推广的政策？”	
168	中景	定	4″	学者：“我现在呢就还没看到。”记者：“目前还没有吗？”学者：“没有没有，我认为没有。”	
169	中	景定	8″	“其实呢就是这六十多年来，要是总结一下武术的发展，很多不是很正常的，受到很多的波折的，	
170	中景	定	5″	后来呢又把武术变成了标准套路，	
171	全景	摇	20″	变成了和体操差不多的一种表演，高难度的动作什么的。这种其实是一种建设性的破坏，对武术的杀伤性很大。”	

镜号	景别	技法	长度	解说/采访	画面内容
172	全景	延时摄影	6″	长期以来，中国武术、南派武术，都只是一个模糊的概念。	
173	全景	定	2″	众多的门派和拳种	
174	全景	定	2″	难以塑造一个共同的形象，	
175	全景	定	4″	发出同样的声音，更难创造出一个	
176	中景	定	3″	符合现代人需求的理念。	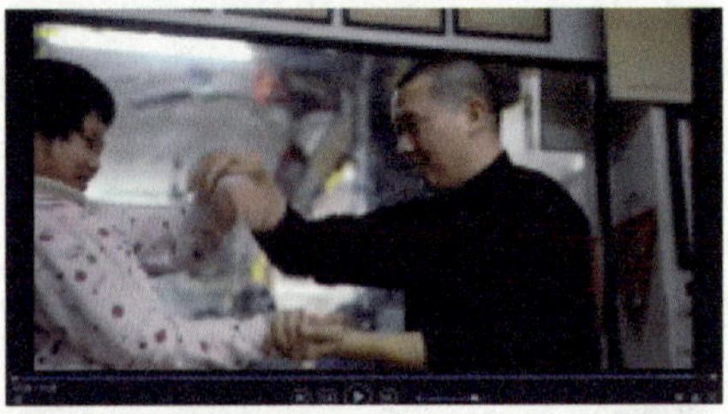
177	全景	定	4″	指向武术自身的纯粹追求令人永远向往，	

镜号	景别	技法	长度	解说/采访	画面内容
178	全景	延时摄影	4″	但在市场经济的“现代化”冲击下，	
179	全景	定	2″	佛山武术	
180	中景	定	4″	就像古老中国的其他传统一样，	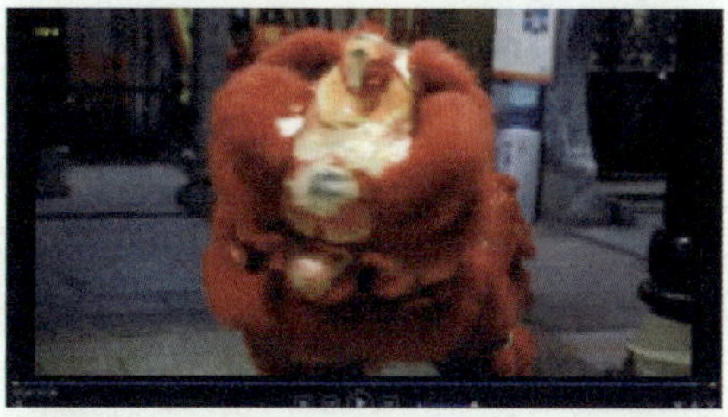
181	中景	定	2″	正在憧憬着	
182	全景	移	2″	一个坚定而精致的	
183	全景	定	2″	现代化“转身”。	

学生感言

佛山武馆困境的视频表达

孙诗棋

转眼间毕业已有两年的时间，辗转接到毕设作品的出版邀请，很激动，也很荣幸。非常感谢我们的母校深圳大学传播学院新闻系给予我们将毕业设计作品出版的机会。我谨代表佛山武馆小组全体组员向我们的指导老师及新闻系全体老师致以最诚挚的问候和感谢。

距离2015年4月22日的毕设答辩，已两年有余，然而毕设从选题到答辩的点点滴滴依然历历在目。我们的项目历时近6个月，小组成员一共去佛山4次，走访了8家武馆，采访人数约40人，包括政协委员、武术协会主席、专家学者、武馆馆长、武馆拳师、武馆徒弟、武馆学员、退休拳师、兼职拳师、武馆人士亲属、市民等。拍摄视频文件总量1 855个，总容量352GB，总时长22小时28分32秒，整理采访录音总计75 332字。最终成品为18分30秒的新闻专题片。这些数据对于我们来说不仅仅是数字的堆积，还是一个个活生生的采访对象与故事的回忆。现在每每回看我们的新闻专题片时，都为当初选择了这一呈现体裁而欣慰。作为该届新闻系唯一选择拍摄新闻专题片来呈现项目的小组，着实背负着一定的压力，但全组人都对拍摄新闻专题片很感兴趣，并且考虑到佛山武馆的选题，画面呈现会更生动精彩，我们也很想通过非纸媒的方式来呈现新闻系的毕设，于是确定了项目体裁为新闻专题片。在两位指导老师的帮助下，勇敢地做出了此次尝试。

近些年的武术电影热让我们小组在讨论选题时把目光聚焦到佛山，佛山正是中国南派武术的主要发源地，有非常悠久的传统武术文化历史，而武馆与拳师正是武术文化的载体，我们需要通过具象的人和事来呈现我们的选题。那么佛山目前的武馆与拳师究竟是怎样的生存状态？是否依旧如电影中当年那般传奇呢？经过第一次佛山踩点后，我们发现现实与电影中差异巨大，根据佛山武术协会的资料统计，佛山市五个行政区有500多家武馆，1 000多个拳师，10万以上习武人群。然而像电影中呈现的传统作坊式武馆数量极少并且发展欠佳。佛山武馆整体面临着许多经营问题，那么他们正在通过怎样的一种经营发展模式来应对这些问题呢？我们带着疑问进一步进行采访，最后发现，佛山的一些传统的武馆为了生存、为了适应现代社会，正在走向商业化的转型之路，随之我们将选题聚焦在佛山武馆的商业化转型。探索佛山武馆面临的困境，呈现武馆的发展现状，进而探讨商业化对于传统武术文化的影响，意在引起社会对于佛山传统武术文化保护与传承的关注。

长期以来，中国武术、南派武术，都只是一个模糊的概念。众多的门派和拳种，难以塑造一个共同的形象，发出同样的声音，更难创造出一个符合现代人需求的理念。指向武术自身的纯粹追求令人永远向往，但在市场经济的“现代化”冲击下，佛山武术正在憧憬着一个坚定而精致的现代化“转身”。由于经验的匮乏，我们的成品或许没有那么成熟，但却饱含着小组 6 个人的努力和汗水，对新闻事业与文化传承的热情。最后再次感谢李明伟老师和彭华新老师对我们小组项目的悉心指导，同时也非常感谢大学四年来教导过我们的新闻系老师们。

指导老师的话

寻找心中的“黄飞鸿”

彭华新

《佛山武馆之商业江湖》是一部异地拍摄的纪录片，对于没有经费和设备支持的在校大学生来说无疑是困难的。但是，这个小组并没有被难住。他们抛弃了好几个本地选题，选择了这个异地选题，其中一个最主要的原因是武馆的画面感强，对于追求视觉美感的纪录片而言，这个观点无疑是站得住脚的。

但事实上，当这个小组踏上佛山之后，发现并非如想象中的“遍地都是黄飞鸿，处处都有洪熙官”，这是一座充满着商业气息的现代化都市。他们原想去推广和弘扬的岭南文化，似乎需要他们睁大眼睛在这座城市中慢慢寻找。很幸运的是，他们具备这个能力。穿越了无数的城中村、工厂棚，他们在一间很不起眼的厂房中找到了一家武馆，而通过一家，又断断续续地知道了更多家。

从充满学生气的“想当然”，到社会活动家的“机智与沉稳”，变化正在这一组成员中悄然发生。这正是“毕设”的可贵之处，让他们在进入社会之初提前彩排。学生之时的想法再过于“荒诞”也可以无所顾忌，但进入社会之后，你必须为你的“荒诞”付出代价，除非你将“荒诞”变成现实。这一组成员在组长孙诗棋的带领下，采访了佛山武术界的各类人士，从“掌门人”到小型武校的学生，各个层面皆有涉及，并能获得他们的支持与配合，这足以证明这组同学在完成“毕设”之时已经具备了社会沟通能力与社会活动能力，也将想象中的“黄飞鸿”们一个个地挖掘出来了。

最为可贵的是，他们能举重若轻，从具体的、微观的事件上升到宏大叙事中，将佛山武馆的没落与少林寺的品牌建设进行比较，产生“南北少林”的历史语境和文化语境。当指导老师在全体成员会议中提出意见和方案之后，该组成员能够很好地驾驭这种意义的生产与表达，这确实超越了在校学生的水平。《佛山武馆之商业江湖》在毕设现场发布之后，获得了各级媒体的追捧与褒扬，深圳电视台金牌栏目《第一现场》对全组组员进行了采访，并对这个片子进行了介绍和播出。

毕竟深圳只是一座城市，它也不会说话，但是当你在这个城市有了稳定的住所，有了家人，有了工作，你可能就觉得它也认同你了。

行走在流水线与霓虹灯之间

——90后农民工在深圳的别样生活

指导老师：尹连根
小组成员：陈柳月、黄晓丹、梁梓、姚成慧、方家俊、吕俊
毕设时间：2014年

前言

观澜、布吉、横岗，这些远离繁华城市中心的工业区，乘公交从深圳福田中心区过去需要两小时左右。曾经在公交车上听到这样一句话："我看这里跟东莞差不多，有些地方还没我家的县城像城市。"

1979年，中央批准建立深圳经济特区，4年后，东起小梅沙、西至南头安乐村，一条84.6公里长的铁丝网将深圳分割成两部分——被它包围的327.5多平方公里就是当时的经济特区，外面则是1 600多平方公里、却与特区无缘的宝安区和龙岗区。

一道铁丝网，意味着两种城市生活——不同水平的房价，相去甚远的平均薪资，甚至部分法规也不尽相同。2013年底，梅林关的检查岗亭在短短的40天内被迅速拆除了，但原特区内外的生活仍隔着一道看不见的"关口"。从某种意义上讲，这种特区内外的边界不仅仅是地理的边界，更是文化的边界，社会的边界。

图片1：
某娱乐场的入口（本文图片均为小组成员拍摄）

君不见，当关内的白领穿梭于高大的写字楼之间，夜晚的酒吧门前高档豪车来来往往时，与这样繁华景象相反的是，关外狭窄的马路上扬起滚滚烟尘，泥头车不分昼夜地呼啸而过；低矮的房屋成片堆积，坐十站的公交车才有一间麦当劳；每天行色匆匆、来回穿梭的不是衣着体面的白领，而是几十万90后农民工，上下班时间里工厂与步行街相连的天桥上黑压压一片，往来穿梭皆是穿着工厂制服的人。他们的生活、工作几乎构成了一个片区的全部活动形态。工业区因他们而热闹，也因他们而冷

清。他们在为深圳创造产值的同时养活自己。这些片区的构成如此简单，本地村民、农民工、商户，就组成了全部日常所有。年轻的农民工生活在这些地方，虽然身处深圳，事实上却无法感受到特区的繁荣与便捷。

他们来自五湖四海，带上一张身份证，背井离乡，辗转到不同的陌生城市闯荡，渴望着机遇、渴望着爱情，用青春为城市“熬出”一张张制造业的骄傲成绩单，却未能享受城市的奢华和便捷。他们共同的名字，叫作“90后农民工”。

时至今日，我国1960—1970年“婴儿潮”时期出生的农民工已经逐渐退出城市，90后农民工逐渐成为农民工的主要构成部分。

据《农民工市民化：制度创新与顶层政策设计》中的数据统计，我国约有1.5亿农民工，其中80后、90后农民工有近1亿人，约占农民工总数的60%。在广东约2 600万农民工中，这个比重更高达75%。90后农民工融入城市的一举一动不仅影响着他们自身，更关系着整个社会的稳定和发展。

那么，这群90后的农民工在繁华都市的生存状态如何？他们是如何审视、融入都市的？在与现代城市文明面对面的碰撞中，他们又是如何徘徊在如鱼得水与手足无措之间？我们试图走近这群人，一探究竟。为此，从2013年12月起的大约半年时间里，我们穿梭于观澜、布吉南岭、松坪山等工业园，进行“实习”、访谈和蹲点。一切的努力志在挖掘这群同龄人的生活与心态，以使得一线城市的人们对他们了解得更多，也希望通过报道探讨如何才能让他们在未来融入深圳的脚步更从容。

漂在富士康的年轻工人

为了了解90后工人们在城市的日常生活情况，我们一行人在观澜富士康厂区旁边的一个出租屋里住下，通过LBS（基于位置信息的社交软件——编者注）交友软件或现场攀谈结识附近的年轻工人并进行约访。

初次来到位于深圳观澜大水坑一村的观澜富士康，你会发现不管你在这里搭乘的士还是在街边小摊吃饭，随处可见穿着富士康工服的司机与服务员。2014年1月14日，当我们作为新入职工人坐上富士康的车穿梭在村里村外，只要司机对村口保安说一句简单的“富士康的车”，就可以获得通行许可。

在富士康南门货车出入口不远处，还能看见一个有两百米跑道规模大小的篮球场，里面的工人们脱下工服，穿着球衣背心在打球。球场外百米，一栋大楼的墙体上印着醒目的“富士康IE学院”几个大字。

若不是球场外来往的人都穿着深蓝色的、领子下印着“FOXCONN”的厂服，你很难想起这就是以新生代农民工“十几连跳”震惊全国的“血汗工厂”富士康。与媒体报道中描述的“血汗工厂”不同，厂区里一切井井有条，干净整洁。

图片 2:
富士康鸿观厂区宿舍

位于观澜的富士康鸿观厂区到底有多少人？有工人告诉我们，有超过二十万的工人，有工人说不到十万……被采访的工人里没有一个能准确说出富士康到底有多少万工人，他们也并不在意，只知道一上班、一下班，眼前就是黑压压的一片穿着深色厂服的工人。

在第一次来观澜时，在富士康附近做些卖早点生意的兼职"黑的"司机说，"虽然我没在富士康工作，但是我真的佩服富士康的管理人员！那么多的年轻人聚在一起还能把他们管好，真不容易"。后来，当我们在忙碌的下班时间，随着深蓝色厂服的人流走进富士康的厂区里，我们对这句话有了新的感受。比起工厂，富士康给人的感觉更像一个学校。厂区里每栋楼的楼顶有着其专属的楼号"C1""C2"……不同于小厂常见的灰黑墙体和遍地的油污，富士康的宿舍区和工厂车间区整洁分明，工人们凭员工卡感应权限进出对应的区域。富士康的 90 后工人赵朴回忆道："以前上学的时候也是嘛，一到吃饭的时候就会很乱，大家赶着抢着去排队什么的。但是富士康不会，那么多的人，却很有秩序地排队，第一次看的时候觉得挺壮观的。"

遥远的路程通常是工人们去市区娱乐的最大障碍，从观澜富士康南门乘坐公交到最近的地铁站清湖站需要一个小时，而从清湖地铁站到市区也需要近 40 分钟。刚下清湖地铁站，可以发现清湖公交站各路车的车牌下已经排起了长长的队伍，尤其以唯一一辆连接地铁与观澜富士康的公交 M337 最为壮观，年轻人爱玩的天性让这趟车变成了热门线路。

根据富士康发布的 2012 全年报告内的数据统计，富士康集团共 120 万的工人中 54.5% 是 80 后，40.8% 是 90 后。夜晚，在富士康南门、北门附近的大水坑步行街，随处可见这些十几二十岁的少男少女仿佛不谙世事的身影。

富士康工人赵朴说："这附近到处都是娱乐场所，青春的荷尔蒙在我们这个年纪最强烈。这些场子那么热闹，比起娱乐需求，更多人在这里寻找满足性需求的机会。"

走在观澜大道上，不时会有人向你递送各种按摩洗浴中心的传单，传单上年轻的女孩儿格外"清凉"的打扮在强烈地暗示着她们所能提供的特殊服务。在大水坑一村附近逛几圈，你会发现，装修最豪华气派的就是妇科门诊，方圆 50 米内集中着四五家妇科、男科门诊。诊所里的医生对于十四五岁就来堕胎的女孩或者染上性病的年轻人早就见怪不怪，相反地，他们依靠着这些谋得生存。

尽管这里的一切消费场所都在映射着这些年轻工人们潜在的性需求，但赵朴身边却鲜有情侣。"女生谈恋爱非常谨慎。"赵朴也理解女生的这种不安全感，"女生出来打工，本来就需要比较大的勇气。工厂里的人来自五湖四海，对别人的性格家底很难摸得清楚，大家都还是想要找老乡，女生谨慎点是应该的。"据深圳市总工会在 2010 年公布的数据，在深圳富士康 45 万员工中，工作达到 5 年的员工只有 2 万人左右，而工作不到半年的员工高达 22 万人，每年员工流失率达 35% 以上，这意味着富士康几乎每 3 年就要完全换一批人，这快速的流动性令爱情缺少萌生的土壤，也让人与人之间的交往带上了警惕与淡漠。

在 2.3 平方公里、容纳了 45 万人的富士康工厂园区，工人虽然多是同龄人，但富士康工人相互之间交流却并不多。在富士康连续发生员工跳楼事件的 2010 年，富士康曾在当年 5 月中旬举行的一场励志交流大会上设立一个游戏环节，谁能将同寝室舍友的名字悉数说出就可以拿到 1 000 元奖金。遗憾的是，直到游戏结束，都没有出现能拿走这份奖金的员工。

而在十几个年轻生命陨落之后，深圳市政府及深圳富士康加强了对厂内工人的员工关怀工作，并致力于新生代劳工的心理建设。然而四年后的今天，富士康的工人彼此之间仍保持着很强的警惕性，我们曾约过一位男工人，在他所指定的新蓝翔溜冰场门口见面，他在爽约一次后，第二天带了朋友在暗处确认我们是学生后才慢慢走出，见面第一句话就是："一看你们肯定就是学生！"他也显得有些不好意思，告诉我们这里附近的娱乐场所时常有小混混勒索斗殴，平日里在这里生活难免会小心一点。

图片 3:

步行街上的诊所

记者的房东、观澜本地的居民温源也向我们证实了这一点，他指着出租屋

图片 4:
某娱乐城内场景

对面闪着“凤舞”两个荧光灯大字的娱乐城告诉记者，那里不久前还发生过斗殴致伤的事件，让记者们前往时要多多注意安全。

坐在凤舞娱乐城里，9 点前它还是一家安静地播放流行歌曲的清吧，而晚上 10 点一到，DJ 切换上震耳欲聋的音乐，工人们脱掉工服外套——观澜的夜，要开始了。

霓虹灯下的“黑豹”

夜色渐深，经过晚餐时间的间歇，周五的市中心又开始热闹起来。街边大楼的 LED 显示屏不间断滚动播放广告，电影院里小情侣们捧着爆米花排起了长队，各式各样金碧辉煌的酒吧门口，彩色的射灯变化着图案。忙碌了一周，在这一天终于得以放松的年轻人们在夜幕中说说笑笑。

同一时间，鲜少被关注的城市边缘也开始了喧闹，摆地摊的卖家开始吆喝，正在“大甩卖”的服装店里也越来越多人。步行街上少了许多穿工服的身影，精心打扮后的年轻工人们脸上透露出喜悦。

整个大水坑村的生态围绕着富士康工厂和生活在工厂周围的十数万农民工展开。离市中心数十公里的路程和微薄的收入难以支撑工人们到市内消遣，不用加班的夜晚对于他们来说不仅意味着收入的降低，也意味着他们的夜生活只能于此得到满足。

在观澜富士康附近，精力旺盛的 90 后农民工们渴望热闹。而他们所能找到、并且能够消费的休闲去处不是网吧就是本地人开的两三间酒吧。其中以一间名为“黑豹”的夜场最为火爆，富士康的工人说：“没有工人没去过黑豹的，没去过的肯定也听过，没听过黑豹的肯定不是富士康的。”去黑豹已经成为一种“富士康人”的象征性仪式，无论喝不喝酒，跳不跳舞，富士康的工人们都愿意去里面坐一坐。

通过交友软件我们认识了一位名为张锐的90后农民工，他是湖北人，年后刚刚来到深圳务工，却在短短一个多月后从富士康辞职。工作时间虽短，张锐却是黑豹的常客，每周都要光顾两三次。经过几番沟通，张锐表示愿意带我们体验一下富士康的“夜生活”。2014年2月23日，我们与张锐第一次见面。张锐里面穿着只扣了一个扣子的亮蓝色翻领衬衫，外面搭配黑色的西装外套，头发做成了时下流行的发型——用发胶把刘海固定住露出额头，腰间皮带上垂下来一条细长的银色链子。张锐不时地眨动眼睛，显得有点害羞。

就在富士康附近，张锐把我们带到一个卖袜子和毛巾的摊档外，摊档对面有一条幽深的窄巷。张锐用手指了指巷子的深处说：“喏，这就是附近最火的夜场——黑豹。”

不比“关内”的夜场，这里没有巨大的标志和地毯，没有花篮和LED屏……只有红色和绿色的通电霓虹灯歪歪扭扭地写出“黑豹”两个字，这个招牌就钉在两人多宽的巷子口，黑漆漆的深巷顶部每隔几米亮起一条拳头宽的红色彩灯，隐隐约约可以听到低音炮沉重的鼓点声，空气中充斥着尿液和垃圾的味道。

幽深小巷的尽头，几十人交完十块钱入场费正在排着队过安检，后面还有人源源不断地涌入，结伴而来的年轻人彼此打闹着。在巷子口仅能隐约听到的鼓点声，到了这里音量已经大到要掀翻房顶，场内循环播放着网络DJ歌曲，DJ架着麦克大声呼喊着“3、2、1，一起来！”

场内红色、绿色、蓝色的射灯不断交织在一起变幻着形状。由于音乐声太大，我们只能竭力呼喊着问张锐为什么喜欢到黑豹玩，张锐也是一样呼喊着回答我们：“我喜欢这里的音乐，年轻人嘛，就喜欢节奏感强的。”

收费窗口收费的是个年轻的女孩，张锐和她打了个招呼，回过头和我们说：“常来的都认识了。”在张锐的带领下，我们没有像其他人一样排队过安检，而是跟着轻车熟路的张锐直接进了舞池附近的散台。与深圳市内吧台和卡座占大部分面积的酒吧不同，旱冰场是黑豹的主体部分。酒吧从外至内分为三圈：最外、面积最大的一环是给客人滑旱冰用的，较内一环是卡座和散台，最内是蹦迪的舞池。卡座和舞池由架高的楼梯连到门口，客人可以通过“天桥”越过呼啸而过的“旱冰车队”直接进入内场。

对于上班时间一律要穿工服的女工们来说，黑豹的休闲时光是难得可以穿自己喜欢的衣服的机会。普通身高的年轻女孩换上了十厘米左右的高跟鞋或是厚底鞋，短裙和蕾丝的上衣非常流行，男孩们大多也特意做了发型。市区内酒吧男女只需简单搭讪就迅速凑成一伙玩骰子，而黑豹的吧台上，大多是男生坐一桌或者是女生坐一桌，双方都比较保守，并不以异性交友为目的。女孩们拿着饮料不时凑到彼此耳边说几句话然后笑成一团。男生很少主动和女孩子搭讪，休息够了就去舞池里跳舞。

张锐和我们坐了一会儿主动提出请我们喝酒。也没问我们喝什么酒，径自为我们四个人和他自己各买了一罐青岛啤酒，张锐拿出五十块钱挥挥手大方地说："不用找了。"

"关内的酒吧你去过吗？"记者一边开啤酒一边问他。张锐呷了一口酒说道："去过啊，一个月去个一次半次吧。"熟悉不熟悉是影响张锐对酒吧好感的一个重要因素，陌生的路线、陌生的地方和陌生的人都让张锐无法对关内的酒吧产生好感。"我喜欢黑豹。关内的酒吧都不熟悉，不是朋友带我去，我自己就不去，我找不到路，（去了就）走丢了。再说去了也不知道和谁玩，黑豹我们都熟。"张锐笑了笑接着说："我不懂坐地铁，门一关怎么下车都不知道，我出门从来只坐公交。"

除了对关内的酒吧不熟悉之外，张锐不经常去关内玩的另外一个原因是关内的消费太高。"关内的酒吧装修啊什么的档次是比黑豹高，花钱也多。像这里就只有啤酒，一次就算请客也就一百块钱。去了关内就说不准了，洋酒啊什么酒都有。你看那些（关内的）人出手多大方。"在张锐眼里能在关内酒吧玩的人档次很高，赚的钱肯定也很多。"怎么也得月入五万才能像他们那么玩吧。"

酒还没喝完，张锐提议到最里面的舞池跳舞。我们走进拥挤的舞池，感觉胸口被音响一下下重重地捶着。舞池里男生很多，多数人并没有互动，只是独自摇摆着身体、摇摆着低垂的头。也有少数人完全放开自己，把手抬到头两边，整个身体随着节奏猛烈地晃动。我抬头，忽闪忽闪的射灯让我感觉一阵阵的晕眩袭来……我看不见屋顶天花板，忽然感觉不知自己身在何处，那是一种快忘了自己是谁，快忘了自己在做什么的飘忽之感。

舞池中，几对情侣抱在一起，身体随着音乐左右摆动，偶尔会在音乐突

图片 5:
黑豹酒吧门前

然大声的时候吻在一起，音乐声稍微小一点就迅速地分开，女孩子的头深深埋进男朋友怀里。音乐、闪烁的灯光、十元一位的入场费——黑豹是90后民工们约会的好地方。

舞池中的音乐声实在太吵了，我们很快就觉得无法再待下去，一首歌的时间像一个小时那么漫长。见张锐在舞池里跳得正尽兴，我们和他打了个招呼后从舞池中退到吧台旁边想要休息一下，身边一个体型微胖且西装革履的男人吸引了我们的注意。

简单地攀谈以后，不同于其他吧台客人沉默的回应，他热情地邀请我们一起喝酒摇骰子。他是黑豹的经理叶英，二十出头就离开湖北到各个城市打工。他很健谈，行为举止和舞池里摇摆着的年轻工人截然不同。曾经，他也和张锐一样，刚来城市时就去工厂落脚。然而，在工厂工作一段时间之后，叶英觉得当工人没有出路，于是跟着几个老乡去酒吧做起了酒保。在各个城市的酒吧"混"了将近十年，叶英现在已经是黑豹的二把手，算起来也称得上是半个"城里人"了。说起酒吧的管理叶英不无自豪："我们这个场子是附近最旺的，所有员工都是责任到岗，现在也讲究科学管理嘛。"看着舞池里跳舞的人，叶英不屑地说："我从来不去里面跳，在这里跳舞的人我都觉得特傻。"

叶英告诉我们，黑豹的日均人流量达到三千多，几乎都是富士康的工人。今天因为富士康加班所以客人比往常要少，如果是发工资的日子人数会比现在翻上一倍。尽管黑豹在90后农民工的群体里非常火爆，但是居住在观澜的本地居民对这些地方并不感兴趣。在观澜长大，混迹于夜场玩乐队的90后小俊不屑地嘲笑道："这些地方都是'杀马特''非主流贵族'才会去的。"

过了一会儿，张锐满头大汗地从舞池出来和我们汇合，看我们很累的样子，张锐提出请我们去附近的酸菜鱼大排档吃宵夜。酸菜鱼就在黑豹对面，虽然已经十二点多了但还是有不少人在这里吃宵夜，近一半的桌子都坐满了人。

张锐看也没看我们点了什么菜，直接把点菜的单子递给老板，又招呼着老板上了一打啤酒。张锐特意嘱咐了我们一句："没事，你们不用怕，我自己喝，出来玩就是尽兴，开心就行。你们随意。"张锐看着我们人手一部iPhone，他也掏出了他自己的国产智能手机放在桌上，把我们的手机要过去给他"观摩观摩"。张锐一边摸着手机一边说："你们应该都是富二代吧。拿土豪机出门不怕被抢啊？"

酒过三巡，张锐的话开始慢慢多起来，酸菜鱼冒出氤氲的蒸汽，热乎乎地往人脸上蹿。谈及从富士康辞职的原因，张锐说他工作得一点也不开心，"每天都是做一样的工作，根本学不到什么东西。再待下去我就得被逼疯了。那些线长也不是什么好人，不听话就安排你做最差的工作，我偏和他们对着干。谁怕谁。"和老家相比，张锐一点也不喜欢深圳，愤愤地说："深圳根本没有人情，都很冷漠，全都是骗子，发传单的也是骗子，卖东西的也是骗子，全是骗子。在老家这些都没有。”

在黑豹里，还能看见一些穿着黑色网格丝袜、画着烟熏妆的女孩子，酒吧里的保安说她们是“小鸡”（小姐），一百来块钱就可以带出去过夜。此时记者壮着胆子问他：“刚才黑豹里面应该是有‘小姐’吧，你有带过‘小姐’过夜吗？”张锐吸了一口烟，意味深长地笑了。他没有正面回答我们，却聊起了他对“小姐”这职业的看法，“大家都是为了赚钱，没有什么可瞧不起的，人家小姐还看不上我这种穷光蛋呢，她们出来接活，眼睛都长在头顶上。”

富士康男工多女工少，女孩子是稀缺资源，她们大多喜欢有一定经济基础的线长或者主任。有时女工被线长看上了，就算不喜欢也只能屈从，如果不从就会被故意安排到最差的岗位上工作。张锐自称虽然在工作时和不少女孩子关系暧昧，但是最后都没能在一起，他评价自己这段时间，“真的挺孤独的”。

12 瓶啤酒差不多都被张锐一个人喝了，我们第三次提起要回去的时候他已经有点站不住，这一次他没有再挽留我们，而是回过身去吐了一地。张锐朋友到大排档接他的时候张锐还没有酒醒，他的朋友苦笑一声说，“怎么又喝大了，你自己还能不能走了？”见张锐没有反应，他只好低下身扶起张锐跌跌撞撞地往出租屋走去。

不远处，黑豹红色和绿色的霓虹灯招牌在黑夜中仿佛一对眼睛闪闪烁烁，一队刚从黑豹出来的年轻人摇摇晃晃地缓缓走进夜色中。

想留不能留　欲归无处归

2013 年 7 月，下火车的一刻，赵朴看着眼前的罗湖火车站，他知道，他终于来到了这个“没来过深圳不知道人多有钱，不到北京不知道官多大权”的深圳了。23 岁的他之前从未踏出过湖北枣阳打工，对这个陌生的城市的第一感觉，比起兴奋，赵朴感到更多的是竟是伤感，第一次，他感觉到了“背井离乡”的意义。

谈及选择深圳的原因，赵朴说：“赚钱，不赚钱何必来深圳？”在赵朴距离深圳 1 479 公里的老家湖北枣阳，同学之间谈起去了“深圳”和“富士康”赚钱的老乡和同学，总是伴随着一股冒险和赚钱的兴奋之感。通过上网，赵朴了解到了不少深圳和富士康的资料。“钱好赚，底薪高”赵朴看着网上写着，深圳富士康，底薪 2 200 元，加上加班费综合工资可达 3 000～4 000 元，网上媒体对深圳的一切描述都充满着“敢闯敢干”“赚钱”等积极词汇，对于赵朴这样年轻而有想法的毕业生来说，这样的描述让他对深圳充满向往。赵朴和他的同学，四个男生一合计，拿上自己的行当，怀着期待坐上了南下深圳的火车。

虽然是第一次外出打工，但对于广东，赵朴并不陌生。赵朴的父母原是老家的小学老师，后来枣阳的学校逐渐变少，父母决定南下去东莞打工，弟弟和父母一直在东莞打工至今，而赵朴则待在老家由奶奶一手带大。

在富士康工作了一阵子的赵朴，失望地发现深圳与理想的掘金之地相去甚远。

观澜并不便捷繁华的生活环境，让对深圳充满美好憧憬的赵朴内心无数次惊愕："我天，这是什么地方？！"

而没来深圳之前，赵朴觉得"好高"的富士康底薪 2 200 元——在遭遇了深圳的高生活成本以后，已经所剩无几。"钱没有那么好赚……虽然工资的确是网上说的数字，但是生活的开销很大。"富士康的吃住都会从员工的工资中扣取，虽然饭堂的饭菜价钱比起外面的要偏低，一顿饭也在 8 元左右，一日三餐加起来并不是一个小数目。

和许多富士康工人一样，赵朴的主要活动范围都在工厂附近，仅有的对市内情况的了解，都是一两次匆匆地路过。

因为看病，赵朴只有两次去到市内。他独自辗转公车、地铁来到位于福田区的北京大学深圳医院。坐在一辆行驶在深南大道的公交车上，透过车窗，深南大道两侧流光溢彩的街景和林立的高楼飞快地从赵朴眼帘下划过。这景色多少还原了深圳的繁华，"当时觉得——果然，深圳和枣阳还是不一样的，毕竟是大城市"。

而他对深圳其他区的印象，则都是从深南大道那仅有的惊鸿几瞥中延伸想象出来的。

"罗湖很牛吧？"听说记者家在罗湖，赵朴这样问道。

"为什么觉得罗湖牛呢？"

"虽然我没去过，但是深圳这么牛，罗湖也不会差到哪去。"赵朴这样解释他对罗湖的印象，随即又补充道："南山地价比较贵？我不知道。反正不关我事，一无所有的人对什么都不屑。"

"过完年之后去哪里？""留在富士康呗，不然还能去哪里。"赵朴想创业，但还没有具体的想法。记者鼓励他，提及我们的父辈也是在一九八几年来到深圳，从白手起家到现在成家立业的。

赵朴苦笑道："时代能让你爸在一无所有的时候遇到你妈，现在的深圳却不能让我一无所有地娶任何一个姑娘。"

在富士康的状态并不如意，单调乏味的工作让赵朴感觉不舒服，但他很迷茫，以自己的能力和文凭又不知除了工厂，还能去深圳哪里落脚？

赵朴觉得他对深圳的认同感需要一种人和城市相互的认可，而城市对人的认可其实是体现在一些客观条件上，比如自己的家人和房子在哪里，就觉得哪里是自己的城。

"毕竟深圳只是一座城市，它也不会说话，但是当你在这个城市有了稳定的住所，有了家人，有了工作，你可能就觉得它也认同你了。"

"你的父母和弟弟在东莞，那你觉得东莞是你的家吗？"

"不会。"赵朴思考了一下，说道："我过年的时候在东莞和家人一起过的，但是自己知道，在东莞的日子不长久，因为我没有自己的工作。”

2月，记者年后再联系赵朴时，他告诉我他参加了观澜富士康IE（Industry Engineering）学院的“商务英语”培训课程。富士康IE学院，是富士康设置在厂区内专门给其员工提供课程培训的学校，除了一些短期课程以外，还与一些院校合作办学进行中专和大专教学，可发放大专文凭。

在岗的富士康工人仅需和富士康签订承诺服务多少年的合同，即可以报名在IE学院上课。

赵朴考虑了一下，自己似乎在近期内没有想到可去的地方，这种课程对他来说完全等同于免费，因此他就报了商务英语的班。赵朴认为，富士康IE学院也是富士康通过培训而试图留住年轻工人的一种方法，对年轻人来说未尝不是好事，“我们现在这些年轻人来到城市，和以前的年轻人不一样了，我们的想法也比较多，教育可以帮助我们实现想法。”然而在上了两次“商务英语”的培训课后，赵朴对课程过于浅显的内容感到失望——IE学院的课程统一通过PPT在课堂上展示，学生手里并不发放任何资料。课程的难度相当于一般初中水平的难度。

赵朴一直认为商务英语应该是商务精英的课程，上课的讲师至少也应是西装革履谈吐非凡。赵朴看着眼前这一百多人乱哄哄的大教室……听着老师上课教授着他早已学过的内容，有些郁闷。“很难想象这样的教室上的课会是‘商务英语’。”赵朴了解到，富士康开办这些班主要是面向大众的浅显课程，课程质量自然不会太好。IE学院的课程普通的班一般都在100～200人，由于富士康全年订单并不稳定，在加班时间少工资不高的时候，通过免费的培训课程留住产线上的工人是富士康开设这类课程的主要原因。

留在深圳，对于赵朴来说是一件需要等待转机的事情。想要成为一个“深圳人”，获得深圳户口似乎是一个必经之路。赵朴也曾经在网上了解过深圳的“积分落户”的政策。但渴望一个稳定的家的赵朴直言，假如在深圳没有事业的话，他会回到家乡附近的县城生活。

“毕竟是比较熟悉的地方，我身边打算回老家县城附近生活的人可能占到80%～90%的样子。”但是赵朴认为这是一个恶性循环，第一代从农村到城市赚钱，然后带着老病的身躯回到农村盖房子，然后打工者的下一代继续来城市寻求更好的发展……

赵朴说：“其实我并没有想一定要在哪里生活。假如我以后的女朋友希望在她的家乡工作，我们两个人都能找到比较好的工作的话，我也会愿意和她去的。”赵朴自认自己是个比较传统的人，最希望的是拥有一个稳定的家庭，“哪里我有的资源比较多，我们能有的生活水平比较高，就去哪儿生活。”

回到熟悉的老家，虽然看起来是一件比在大城市漂要舒服的事情，但对于赵朴这样已经来过北上广深打拼的人来说，其实并不容易。想到假如自己回到枣阳，赵朴时常觉得迷茫，不知道能做什么。刚返乡的年轻人在老家往往都会经历这样的迷茫期——找不到适合自己的工作，也接受不了农村生活的冷清。

“接下来打算怎么办？”赵朴有点茫然，摇摇头，“还不知道……先在富士康继续做着，至少富士康比其他厂好多了。慢慢再看吧……”

赵朴也清楚，在富士康的工作只能是暂时的，可是以他的文化水平，在深圳打拼也很难长久。赵朴觉得学英语是他目前资源最充足的一个方向，网络和身边知晓英语的朋友都可以给予他帮助，但除了这免费的 IE 学院课程以外，富士康一周只有一天休息的作息让赵朴很难报到时间合适的英语培训班。赵朴羡慕坐办公室的白领，也把白领当作自己努力的方向，但更长远的，他也和大多数在北上广深的年轻人一样，认为深圳是一个能通过创业便一夜致富的城市，他们也有着自己的创业梦想。

“东西南北中，发财到广东”，深圳被描述成一个创业氛围浓厚、容易致富的地方。2010 年，深圳市总工会发布的《深圳新生代农民工生存状况调查报告》数据显示，新生代农民工有着强烈的创业意愿，有 38.2% 的新生代农民工希望在未来一年中能够创业当老板，高于老一代农民工 27.5% 的比例。在社会机构所提供的培训课程中，有 55.9% 的新生代希望获得创业知识的培训，高于老一代 41.7% 的比例。在对自己未来预期上，新生代希望回家乡创业的有 37.6%，老一代希望回家乡创业的有 34.2%。

“想创业，但具体做什么，怎么做，还没有想法。”赵朴有些无奈，“创业都是很好很难，目前还看不到什么开始的方法。”他也会问记者，“身边创业的人都是如何开始的？”“有哪些政策？”

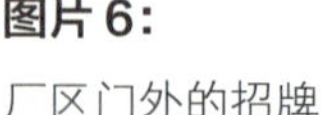
图片 6:
厂区门外的招牌

一城又一城："城市没那么好闯"

那么，假如在城市多工作几年，获得了更多的社会经验，是否能让90后外来农民工融入城市更有信心呢？抱着这样的想法，记者前往另一家工厂实习，希望找到来深圳工作有些年头的90后务工人员，了解他们在几年的城市工作历练后是否对在城市扎根发展更游刃有余。

这次实习的卓越五金厂位于丹竹头地铁站附近。整个厂里员工加起来只有70到80人，是一家小规模的五金厂，长年接收一些窗框、门框等五金产品的制作订单，由于生意不大，每天仅加1～2小时的班。年底订单增多，但此时已是12月，不少工人已回乡过年了，着急招聘的厂家对临时工的招聘放松了许多，记者作为一名实习的临时普工顺利进入了工厂。

记者所工作的车间叫制框部，顾名思义，就是制造各种金属框架的部门。走进车间，一眼就被厂房内部的各种轰鸣的机器声吸引。工人们都在靠近车间大门的一边工作，他们一一站在各自的桌子前，接棒似的完成拼接、安装、包装一个个五金制品，如钢化玻璃，三角窗框铝条等。工作场所简陋地由水泥地和各种木桌、机器组成，地上还有因拖拉货物造成的拖痕。上了年纪的女工告诉记者："小姑娘别穿漂亮衣服来，这里搬搬抬抬的磨损衣服。"油渍与金属，还有身穿灰色衣服的工人，组成了整个灰色调的厂房。

一个身穿黑色运动服的青年男子一直在工人中走动，手里拿着扳手和手套，时不时对工人正在制作的板敲敲打打。大概是见记者实在笨手笨脚，几

图片7：
五金厂

小时后他忍不住问道："你是第一次出来打工吧？"

在得到肯定的回答后，他笑着说，"看得出来。"

"你是监工吗？"记者问。他笑着说："这里没有监工，我是品质部的。"品质部，也就是在工人生产工作时检查产品质量并处理不合格产品的部门。他叫林生，1.7 米出头的他说话夹着浓重的广西口音，偶尔会开玩笑用不标准的粤语和工友们打趣。虽然每天都穿着一样的黑色运动服，但他总是用发胶仔细地把刘海竖起来，一副精神抖擞的模样穿梭在机器之间。他爽快地答应向记者分享自己的故事，但聊天中总是小心翼翼地用着"有很多方面的原因""也有这原因""也不是吧"这样的话自我修正，显得并不自信。

1991 年出生的他 2010 年中专技校毕业后，怀揣着毕业证、维修电工、制冷等级等证书，从老家广西柳州和老乡结伴到佛山找工作。几番努力后，他们却发现作为一个刚毕业的毛头中专生，竟然找不到任何愿意招收没有经验的维修工人的公司，他自嘲地笑道："除了毕业证以外，考的一大堆证没一个找工作能用上的。"

这出师不利的找工作经历，让林生初识到城市对外来年轻工人的不友善，"那时打击挺大的，第一次发现城市没有那么好闯"。

忍饥挨饿地挨了一阵子后，一起出来的发小兄弟们也坐不住了，一个个地四散去其他城市投奔亲戚。到最后，只剩下一个发小和林生在佛山继续漂着。林生获得的第一份工作，是在工地里漆墙壁。现在想起来，林生对刷油漆时每天接触的高耸的梯子仍心有余悸。

此后两年，林生也记不清自己跑了几个工厂，"真的是数不清，几天就走的也有。辞工的原因，很多时候是考虑会不会和我的兼职时间冲突"。林生说的兼职，是指工作之余做"完美"直销公司的销售，两年的时间下来，做销售改变了他内向的性格，兼职赚到的钱比他在工厂里的工资还要高，这让林生感觉到城市果然是好赚钱的地方。

不过，为了来到从小梦想的城市深圳，林生辞掉在佛山做得风生水起的直销工作，跑来特区重新开始。然而，两年的工作经历并没有为他在深圳的求职带来高起点。为了找到一份合心意的工作，林生和老乡在龙华三和人才大市场旁边的招待所住了一个月。最后，他们连一晚五十元左右的房费也要承担不起了，于是他草草选择了一份按件算钱的物流工厂搬运工的工作，时常汗流浃背地搬运到夜里一两点才下班。后来辗转来到卓越五金厂工作，林生总算暂时安稳地工作了。

作为一名临时普工，车间主任只安排记者做最简单的包装工作。需要包装的金属框长两米，包装的时候需要来回走动，根本不能坐下。四五个小时下来，因为手上的动作不停地分散了注意力，脚酸但还可以勉强忍受。但是工作的单调实在让人不想继续，这样简单的工作其实完全可以让机器取代，林生也赞同记者的想法，他说："你看到我走来走去，好像我比你们自由很多。其实我也已经够无聊了，如果还要我像普工一样一直站在那里，我得发疯！”

在工厂里做着重复的工作，自娱自乐和偷懒是年轻人必须掌握的“技能”。每次去隔壁仓库拿纸皮箱的时候，林生都会指着生产螺丝的油乎乎的机器兴奋地让记者看：“你看看这螺丝是这样生产出来的，是不是很有意思？”

年纪稍长的工人们已经对卓越五金厂的工作节奏感到非常满意。一起安装零件的时候，同事和记者说：“这里的主管已经很好了，在电子厂工作的时候，哎呀……被骂得哟……”她皱起眉头和鼻子，摆了摆手。

即使不加班，林生也不常出去走，“我一般都待在宿舍，用 Wi-Fi 看电视剧。一个大男人，出去逛没意思”。记者惊讶地发现，林生对附近的建筑还没有仅到工厂 5 天的记者熟悉，当记者约他在一家猪肚鸡火锅店吃饭的时候，直走 15 分钟脚程的路他却迷路了近 30 分钟才找到。他认为对附近的建筑环境熟悉是没必要的，“平时吃喝都在厂里包了，人家都说深圳消费水平高，我看这还是看个人，像我都不用花什么钱，工资 3000 多都尽量省了下来”。

林生对记者说，也像对自己说：“记得不要忘记自己的目标，想做什么，想得到什么。日子就会少走些弯路。”

记者问他，“你的目标是什么呢？”

“不求钱多，有个家庭，有稳定的收入……”

似乎怕记者觉得他的目标太低，他停下来自嘲地笑笑，“我的目标简单吧？”虽然自认是个简单的目标，但他还是认为自己失败了：“曾经追求过，努力过，出来工作四年了还是没看到希望。”

林生也知道，即使换一个城市，他能找到的工作也是像在佛山、深圳一样，在一些小工厂里工作，这样的工作并不能学到什么东西，“这也是我对自己感到最失望的地方……不敢去挑战自己，像原来的直销工作才能学到东西，来钱也快。但是我需要工厂的工作，因为这是一份相对稳定的收入”。然而由于来到深圳，重新开始的他丢失了原来销售的客户，他只能重新成为一名工厂工人。

即使这样，林生还是盘算着，等攒够一些钱了，就再次离开深圳去北京，“我有个老乡在北京，在那边混得不错”。“不担心和来到深圳的时候一样很难找工作吗？”林生歪了歪头：“唔，其实我觉得找一份工作还是不难的，我要求也不高，现在三千多已经比以前好了，在北京混几年如果找到四五千的工作就很满足了。”

未来会怎么样？虽然已经是在城市工作好几年的“资深”打工者了，然而内心依旧摆脱不了迷茫。沉默一阵，林生眼神飘忽着低声道：“最后，我总会存到钱做点小生意的吧，在城市或者回老家，反正总不能一辈子打工啊。”

成功的打工仔　一样的异乡人

“打工仔”，年轻的90后农民工不愿将这当作自己往后的职业。他们来到城市，多数人的目的是掘金，“打工”不过是他们眼中积累资本的工具，不少人都是怀着“创业当老板”的目标在奋斗。阿辉便是从农村来到城市“闯荡”的佼佼者之一，创业成功的他或许已经获得了大多数同龄农民工梦寐以求的收入，但他却觉得即使在深圳成了家，他也还是要落叶归根的异乡人。

“既然是一起混的，说明大家都好不到哪里去。那我们干吗还和他们一起玩呢？”高中未毕业便退学进城打工的阿辉一直谨记姑丈的这句话。他曾在流水线上工作，和张锐一样，家庭压力不大，少年顽劣，学业未成，只身来到城里打工。而和张锐不一样的是，阿辉从未满足于“打工仔”的角色，但他也并非崇拜已经是“深圳人”的姑姑和姑丈，他只是想从这群人里头“混”出成绩来。

创业成功也是“外地人”

阿辉出身韶关仁化县的一个农村，高中还没毕业就去到东莞打工。

如今他和老乡阿达一起带领着一个七八人的团队，合伙在深圳做物流生意。每个月最低能有两万元的收入。“现在肯定比以前在工厂打工好，你看现在打工的，怎么能过上我们这样的生活。”

1月18日，阿辉约记者到他住所附近的肯德基坐坐，顺便见见他未来的妻子阿雅。几天后，也就是腊月廿二下午，阿辉和深圳本地人的女朋友阿雅准备领结婚证了。两三个月前，记者就听说阿辉和一个本地女孩在谈恋爱。当时觉得，他一个农村出来打拼的小伙子，在深圳没车没房，一双老父母在农村……女孩的家长肯定不让嫁的，估计他俩不能成。

阿辉在初中时代，是一个典型的“问题少年”，他的父母既管不动他，也不懂得管他。他形容自己为“那种老师天天要找家长还找不到的人”。初中毕业的那个暑假，他迫不及待往外跑，到舅舅在东莞开的工厂里打工。

“赚钱”，是农村里年轻人进城打工的最大动力。阿辉毫不避讳这一点：“我不喜欢读书，就想赚钱。”从农村走到城市后变身东莞工厂老板的舅舅是阿辉崇拜的对象，也是他的目标。他知道舅舅经常会和一些朋友在办公室喝茶，仗着自己是厂里老板的外甥，也不见外了，阿辉就时常跑到办公室和大人们坐在一起，给他们泡泡茶，听他们聊天，生意人的人情世故，阿辉也学到了不少。

在舅舅的工厂打工半年后，阿辉在上海做物流生意的堂哥缺人手，想找阿辉去帮忙，阿辉爸爸独自便应承了下来。做事醒目利索的阿辉跟着堂哥干了一年多后独自单干，自此，阿辉便从打工仔变成了创业者。

2011 年 7 月，阿辉带着他的第一桶金回老家的县城买了一套商品房，打算把爸妈接出农村，自己结婚以后和爸妈住在一起。

趁着回乡买房，阿辉在老家休息了三个月。虽说是休息，他其实也没有闲着，和同样在上海做物流生意的阿达商量着将生意做到深圳。

从上海到深圳，阿辉说，他选择的创业伙伴只有老乡，“我信奉一点，社会上的人，我不对你真心，你也不会对我真心。对那些不是老乡的人我信不过”。

其实阿辉的创业过程中，从未被不是老乡的人的欺骗过，只是这个年轻的 90 后也和他的父辈一样，将信赖紧紧依附在同乡情结上，按他的话说，“不是‘知根知底’的人我不愿意相信，那些我‘带’出来的人大都是从小就认识的，什么性格我都清楚。太老实和太精明的我都不愿意跟他们一起干。其他地方的人也有他们自己的圈子，你怎么知道别人有没有在暗地里盘算你”。

在外闯荡多年，阿辉现在作为一个小老板，尽管物质上活得和城里人一样，却没有他自己的城市交际圈，无论在他自己心里还是在别人眼里，他始终是“外地人”。

21 日，在见了他的妻子阿雅第一面后，记者被阿辉带到了他的住所。两室一厅的出租屋里，除了卫生间和睡觉的房间，其他地方堆满了货物，阿辉嫌太乱，就把记者带到阿达家聊天了。对于阿辉来说，阿达不仅是他生意上的伙伴，更是生活上来往最亲密的朋友。阿辉和女友从未在自己的住处做饭，“他们（阿达及其女友）一般都会在家煮饭吃，我要是不在外面跟客户吃饭都在他这里吃。他们煮了饭都会打电话给我叫我过来。”阿辉指了指阿达，阿达正在茶几边泡着工夫茶。

在最近半年来，记者和阿辉一起吃过五六次饭。一起出现的除了女友阿雅就是老乡阿达，没有见阿辉带在深圳认识的新朋友赴约。阿辉说：“在这地方谁都不认识谁，谁都不能信。”

回不去的农村

1 月 22 日下午，待阿辉和阿雅领完结婚证，记者和阿辉、阿达一起开着车回韶关去了。阿辉说，要给老婆一个像样的新房，就在仁化县城。

回到韶关已经是晚上八点多，阿达没有把一车人载回村子里的老家，而是直接开去了仁化县城里。“等会儿朋友请我们吃饭，好几个是我‘带出来’（做生意）的。”阿辉说，他 1990 年出生，2007 年第一次走出农村，用阿辉自己的话说，现在算是“混出了样子”。

饭后，一行人继续开车赶路，到阿辉的家门口已经是晚上十一点多。

他家的大门面向村子外最宽的一条马路，沿路一排的屋子只有阿辉家的大门还敞开着，屋内的灯光透出来，在夜色已深的农村很是显眼。

阿辉家的客厅做着“麻将馆”的生意。他的妈妈见小车停在家门口，连

图片 8：
阿辉家的麻将店

忙出来迎接儿子。一边接过儿子从车上拿下的东西，一边用家乡话问“这是什么东西？”“这又是什么，这么重？”“肚子饿不饿？”

走进客厅，四张麻将桌靠着其中一面墙一字排开，有三张正在“开台”，其中一张围坐着的是一群和阿辉年纪相仿的男孩儿，见阿辉回来，和他打了声招呼。阿辉的爸爸坐在屋子最里的麻将桌旁和“客人”一起打着麻将，阿辉唤了一声“爸爸”，他只抬头应了一声，便低头继续。

阿辉径直上楼，二楼是用木板搭起来的隔层。楼梯右手边堆放着杂物，左手边是两张只有床垫没有床架的床，一张给阿辉回来的时候睡，另一张则是阿辉的两个姐姐回家的时候睡。阿辉的大姐在镇上做医生，二姐嫁了人，住在仁化县城。

阿辉把行李放下后下了楼，点了根烟，在门口抽了起来：“我爸身体不好又不能出去打工，开这个麻将馆每天晚上‘搞’到两三点。”

客厅的另一边，一台缝纫机、一张茶几、一张长竹藤沙发贴墙而放。茶几、地上和一张空着的麻将桌上都零散地放着一些没有做好的窗帘布和一些做窗帘用的材料。阿辉的妈妈懂裁缝，平时接一些做窗帘的活儿。

第二天一早，阿辉爸爸还在睡觉，妈妈一会儿坐在缝纫机前做窗帘，一会走出大门和邻居聊天。阿辉借了朋友的车开车去了仁化县城，走之前抱怨着：“一个个在家有空得不得了，半年了都没一个人去弄一下（仁化县城的新）房子，好像不是他们的一样。”

仁化县城的房子，阿辉买了近两年了，却还没有装修好。平时都是他在仁化的朋友抽空帮他照应着。这次春节回家，最主要的事情就是装修房子。新房子四五月份能入住，阿辉打算等到那时摆结婚酒席。

“那时嫂子的肚子都挺大了，还方便么？”记者问。

“怎么样也要给人家一个像样的房子结婚吧，你看现在住的地方像什么，我连澡都不想洗。”

多年不居家，阿辉并没有成为真正意义上的“城里人”，却也已经住不惯生他养他的农村。无论是越发破旧拥挤的农村老房子，还是要让出一半空间用来“做生意”的客厅，都不是阿辉愿意呈献给深圳本地人阿雅的东西。既然短时间内在深圳买房还是奢望，那么家乡县城正好是他们选择的折中点。

深圳的婚姻和房子

提及买房，其实阿辉并不喜欢深圳，“太挤了，到处都是人”。

“那你喜欢怎么样的生活环境？”

“天大地大。”阿辉笑着回答。

“那你还是想回到老家？没想过在深圳扎根？”

“赚够钱就在深圳买房，但是买了也不想住，以后打算回仁化。”

虽说阿辉不想在深圳买房扎根，但阿雅的妈妈并不这么想。要将女儿嫁给他，她给阿辉提的条件就是：必须在深圳买房。

阿雅中专毕业后工作了半年，2013年8月在男装店里卖衣服认识了阿辉。他俩领证一个月后，今年3月记者和阿雅单独约出来聊天，“和他在一起的时候只是想着谈恋爱，没想过结婚的”，她告诉记者。

现在，阿雅把卖衣服的工作辞了，阿辉每月最多能赚六七万，最少一个月也有两三万的收入，足以支撑两人的生活开支。

两人决定结婚后，阿辉并没有第一时间拜访自己未来的丈母娘，而是首先赶回老家，重启县城新房的装修工程，以备结婚用。按照阿辉当时的想法，结婚后将妻子接回老家和自己的爸妈一起住。

阿辉的想法并没有得到阿雅家人的赞同。提出了条件：男孩要在深圳买房，不能让小孩生活在出租房里。“我妈妈是想我找个本地人的，有车有房，以后结婚了也不用做太多家务，有人帮我做。我在家都不做事的，不用洗碗、不用搞卫生。”阿雅和我说。

阿雅的外婆在一开始强烈反对两人的婚事，“我外婆是最反对的，她要我找个有钱的本地人结婚。当时阿辉来我家，她就说一句‘嫁鸡随鸡咯’”。

阿雅的爸妈也没有将阿辉逼得太紧，愿意给眼前的小伙子时间。作为本地人，阿雅的爸妈在龙岗有一栋自建房，说可以空一层房间出来给阿辉和阿雅住，可是阿辉坚决地谢绝了未来岳父岳母的心意。

“我宁愿租个差一点的房子也不会住他们家的，不要让人家看不起，说我吃他们的用他们的。”阿辉这样说道。这个农村小伙儿的自尊心第一次这样强烈地表达出来，对于他而言，阿雅究竟是“本地人”。

阿辉来深圳只有一年左右的时间，目前的存款还不足以买房，他在龙华租了一间二居室。阿雅现在怀孕三个多月了，一个星期只去那儿住两三天，多数时间都在自己家，由爸妈照顾。

在深圳买房——是阿辉对丈母娘不得不许下的承诺，但是这个出身农村的小伙儿，既没有深圳户口，对这座城市也从没有表达出多大的热情，这里只是他事业的驻扎点。他事业上的成就或许是目前许许多多打工者的奋斗目标，但即使是这样，阿辉和阿达都不觉得自己是所谓的“深圳人”。他们与这座城市，更多的是金钱和事业上的联系，婚姻和交际圈都更多地固化在农村。即便少数人能像阿辉这样娶到深圳姑娘，想要达到丈母娘“买房定居深圳”的要求也是一个漫长的过程。

总之，深圳对于阿辉和更多的普通打工者来说，终究是异乡。

结语：出入城市的边缘

这些从老乡口中听说了深圳一个又一个发迹故事的年轻外乡人，踏上一辆辆飞速南下的火车，跨过千万里土地，来到这个中国改革开放以来的第一个经济特区。每当他们告诉记者漂在每个城市的感受的时候，他们似乎从来没有想过要和这个城市的人、事发生金钱以外的任何关系。阿辉一点不羡慕深圳所谓“全国最高的社保缴纳水平”，不屑地表示：“我赚大把钱啊，要什么社保。”而仍处于挣钱求生阶段的大部分 90 后打工者们则疲于奔命，无暇深思，“什么归属感之类的，大家只管赚钱，其实并不考虑这个问题。”赵朴曾经这样和我说。作为同龄人，90 后有着对自己未来共同的迷茫，然而对比城里 90 后“如何在城市活得好”的顾虑，“如何在城市留下来”是一个会引发大多数 90 后外来打工者沉默的问题。

根据 2013 年深圳统计年鉴数据显示，1980 年到 2012 年，深圳非户籍人口年平均增长率为 29.5%。其中，2012 年统计在深圳从事制造业的年末劳动人口 3 464 219 人，为所有行业之最，达到了全市人口的 32.8%。

“先成功，再追求物质”，这是毛志刚融入深圳这座城市的途径。这个生活在深圳的小伙身上最鲜明的标签是“90 后”“诗人”，他曾经入围《香港诗人》评选的“中国 90 后十大诗人排行榜”。

然而，在毛志刚收获功名之前，他是一名普通的小区保安，对文学的执着与伯乐的赏识让他比普通的 90 后进城农民工更早一步体会了深圳“成功人士”的鲜花与荣誉。

记者问：“你觉得自己是深圳人吗？”

“是啊。”他爽快地回答，推了推眼镜，“我现在正在办理那个‘积分落户’。”

写作，这是毛志刚的爱好，也是他在这所城市立足的工具。

毛志刚坦言，在获得了一定的社会地位后，如今已经在追求更高的物质生活了。他目前是《深圳投资者》杂志的执行主编，这是主要刊登商业类文章的杂志。曾经认为自己写不了“软文”的毛志刚，目前写着这类稿件也驾轻就熟了。虽然平常有空还是会写写诗，但因为在圈内有了名气，毛志刚会经常被邀请去参加演讲等活动。

“都说深圳是个赚钱的地方，你觉得呢？”

“不是说深圳是个大染缸吗？我也被‘染了’。”毛志刚略带羞涩地笑了笑，“我们的领导都开的是豪车呢。我是准备在这儿安家立业的，大概三十岁结婚吧，想找个能和我一样喜欢诗歌，能灵魂相伴的女人，呵呵。”

走在工业区附近，无论是小卖店门外的电视机前，还是叫卖声不绝于耳的步行街道上，夜晚都能看到记者的同龄人穿着工厂制服认真地看着电视，挑选着心仪的小商品。记者不禁会想，这是他们到过的第几座城市？这是他们做过的第几份工作？接下来他们会想在这里生根发芽吗？还是在打听着另一个城市里某某工厂的工资有多少？

或许当我们真的将问题抛给他们时，他们也不知道该如何回答。像林生、赵朴一样，不知如何改变，改变了又会怎么样。

他们带着青春和闯荡城市的热情，却日复一日地在冰冷的流水线上机械地重复组装的动作，拿着平均年薪 46 000 的工资，游荡在无关繁华的城市边缘。

而由于不可阻挡的人力成本上涨，厂家们正在准备从人力到机器的转型——《深圳商报》报道，目前在富士康部分产线，机器人生产的工作已达到 70%。而富士康旗下的鸿海集团在 2014 年公告中对大陆赐福科技和福匠机器人“产线自动化”项目的投资也证实了富士康打算用机器逐步将普工替代的趋势。

当城市的边缘也再不需要他们的工厂时，融入城市于他们而言是否变成了一个渐行渐远的梦想？

（文内采访对象均为化名）

学生感言

做了，就有成功的希望

陈柳月

在毕业三年之际，从尹连根老师处得知我们的毕业设计有幸被结集成书的消息实在是很惊喜，感谢学院诸位老师为推进此事付出的时间与精力。

选题之时，我们尝试通过毕设来了解在富士康“十连跳”背后那些渴望着栖身于城市安身立命的90后农民工们的生活情况。这批正在逐渐迈向三十岁的打工者们在城市中是日益习惯，还是已经踏上了返乡的火车？穿梭在黑白调流水线和五彩缤纷的城市边缘，我们希望这篇文章能唤起人们对这一群体的关注。

毕业多年后回看这篇文章，毕设时首次驾驭“城市认同感”这样广大的命题，最后的成文在采访和写作上都有许多稚嫩与不足，部分描述或许会显得有些冗余。最近三年由于各种自媒体的发展，新闻报道已经成了任何人都能做的事情，但就是在这种背景下再回顾这篇文章，我不禁为报道中所呈现的对各种细节的真诚描述所感动——我们实在是太想把我们眼中的采访对象写出来，又怕我们的主观印象会影响读者的观感，于是通过大量白描和对话，以求尽量还原现场，把事实完整地呈现。

当时，我们经历了日夜颠倒的生活，白天补眠做饭，晚上去夜场结识工友。我们住在观澜的一个出租屋里，每天晚上伴随着风声入睡，偶尔把手放在门缝的位置，就能感受到寒风的形状。几个从未有社会交友经验的学生，鼓足了最大的勇气，去陌生的90后工人夜生活世界探访，尽全力变成“他们”。这些接近社会的试探经历，大大把人从想象中的社会环境拖入真实的境遇，从猎奇到惊讶、思考……我们观察，记录，整理，讨论，花了一些时日消化，才了解他们的言行习惯背后到底折射了什么。

多年过去了，最终进不去的富士康也好，约不出来的采访对象也罢，这毕设中最重要的，对于我们来说，就是有些初想觉得难以实施的环节，我们都尝试去做了。在踏出第一步之前，脑海中浮现着一千个一万个困难和不可能，但当我们来到了大水坑一村的时候，这些不可能在彼此的陪伴下一个一个地击破了。

毕业设计对于新闻系的学生来说，当时或许是让你焦头烂额偶尔“崩溃”的一个大任务，但当你毕业以后再回头看，一个选题花几个月来完成，实地采访十几天，强迫自己进入一个完全不熟悉甚至有些危险的场所进行冷静观察与记录……这种经历，对于大部分新闻系学生来说，拿到毕业证以后的几十年或许也再难经历。感谢尹连根老师，对当初面对着庞大选题时常晕头转向的我们不厌其烦地指导。在老师的指导下，我们在所有的采访和文字上全力以赴，给四年的专业学习一个交代。

在毕业以后三年多的生活和工作中，总有一些梦想和目标离自己那么遥远，但幸运的是，新闻系这宝贵的毕设，让我们一起上过很重要的一课：只要去做了，我们就获得了成功的希望。

指导老师的话

另类视角的诠释

尹连根

这个选题源于当时轰动全国的富士康员工连续跳楼事件，学生们想借跳楼事件一探这些打工仔们的真实生活，走近他们以展示他们的内心世界。由于种种原因，富士康的内部世界处于一种封闭的状态，以至于鲜有媒体能打入其中并得以公开报道它。该小组虽然百般努力也未果，最后只能打一场“外围战”，透过与工人们八小时之外的接触来深度描摹其物质与精神生活状态，及其背后的酸甜苦辣。

该小组在运用同理心以进入采访对象精神世界方面做得比较成功。由于距离学校太远、来回不便，他们后来索性在附近租了房子，住了半个月左右。厂门外、马路边、酒吧里……他们与采访对象厮混在一起，吃饭、喝酒、抽烟，体味其生活，感受其内心。到最后，有采访对象要离开深圳的时候，我们的学生们成了送别的人。

本篇报道所努力反映的是工人们在城市中所处的边缘生活状态与边缘心态。他们在深圳？但其实他们很少有人是深圳市中心的常客；而且，在深圳人眼里，他们是深圳的外来客，是十足的乡下人。他们是乡下人？但其实他们又是在富士康这样世界知名的企业里打工，每天出没于那周而复始、永不停歇的流水线。状态决定心态，边缘性的生活状态导致他们边缘性的心理状态，不知道心该放在哪？大千世界，却哪里都放不下一颗边缘的心。

总之，这篇报道也许可以视作几个年轻人对当时的富士康跳楼事件所提供的另类视角的诠释吧。

我过几天就要回老家读书了，回老家前，想好好看看城里的公办学校到底是什么样的，回去好告诉我们老家的伙伴们。

外来务工子弟：无处安放的书桌

指导老师：刘劲松
小组成员：赖苏婷、曹燚炜、卓小琴、张姗姗、麦小丽
毕设时间：2014 年

图片 1：
也许“深圳速度”不等待他们
（本文图片均为小组成员拍摄）

有这样一群孩子，他们从小跟随父母来到深圳这座繁华城市。但因为没有深圳户口、父母交不起超生罚款等原因，他们面临着辍学、留守、不停转学的处境，在父母打工的城市与家乡之间辗转，始终难以在深圳安放一张“书桌”。

他们，没有选择居住城市的权利，没有选择学校的权利，有时候甚至要放弃继续求学的念头。他们的父母，是街边摆摊的小贩，是在街边披星戴月的环卫工人，是在工厂生产线上的工人。

这些孩子带着憧憬，也带着惶恐，推开了城市的大门。在深圳这座繁华都市里，他们如何成长，又有怎样的故事？

来了，走了

“我是被爸妈逼着来这里的！”

民办学校福华小学小卖部门口，扎着马尾辫的小李这样答着，她和福华学校许多学生一样，在午饭的时间徘徊在校外的小卖部，靠吃点零食当午餐。

“我才不想来深圳读书，我想一直在老家，我觉得老家很好。”

对于来自广西北流的小李来说，福华学校的教学质量还不如她老家的优质学校。她是今年刚从老家转过这边上学，因为父母想把她带在身边。

她的一个叫小何的同学也和她有一样的处境，刚刚从陆丰转到福华学校。

“我从小是奶奶带大的，不想留在父母身边。”对于小何来说，在深圳“留在父母身边”没有任何吸引力，她现在就是“想回老家”。

他们对老家充满依恋。一张车票把他们从老家带到深圳，从照顾自己的年迈老人的身旁带到爸妈的身边，从一群朋友身边带到一间拥挤且陌生的教室，他们心中有说不完的无奈。与这两个女孩想法不同的，是一个叫小浩的男孩子，他从小在深圳出生长大。他说：“老家没有朋友，这里朋友比较多。”但是，小浩愁眉不展地说，现在读六年级，“担心证件办不齐，要回老家”。

同样因为没有“1+5”证件，吴婵玉也不得不选择离开深圳。

瘦弱文静的婵玉是小学三年级时从老家转学到深圳罗湖区的一所民办学校的。在她看来，这里的学校老师很好，很有耐心。她现在是初二的学生，自从四年级下学期开始，她就一直获得年级前三名的学校奖学金。这些奖学金对于这个没有“1+5”证件，只能靠父母每天摆摊维持家用的家庭而言，很是宝贵。

孩子们提到的“证件”，就是2005年8月深圳市出台的一项政策，即《深圳市关于加强和完善人口管理工作的若干意见》及有关户籍、居住、就业、计生、教育管理等5个配套文件（简称“1+5”文件）。其中，《深圳市暂住人口子女接受义务教育管理办法（试行）》指出，符合“1+5”条件的非深户人员在深圳可以申请在公办学校接受义务教育，若在民办学校就读可以免交学费。这项政策显然对这些农民工子女在深圳求学提供了便利条件。但是对于那些不符合“1+5”条件的暂住人口子女，则只能继续留在民办学校读书，且要缴纳学费，否则不得不选择回老家上学。

刚来深圳做生意时，婵玉的父母向亲戚朋友借了几万块，前段时间刚刚还清。为了让家里唯一的男丁——婵玉的弟弟能够一直在深圳读书，父母的户口名下只有弟弟的名字。婵玉和姐姐的户口，都在爷爷奶奶那里。为了不让父母交超生的罚款，她愿意回老家去上学。

三年级刚来的时候，婵玉觉得很孤单，后来认识了自己的同桌高瑶君。两个小姑娘一聊天，发现都是潮汕人，马上变得亲近起来。老家的学校教的内容比较有难度，深圳的学校反而教的简单，婵玉害怕回去自己的成绩会落后。而且，在现在就读的学校也有很多自己的好朋友，她舍不得离开。想到一别6年的老家，她不由得感觉有点抗拒和无奈。

在深圳民办学校，老师、学生的流动性都很大。婵玉就读的深圳市罗湖区侨香中学，每年学生的流动率高达10%。婵玉四年级上学期时刚一开学就换了3个班主任。当时刚从老家来深圳读书的婵玉觉得很诧异。而流动性大的问题在深圳市的民办学校中却很普遍。螺岭外国语学校校长杜小宜是市人大代表，她的调研统计数据表明，深圳民办学校每年教师的平均流动率在30% 左右，远远大于普通公立学校的流动率。

“我最喜欢的是艾老师。”婵玉至今都对四年级那个艾友新老师念念不忘。

艾老师现在是银湖中学的数学老师，说起婵玉，他觉得很欣慰。婵玉学习很自觉，也很有礼貌，经常为老师和同学服务。周末有深圳中学、深圳实验中学的学生给农民工子女补习功课，婵玉作为年级尖子生会一起去帮忙。

“擦黑板、锁门什么都不用老师说，都会帮忙做好。”婵玉学校里政教处的阳君主任，对婵玉赞不绝口。

对婵玉来说，好老师不仅可以教给自己知识，现在的语文老师陈老师在她眼里“像父亲”一样。有一次弟弟和婵玉发生争执，妈妈不分青红皂白把婵玉大骂一顿。婵玉觉得很委屈，自己比弟弟大很多，妈妈却不相信自己。她难过得流下了眼泪，打电话给自己的语文老师，陈老师安慰并开导她，让婵玉理解了妈妈的做法。以后遇到棘手的问题，婵玉都愿意找陈老师解决。

这个受婵玉班上很多同学欢迎的陈老师，已经是年近六旬的老人。原本老师打算提前几年退休去带孙子，但是在学生的恳求下，答应要带到这个班初三毕业。婵玉听到这个消息如释重负，但是下学期可能准备回老家的现实，又让她重新面临不舍的别离考验。

开在废弃停车场上的学校

在深圳这所光鲜靓丽的城市里，你不会想到，有一所学校开在废弃的停车场上面。这所学校是华府小学，位于南山区南贸市场附近的一所农民工子弟学校。

图片 2:
南山区用废弃车库改造成的学校

华府小学的教学楼是一栋废弃的停车场，不同的年级在不同的楼层。

因为是停车场改造，所以上楼都需要爬坡。原本是供汽车上坡的蜿蜒道路，现在却成为孩子们弯着背往教室里走的幽径，黯淡的光线减缓了他们前进的步伐，即使是在阳光灿烂的午后，教室里面也是一片昏暗。

学校的对面开着几家饭店，每天都有臭味在周围飘散。

“要是公办学校早都处理了！”刘阿姨是附近城中村的住户，她的孩子就在华府小学读书，她说这些饭店的家禽很不卫生，道路上都是家禽的味道，对孩子很不好。城管来处理了很多次，都没有结果。

人大代表杜小宜近年来对深圳民办教育的状况进行了深入调研，据她介绍，深圳民办教育经过 20 多年的发展，现有民办中小学 256 所，占全市中小学总数的 40.6%，其学生占全市在校生总数的 40.4%。但深圳基础教育领域在财政投入、师资水平、硬件设施各方面，公办与民办两大教育系统存在天壤之别。

在深圳有 70% 的民办学校教学设备简陋。有的是厂房改建的，有的是租农民房办学。普遍存在占地面积太小、建筑面积不够、房屋结构不合理等情况。有些民办学校没有操场；有些民办学校场地太小，要轮流做操；有些民办学校教室通风不畅，采光不够；大部分民办学校没有电教平台，有些民办学校课室里连电视机都没有。而这种情况，不仅仅是对学生，对于老师的教学工作，也有很大影响。记者在采访过程中，分别对民办学校教师、学生和学生家长进行了问卷调查，其中，由于学生素质和教学设备而对教学工作产生情绪的老师比例分别占到 63% 和 44%。

早上 10 点多钟，一位孩子父亲急急忙忙地赶到华府小学，找自己的孩子。

“我孩子没在家里啊！我以为在学校啊！”在华府小学的铁门外，一个头发凌乱、衣服沾满油渍的孩子父亲，操着浓重的口音焦虑询问在门口值班的老师。

“孩子没在学校。”负责行政的刘老师告诉这位家长，隔着铁门。

“哎呀！怎么办啊！刚才老师打电话我才知道孩子没在学校！”孩子父亲一手拿着旧式的蓝屏手机跟妻子询问情况，时不时皱着眉头问刘老师。

听到孩子没在学校，孩子父亲跺着脚转身走了。

“可能去打游戏了！”刘老师说，“这个逃学的孩子经常去网吧，家长也很少管，现在孩子没来上学才发现问题”。

事实上，在华府小学读书的孩子很多来自附近做生意的家庭。

“大部分潮汕人都只顾着做生意，对孩子的学习不太关心，也没时间管。”刘老师在华府小学负责行政兼任体育老师，“其实他们也没有能力管，文化水平真的比较低。”

“我们学校布置了听写，家长都不太识字，英语更是不懂。”刘老师说，家长没办法配合他们的教学工作，想让家长一起配合辅导孩子的学习很困难。

图片 3:
南山星河学校老师正在填写调查问卷

在记者针对农民工家长的问卷调查中，有 15% 的农民工家长文化程度是小学及以下。42% 的农民工家长表示自己学历低，不懂得如何教育孩子。74% 的农民工家长认为自己工作忙，没有时间教育孩子。

而在记者针对民办教师的问卷调查中，有 91% 的老师认为“造成农民工孩子与城里孩子差距的原因”是家庭教育。从调查中得知，农民工家庭中月收入低于 5 000 元的家庭占到了 83%，也正因为如此，95% 的家庭每月用于孩子学习方面的资金不足 1 000 元，更有 72% 的家庭从没请过家教，68% 的家长每天在辅导孩子方面所花的时间不足 30 分钟。

深圳市民办学校老师平均工资约 3 750 元，更多的简易民办学校教师的平均工资不足 2 000 元，是深圳公办教师平均工资的三分之一至五分之一。在记者针对民办教师的问卷调查中，很多老师呼吁提高民办教师待遇。

“我们的工资是公办老师的几分之一，但工作量是他们的好几倍。”刘柳梅是一所民办学校的语文老师，办公室的桌子上堆积了满满的作业练习册。刘老师的孩子在公办学校上学，孩子的老师很少会批改作业，所以她经常还要检查孩子的作业。

“家长的文化素质普遍较低，侨香学校有二分之一的学生家长没有能力办理‘1+5’证件，只能要求学校帮助，给学校老师带来了很大的困难。”在一家农民工子弟学校负责“1+5”证件审核工作的胡老师说。

为了帮助家庭贫困想留在深圳读书的李海英，胡老师在李海英的父亲交不出学费的时候，主动以个人名义提供担保，让海英入学。

“教师要维持正常上课，还要在证件方面给家长耐心和细心的指导与通知，一步一步告诉家长应该在哪里办理什么证件。”胡老师经常要和家长解释如何顺利办到“1+5”所需的证件。

“社保不合格，我们就告诉他到社保局怎么做，居住证不合格就到派出所。”

在侨香中学只有五分之一的学生办了“1+5”证件，对普遍拮据的家庭而言，他们对这一政策的需求极大。

“有时候跟家长说了他也不懂，他直接去找教育局，教育局就会觉得我们学校做得不好，工作没做到位。”在胡老师看来，帮忙办理“1+5”文件并不在教师的工作职责范围内，但家长和教育局都把责任推给了学校老师。

深圳市人大代表杨剑昌认为，深圳市现在实行的“1+5”文件政策是好的，但现在可能部分外来工家庭仍然没有享受到优惠，甚至不了解这些政策，因此政府必须进行良好的宣传，让家长们知道这些政策。

除了要帮助孩子申请“1+5”证件，有许多家长对老师的态度也让民办学校老师觉得很无奈。

“我们语言有点过激，家长就会投诉学校领导或者威胁老师，说要投诉，到电视台曝光。”侨香小学的刘老师说。

“在民办学校中，家长觉得我交学费了老师就应该教好。”

面对有些家境特别贫困的孩子，刘柳梅老师都很用心地去引导和培育，拿出自己的钱去帮助他们。她为了让一个经常迟到不爱学习的学生能够每天按时上课，把自己的早餐票送给这个学生，还帮学生买衣服和鞋子。

刘老师自己的经济条件并不乐观，她和丈夫都是民办学校教师，一个月2 800元左右的工资。他们要抚养两个在读小学的儿子，还有一个生病的老母亲。但从小生活在农村贫困人家的刘老师知道读书对于家境贫寒的孩子的意义。所以，她总是希望农民工子女能够多学一些知识，能出人头地。

“现在的孩子都很现实。”刘老师对自己的付出觉得很无奈，虽然她愿意去帮助那些家庭条件差的孩子，但是在深圳这样充满欲望和诱惑的繁华城市里，一些孩子似乎没有对知识的渴望和尊重。

在2012年高考中，深圳民办学校平均升学率，大专占78%，本科占18.5%，重本率仅为2.1%。与深圳公办学校的平均大专率94.4%，本科率64.5%，重本率17%，有着明显的差距。全深圳市考不上大学的，95%都是民办学校的学生。

“要帮助他们需要很大的爱心。”刘老师最后自嘲地说了一句。

我的父母我的家

民办学校的孩子父母大部分是集市或者街边的摊贩，很多都做着体力工作。缺少家长的必要教育和呵护，这些孩子比较早熟和孤独。

蔺子豪在深圳出生，因为出生时家里没钱去医院，所以缺少在深圳上学“1+5”文件中的“出生证明”。他在四年级时回老家读书，六年级转回深圳时因为教材不同学习跟不上，选择留级一年。

子豪长得很帅气高大，刚发育的他，嘴边长了细细的胡子，是一个河南小伙子。他是班上很多女生的保护神，经常为班上受欺负的女孩子出气。但是，他从小就生活在单亲家庭，跟随着妈妈生活。因为他妈妈再婚找了有钱的人，子豪最后还是选择辍学回老家。

子豪离开之后，发了一条短信给好朋友，说："好朋友，我回老家了，不想读书了。但是还很想念苏清峰（同班的女生，子豪的'女朋友'）。"子豪不愿意跟大家提家里的事情。

深圳首位农民工全国人大代表易凤娇认为，农民工工作时间长、工作压力大、工资水平一般，面临着赡养父母、寄钱回老家建房子的当务之急。在深圳，又面临着房租、小孩教育费用高的担忧。家长很大的精力放在挣钱工作上，对小孩学习、生活关心不够。

"很多小孩因此而失学、辍学，不排除这些因素影响农民工子弟走上犯法、犯罪的道路。"易凤娇说。

在深圳南山的一家民办学校，里面有 7% 的孩子来自离异家庭。很多时候，这些孩子对这个社会抱着一点点失望和抵触。

王泳男是在丽山学校读初一的女孩，脸上挂着副蓝色边框的眼镜，她和母亲住在塘朗村。在来丽山学校就读之前，在公办学校读了一段时间，但后来由于证件到期不得不转到民办学校，她父母离异，和母亲生活。

"父亲不喜欢我，因为重男轻女，后来的妹妹也被打掉了；因为生弟弟难产，母亲的身体垮下来了，父亲和母亲开始疏远。"她抹着夺眶而出的眼泪，继续说着，"父亲有外遇 6 年，他欺骗了我们整整 6 年，甚至已经又有了两个孩子……之后，他再也没有和妈妈联系过，也没有给过我们生活费。"

对于泳男来说，读书让自己有出息，有一部分是为了"报复"自己的亲生父亲。

"有时候，我回到家根本没有时间做作业。"林心贤说。

每天下课，在罗湖一所农民子弟学校上学的心贤和妹妹都会先到店铺里帮妈妈卖东西。一有客人要买水，他们的妈妈就会不停地叫心贤、心艳过来招呼。她们做作业的时候不停地被打扰。

"想到我们这一代没什么文化，所以就希望孩子们能好好读书。"林妈妈和林爸爸很早就来深圳打工，由于种种原因欠下了一堆外债，现在妈妈把希望都寄托在孩子身上。

"我只有小学三年级的文化，小孩问我作业怎么做，我完全不知道怎么教他们。"林妈妈说。"看到城市的孩子有的请家教，有的去参加各种各样的培训班，自己的孩子则只能待在店铺里帮忙卖东西，学习跟不上也是很正常的。"

上学期期末考试，林心贤三科考试在及格线左右，而妹妹语文考了 18.5

分，数学考了29分，只有英语及格，考了68分。

“若实在凑不齐学费，很可能要让这两个小孩辍学了。”林妈妈说，“辍学了，他们的命运又跟我们一样奔波、流离。”

“真的很希望深圳政府对我们这些外来打工人子女读书学费有所补贴，但是要什么‘1+5’证件，怎么能弄齐啊？就一个计划生育证就把我们排除至门外了。”林妈妈无奈地说。

林妈妈表示，来深圳务工的人员为深圳的发展做出了贡献，但是自己的子女在城里读书不能享受与城里孩子同样的待遇，上不了条件好的学校，还要交学费。

华南师范大学教授袁征则引用联合国《儿童权利公约》，认为农民工子女上学是基本的人权问题。在他看来珠三角经济的崛起，离不开外来工的贡献。一部分外来工子女留在家中成为留守儿童，一部分外来工子女只能入读软硬件都非常差的民工子弟学校，都是说不过去的。

在星河学校五年级老师的办公室里，家长王兆翠看上去十分着急，双眼流露出茫然的目光，这是她又一次被班主任叫来了解她大儿子姜铭蕊的学习情况。王兆翠从班主任那里得知，儿子学习成绩实在太差了，上课不听讲，东张西望，小动作闹不停。

“我现在真的不知道怎么办，看到小孩成绩这么差，我很着急。老师叫我多在家里监督辅导他，但我怎么能做到呢？”

王兆翠目前在南山区一家电子工厂上班，早出晚归，经常需要加班，每天只有吃饭的时候跟小孩在一起，沟通很少。“平时就没有什么时间监督辅导小孩做作业，我小孩放学后都会很自觉拿出书包做作业，但是很多不会做，他跑来问我，我也不知道怎么教，自己就没什么文化。”王兆翠对此常常感到愧疚。她想请个家教，但家教费用很贵，使她只能望而却步。

在记者对农民工家庭的问卷调查中，有七成的家庭表示没有请家教。对孩子的作业辅导，仅17%的家长表示经常辅导孩子。而且有一半的家长认为在辅导孩子时存在困难。接近八成的家长认为在教育孩子的过程中遇到的困难主要是“工作忙、没有时间”，四成的家长认为遇到的困难主要是“学历低，不懂得如何教”。

同样是来自农民工家庭，更加关心孩子学习，有一定能力辅导孩子的家长就不一样。在南山区弘基学校读六年级的黄颖，就是一个幸福的孩子。

她是南山区弘基学校六（5）班的班长，成绩在班里数一数二，在学校担任升旗仪式主持人。去年，她作为三名学校代表之一参加南山区安全知识比赛。她的父亲上过大学，对自己的学习很关心，也能辅导孩子的作业。妈妈在网上经营淘宝店，每个月家里的收入都很乐观。他们同样面临着证件不齐的问题，无法享受政策的优惠。

“等肚子里的孩子出生了，就去办计划生育证明。”黄颖的妈妈打算在生完第三个孩子以后，办齐证件，让孩子可以去公办学校读书。

在莲花山公园附近，经常有一个穿着校服拉二胡的女孩子，她叫陶丽华。她的父亲是失去双臂的残疾人，2014 年 3 月陶丽华向学校递交了休学申请，因为父亲病重需要人照顾。在陶丽华以前就读过的初中，许多老师都对这个女孩子的琴技赞不绝口。在农民工子女里面，像她这样能够把二胡拉到十级的很少。虽然家庭条件艰苦，这个女孩依旧坚定自己的梦想。

每天第一个来学校学习，每天自习到最晚才离校，就算在冬天的寒风中也在阳台外面练琴。早上，陶丽华只吃一个馒头，有时候早上吃剩下的米粉，会留到晚上当晚餐。她就读的深圳市行知技术学校负责行政的巫惠强老师，对这个女孩的评价是“很坚强”。

丽华受到了学校和爱心企业的帮助，丽华说，等爸爸病情稳定以后，她会继续回学校学习，考上中央音乐学院，实现自己的音乐梦想。

钱！钱！钱！

“爸爸说，明年病好了，就可以挣到很多钱。”

“爸爸说，如果医院还要钱，还得去借钱。”

“爸爸说，我把学习学好，以后工作挣到钱可以帮爸爸还钱了。”

说这些话的是一个叫李海英的女孩子，今年只有 10 岁，就读于深圳的一所农民工子弟学校——侨香中学。她的父亲得了肝腹水，治病花光了家里的积蓄，而且欠下了 9 万元的债。

在和我们的聊天中，她提到最多的就是“钱”。而问到她学习的时候，她就会避开，说“我在老家学习很好的”“弟弟学习比我还差”“哥哥的学习最差了”。

与海英一样贫困的贺如意由母亲一人抚养。对于这个单亲家庭来说，每年 4 000 块的学费是一个巨大的挑战。

“我觉得很对不起我女儿。”贺如意的妈妈贺萍在采访过程中，说得最多的就是这句话。

因为贺萍之前在深圳打工，厂里的老板没有为她办理社保，而且她的年龄超过办理社保的 45 岁年龄限制，孩子无法享受“1+5”政策。

学校有跆拳道课，后来因为上课要购买跆拳道服，如意不想让妈妈有很大的压力，就没有告诉妈妈。如意觉得，现在没钱是最大的问题。

在记者的问卷调查结果中，大部分的外来工来深时间较长，家庭收入不高，每月 3 000～4 500 元，深圳市最低工资标准 1 808 元，按照双亲的家庭来说，大部分外来工的每月家庭收入接近最低工资标准。

“我现在都是走一步看一步的！”高瑶君是一所民办学校的年级尖子生，高瑶君的父亲说到对孩子读书的计划，都得看“钱”。在瑶君父亲眼里，读太多书没有“一下子挣到大钱”来得容易。为了节约开支，办理“1+5”文

图片 4：

深圳宝安区福林学校的操场

件得到免学费的政策照顾，高爸爸咬牙拿出了 4 万块给交了超生罚款。

“一年就白干了啊！”高爸爸说，这 4 万块相当于去年全家一年的收入。现在 3 个孩子的学费，对这个靠开一家粮油小店铺为生的家庭而言，已经是不小的负担。说到读大学，高爸爸的眼里充满了无奈。

一心希望能够读大学还对留学充满期待的瑶君，听到爸爸的话一直低着头苦笑着不说话。

隐形的围墙

宽阔的校园，长长的塑胶跑道，干净的美术室、舞蹈室……这样的校园曾经是孙舒平一直向往的，如今，他终于如愿以偿，坐在教室里，但内心不是充满喜悦，而是沉沉的距离感和陌生感。

孙舒平原来是民办学校福林小学的学生，学习成绩常常是全班的第一、第二名，一直渴望能到公办学校里读书，而不想待在这所“连个操场都不成形”的学校里。“你看，这是我们的跑道，画几根线就成了跑道。”孙舒平指着校门口 50 余米的水泥板空地说。

“看到孩子成绩这么优秀，又这么渴望到公办学校读书，不想因为学校的原因耽误了孩子的前程，我咬紧牙关也要把他送到公办学校。”孙舒平的妈妈说。从前年开始，孙舒平的妈妈就开始打听转到公办学校的手续办理事宜，历尽周折终于办齐了“1+5”文件，其中为了办到一个计划生育证，她交了 3 万多的罚款。

作为一名插班生，孙舒平转到了同乐公办学校上学。然而，令他没有想到的是同学们对他投来异样的眼光，像看待外星人一样。同学们都知道，孙舒平是外来工的孩子，住在城中村里，父母在学校附近经营一家小小的快餐店，他下课后会到店里帮忙。“他们不喜欢和我玩，觉得我很土。”孙舒平低着头低声地说。

“周末很多同学都去上舞蹈班、钢琴课、击剑课，回到学校有时在讨论这些话题，而我听不懂，他们就会嘲笑我没见识。”孙舒平总是觉得自己比不上他的同学，常常为此感到沮丧。有一个多月的时间，孙舒平的成绩直线跌到班级排名中下的水平。“有些后悔来这里读书，他们不愿意跟我成为好朋友。以前在福林小学，我和同学们玩得非常好，在那里大家都是平等的。”孙舒平叹了一口气说。

孙舒平的妈妈知道这事后，也理解孩子的感受，但是，“很不容易才得到在公办学校读书的机会，怎么能说放弃就放弃呢”，孙舒平的妈妈安慰孙舒平说，“同学笑你没关系，只有你成绩够好就行了。”

一天下午放学，孙舒平看见一个女生在学校大门外怯生生地往里张望。后来，他才知道这个女生原来是他在民办学校福林小学读书时的同班同学。这个女生说了一句话让他至今难忘，她说：“我过几天就要回老家读书了，回老家前，想好好看看城里的公办学校到底是什么样的，回去好告诉我们老家的伙伴们。”

听完这句话，孙舒平心里酸溜溜的。

城市的温度

在深圳，农民工子女教育问题一直受到各界的关注。记者在深圳市教育局了解到，虽然政府不直接资助民办学校，但还是有许多奖励方式，包括学生学位补贴，教师从教津贴以及优秀民办学校评奖等。

深圳市的民办学校主要分布在龙岗和宝安两区。宝安区教育局的吴处长告诉记者，通过“1+5”文件获得学位补贴的学生数量在宝安区达到31 000

图片5：
南山星河学校学生正在填写调查问卷

人。宝安区实行“民办学校质量奖”的评选，这个奖专门为民办学校设立，而获得这个奖励的高中学校可以得到50万元，初中可获得30万元，小学可以获得20万。每两年评一次，一次评选出12所。还有“民办学校进步奖”，是奖给比较薄弱的学校，对其进行扶助。“民办学校质量奖”也是宝安区的首创。

宝安区教育局为了给农民工子女创造更好的成长发展机会，从2010年开始展开公、民办学校结对帮扶的活动，从中评选出20个优秀对子，每所学校奖励5万元。2003年到2012年针对购买学位的学校，对民办学校每个班教学设备补贴5万元。宝安区还专门安排了“民办教育专项管理资金”，投到民办学校教育里作为给农民工子女的教育经费，单单2013年就达到2.3亿，这项资金项目中，占较大比例的是学位补贴和民办教师从教补贴。

盐田区将非户籍学生教育统一纳入社会发展计划，做到了所有符合条件的深圳户籍和非深圳户籍学生百分之百就读公办学校。据深圳市教育局社会力量办学管理处的邵主任介绍，2011年、2012年、2013年三年政府转移支付到各区，为推动民办教育发展，总共转移了15亿，每年以30%左右的速度增长。其实这个资助程度，放到全国，也是非常高的。

由共青团深圳市委、市青少年发展基金会主办的深圳青少年帮困助弱专项基金募集行动举办了15年，帮困助弱专项基金已经资助了两万多人次。为了让农民工子女能够在深圳更好地生活，从2007年深圳少儿医保实施以后，有超过14万农民工子女纳入少儿医保，和深户的孩子享受同等待遇。

一些社会组织也伸出援助之手。2007年，深圳慈善会成立了专门针对农民工的关爱基金，迄今为止，该基金资助农民工及其子女达2 000多人次，资助金额2 700多万元，被农民工称作雪中送炭的“救命钱”。深圳慈善会的许晓君女士说，他们现在进行的慈善计划有三个：特别针对民办学校的孩子们，和学校有较多接触的“雏鹰展翅”计划；“寻找需要帮助的人”，是针对来深建设者的关爱基金，深圳拥有接近1 000万的来深建设者，只要满足相应的条件，进行必要材料的申请提交，就可以在医疗、教育等方面得到资助金；“冠名慈善基金”，则吸纳关注民办学校、学生的社会企业或个人来资助外来工的孩子们，可通过直接捐赠、留本捐息或者资产捐赠的形式，来资助各类事项、人群、社区等。

即使是小小的社工组织，也在为帮助改善民办学校条件、帮助农民工子女更好地发展出谋划策。南山区田夏社工在2014年展开了一个帮扶项目，此项目活动主要是以亲子互动的形式，即孩子与父母们的活动与交流，来增强父母对自己孩子的了解以及对子女教育的重视。

一些企业也注意到了这一群特殊的孩子。沃尔玛向中国青少年发展基金会捐赠66万元人民币，通过“希望工程－沃尔玛农民工子女助学计划”，给予400名农民工子女教育资助，并设立“希望工程助学进城计划－沃尔玛农民工子女助学金”，向进城务工农民子女提供资助。在多方帮助之下，农民工子女不论在生活上，还是在学习上，都在朝着更好的方向发展。

但是，就像不舍得离开深圳的吴婵玉一样，那些不符合政策照顾条件的孩子们，仍需要社会特别的关爱和帮助。婵玉说：“我喜欢这个城市，深圳是我实现梦想的地方。”

学生感言

做时代的记录者

赖苏婷

距离毕设完成已经三年多，再次看到之前完成的作品，对学生时期的自己以及组员的认真和负责，依旧觉得非常感动。

完成一个关于外来务工人员子女教育问题的报道，最大的难度在于，我们对于教育本质的认识不够，以及对教育分配不公平所带来的影响和解决手段，缺乏更深层次的剖析。

开展工作的前期，我们按照通常的思路去寻找突破，从学生、老师、家长、政府，这四大群体着手，收集材料分析问题。对于涉世未深的学生而言，采访到的众多材料和内容，在一开始分析和把握时，是非常困难和困惑的。

幸运的是，我们小组的成员都非常认真和努力。我们走访了深圳每个区的学校，并挑选了 23 位学生作为我们的采访对象，和采访对象一起进行深入的沟通，融入采访对象的家庭，了解他们真实的生活状态和在教育中遇到的困难。

依赖前期丰富充实的采访资料，我们和指导老师进行沟通，老师给我们指明了思路，告诉我们要去找“典型”。我们对老师宝贵的意见的理解是，要“小而精”，而不是“大而全”。

有了较为清晰的方向后，再次开展工作有了很好的改善和突破。我们根据对老师指导内容的理解，找出我们关注的方面，并按照不同主体的角度去记录“农民工子女的教育状况”。

有了清晰的思路和正确的方向，我们不会对过多的采访资料而感到困惑，更重要的是我们加深了对于新闻的理解。一篇能够真实记录时代印记的报道，本身有着巨大的价值和意义，每个出现的新闻主角都带有一个城市的烙印。作为一个记录者，我们需要看到现实的不足，也要看到社会进步的一面。我们要关注弱者，也要关注完全公平的资源分配所存在的局限性。

做一个关注社会的人，用文字理性客观地记录这个时代，就是每一个新闻人和其作品的价值所在。

指导老师的话

让阳光洒满小书桌

刘劲松

深圳是个移民城市，成千上万的外来务工人员为这个城市的发展做出了贡献，然而这些外来务工人员的孩子在城市的生活却并不容易。当时媒体对于农村留守儿童的报道比较多，但对于那些跟随父母来到城市的孩子们的关注却零零散散。在深圳的外来务工人员农民工子女的受教育状况如何？带着关切和爱心，小组成员选择了这个报道题目，展开调查。

小组同学先是通过采访教育部门和网络查找了解到，2006 年国务院就下发了《国务院关于解决农民工问题的若干意见》，明确要求输入地政府“以全日制公办中小学为主接收农民工子女入学”；2010 年的《国家中长期教育改革和发展规划纲要（2010—2020 年）》又再次强调“坚持以输入地政府管理为主、以全日制公办中小学为主，确保进城务工人员随迁子女平等接受义务教育”。国家规定外来务工人员子弟应该平等受教育，现实情况却是大多数外来务工人员子弟都无法就读于公办学校，他们就读的民办学校，被称为“打工者子弟学校”，因为公办学校门槛太高，收费太贵。通过调查，小组把采访的重点目标确定在打工者子弟学校。

然而，实际采访中却遇到了很多困难。首先，打工者子弟学校遍布深圳各区，尤以以远离市区的龙岗、宝安为多，地点分散，采访要辗转换车几次才能到；其次，学校门难进，平时并不接受采访，小组同学持学院开的介绍信也进不去校门，他们就守在校门口，等学生放学的时候接触孩子们，几次下来，终于感动了一些学校，校方答应接受采访；再次，深入了解外来务工人员子弟的学习和家庭生活也是一个难题。小组同学带着爱心，融入打工子弟家庭，陪孩子写作业，聊天，还给他们买玩具，取得这些孩子和家长的信任。

在最初的采访计划中，小组同学提出要做一份调查问卷，想要在新闻报道中尽量体现出对这一群体的客观把握。我肯定了他们的这一想法。为了发放问卷，小组学生每天堵在打工者子弟学校门口，甚至给孩子们送礼物，最终获得 300 多份有效问卷，为这篇调查性报道增加了说服力。

在前期的采访中，小组先后采访了几十位农民工子弟，材料积累了很多，却不知如何下手来写，在把握材料方面遇到了问题。通过跟学生的多次交谈，我了解到主要问题是找不到“典型人物”，即从众多的采访对象中辨别出最有代表性的那几个人。看了小组同学写的采访笔记之后，我与他们商量，初步确定了几种类型的代表性人物，这样他们接下来的采访就有了目标；此外，还要选取一个重要的时间节点来突出展现农民工子女的城市生活。当时恰逢春节，我认为这是一个很好的时间点，就让学生们跟踪采访孩子们如何过年，这些孩子因为缺钱不能回老家过年，会更有新闻价值。

在采访农民工子弟之外，他们还了解到民办学校师资力量的窘境，以及政府和社会爱心人士对农民工子弟的关心。这些采访拓展了这篇报道的深度，从整个社会的层面去关注农民工子弟的教育和生活问题。

这个小组的同学特别能吃苦，跑遍了各区的外来务工人员子弟学校。他们对于社会弱势群体的深切关注，是作为新闻系学生体察社会的最初视角，也是他们迈入社会前必要的心理历练。

毕设小组部分成员与指导老师刘劲松（左二）合影

我们这里可能没有教育的答案，但至少可以使你开始思考。

梧桐私塾“复兴”记

指导老师：尹连根

小组成员：崔晓丹、周璐、邱迅、黄丽文、陈翔

毕设时间：2014 年

图片 1：

梧桐山私塾分布

周璐 / 绘图、制图

世外的私塾村　执着的私塾人

梧桐山终年云雾缭绕，点染着梧桐山小镇也似不食人间烟火，画廊、博物馆、民俗街……小镇浓郁的艺术气息吸引着周末前来爬山的游人。然而，游人可能不知，此时此刻距他们脚下小路数十米开外的坑背村，有不下一千个孩童正手持经典，摇头吟诵，“爬”在经学朝圣的“天梯”上。在很多家长看来，这里是一处逃离体制教育的“桃源乡”。

梧桐山脚的村落本是些自然村，现已高楼林立，上午走在路上，偶有吟诵声隐在风里，辨不清方向。自十年前儿童读经教育兴起，位于梧桐山脚的村落逐渐集聚了40多家学堂。不少学堂直接租用当地的房屋，没有门面，没有牌匾，看似普通的民宅，其实内里正上演着一堂“读经”的大课。

1994年，台湾台中师范大学语教系王财贵教授在台湾首创儿童读经教育理论，鼓励儿童读经，以后渐次影响到大陆。2001年，王财贵做了一场演讲，被读经界称为“一场演讲，百年震撼”，梧桐山上所有私塾的兴起都源于此。如果要谈读经，必会被学堂主人反问一句：“你看过教授的那场演讲没有？”教授，演讲，均是特指。《教育家》杂志主笔王梅曾诙谐道：“读经界的人称王财贵为‘教授’。这一称谓相当于接头暗号，如果你用‘教授’称呼王财贵这个特定的人，你基本上就是同志了。”

梧桐山私塾众多，其中以梧桐书院、鹿鸣学堂、得谦学堂三家规模最大，书院主人蔡孟曹、孟丹梅、张中和是王财贵的忠实弟子。女强人孟丹梅2008年首先将鹿鸣学堂改为全日制读经私塾，后梧桐书院和得谦学堂也改为全日制，自此奠定了梧桐山“读经重镇”的地位。不过，规模最大的私塾当

图片2:

读经的孩子们

（本文图片除有特殊说明外，均为小组成员拍摄）

属梧桐书院和鹿鸣学堂。

虽宛若世外桃源，但众私塾里却别是一番热火朝天的读经景象。在常规教育之外，这群人着力进行着寻求替代性教育范式的努力。尽管他们的方式各异，进而私塾的特色各异，但他们一直在坚守。

蔡孟曹和他的梧桐书院

2 月 22 日深圳天气尚冷冽，早晨六点记者五人顶着晨雾，踏上梧桐山，寻访私塾。走到梧桐小镇的尽头，山门前的岔路口往左走，一转身就看到个木栅栏，里面有一个小院子，种了些花草，并不显眼。抬头可见一个牌匾，写着“儒愿学堂”四个大字。梧桐书院是原名，2009 年王财贵来此参观后提笔“赐”了“儒愿学堂”四字，儒愿即如愿，此后书院沿用了新名。

梧桐书院成立至今已有 10 年历史。书院的客厅宽敞，有木质的工夫茶台，古色古香的置物架和藤编收纳柜。

堂主蔡孟曹短发、中等身材，喜欢身着汉服，为客人泡上一壶工夫茶。他说起话来抑扬顿挫，每到会意之处眉毛高挑，一句话罢又眯眼含笑，配上泡茶递盏、行云流水的姿势，颇有古风。据他介绍，书院从不主动发布招生信息，学生均是家长亲自领来。蔡孟曹以茶相会，合得来即收，合不来即拒绝。

置物架上的银色读经机不间断地朗读《老子》，在一架葫芦和木制工艺品中间格外引人注目。作为读经教育最主要的教学设备之一，这样的读经机是每间书院的必备品。靠墙立着三个藤书架，整齐地码着一排排书籍，封面上都写着“王财贵经典诵读系列”。“王财贵经典诵读系列”书籍配有注音和繁简对照，文字的排版和常见的儿童童话故事书类似。蔡孟曹说，这就是书院孩子们的教材。学堂不设语文、数学、英语等课程，取而代之的是《论语》《孟子》《易经》《莎士比亚十四行诗》等中英文经典，学生的每日诵读约占七个小时的时间，这构成了儿童读经教育初期阶段课堂教学的全部内容。

梧桐书院目前有全日制入读学生 100 人，教职工 15 人。采访时，蔡孟曹两岁的小儿子跌跌撞撞地跑过来，小男孩背着小书包，睁大眼睛看着记者手里的相机，满眼好奇。靠近他时可以听到读经声，蔡孟曹告诉记者发出声音的是他书包里的录音机，旨在让他在潜移默化中吸收经典。

早晨 6 时，梧桐山村还是一片静谧，书院的孩子们到起床时间了。6 点起床，整理被褥、洗漱，晨读经典 50 分钟。7 点 10 分到 7 点 30 分，体育锻炼。7 点 30 分，孩子集体统一用餐。早餐是馒头、包子和豆浆。

“小朋友，跟我读。”教室老师敲一下手中的梆子，“当”的一声，余音袅袅，开启了梧桐书院一天的课程。

“滕文公为世子，将之楚，过宋而见孟子。”未走近便听到小孩子清脆的童音互和着，以一种奇妙的旋律朗读课文。梧桐书院教学楼共五层，外表看与普通居民楼无异，走进去墙壁上的书画作品、楼梯拐角的读经声凸显出此处的古韵。

书院 100 名学生共分为化育班、无邪班、诚明班、至善班、行健班。行健班以大龄外省学生为主，记者 2 月份前去时，行健班仍在放假。“外省每半年回家一次，赶上过年假期相应长些。”蔡孟曹边介绍班型情况，边引着记者走近三楼的无邪班。

木桌子配长条板凳，厚厚的一摞书堆在桌角，后面露出的小脑袋，正一摇一晃随着老师朗读。无邪班学生年龄在 3～6 岁，天性烂漫，开课十分钟后，有小朋友坐不住了，站起来伸个懒腰，喝口水。扎马尾的小姑娘一番动作引得旁边的同学“吃吃”地笑，你看我一眼，我碰你一下。不一会，课堂秩序就乱了，小朋友笑闹成一团。老师对此情况不紧不慢，提高嗓门，“小朋友，跟我读”。停顿几秒，“昔者孟子尝与我言于宋，于心终不忘”。老师的话唤回部分同学的注意，重新集中了注意力。看记者有些吃惊，蔡孟曹笑着解释，“小孩子玩性大，但极聪明。边玩边听老师读就能记住了”。

四楼诚明班、至善班合并上课。7～13 岁的大孩子上课是自主朗读。上午四节课，两节课中文经典，两节课英文经典。大班自主朗读中文经典不成问题，但跟读外文经典效果不尽如人意。老师播放《莎士比亚十四行诗》第一句，学生一般只能正确朗读第一个单词和最后一个单词，中间读不下来的用“呜呜”“嗯嗯”等糊弄了过去。一句英文播放了五十遍，五十遍后学生依然读得与第一遍无异，“I from fairest 呜呜，嗯嗯……never die。”书院教英文不教音标不教字母，直接从跟读整句开始。蔡孟曹认为现代英语教出的都是哑巴英语，用不了，真正跟着西方经典，听着标准发音跟读，才能领悟到精髓。“跟读不下来，听个 200 遍、300 遍就能了。”

图片 3:

梧桐书院的孩子到操场进行每日的户外活动

22日中午，蔡孟曹邀请记者和学堂孩子一起吃午餐。小食堂人声鼎沸，大朋友一桌，小朋友一桌。午餐清淡，一碟烫青菜、一碟豆腐皮拌胡萝卜丝、一碟炸鱼，配白米饭。蔡孟曹说：“书院的菜专门去采购山下农家的有机蔬菜，米也是精心挑选的好米，每日经过后厨营养搭配，清淡也不会少了孩子发育需要的营养。”

下午四时，学生出去活动的时间到了。由每班老师领队，穿过小巷鱼贯进入运动场，大孩子踢足球，小孩子三两闹作一团，或跑步或玩皮球。记者陪着三个小孩子踢了一会儿球，一位粉红上衣的小姑娘从兜里掏出一把炸稻米分给记者。学堂孩子从不吃零食，厨房每日会准备一些炸花生米、炸稻米等健康的小零嘴，活动前每位小朋友揣到兜里。看到小姑娘分零食，其他小朋友也纷纷抓出自己的零嘴，叽叽喳喳围在了记者们身边，伸着手要记者拿去吃。

“你看读经的孩子眼神多纯真，他们笑是发自内心的笑，哭也是发自内心的哭，而不是为了个玩具而假哭，那种哭我听着都害怕。”和大孩子踢完足球的蔡孟曹擦着汗笑道。

孟丹梅和她的鹿鸣学堂

距梧桐书院五百米远，步入坑背村细长的小巷，有一处不起眼的建筑，若不是门廊上悬挂“鹿鸣学堂”四字牌匾，很容易错过此处。

鹿鸣学堂在梧桐山分为两处教学，一处是小班的宿舍和教学楼，另一处是大班的教学楼和宿舍，堂主孟丹梅一口气租下了两栋七层居民楼。

孟丹梅的人生经历极为丰富，这位性情爽朗的东北女子当过兵，做过东来顺餐饮的东北区负责人，还曾是政协委员，金钱地位在不到30岁的年纪都已拥有。26岁到30岁孟丹梅生活上遇到些挫折，开始信佛。30岁有了第一个孩子后，从朋友处得到了王财贵“一场演讲，百年震撼”的光碟，深受启发。她首先在饭店的员工中推行读经教育，之后孟丹梅接管了著名的素食连锁店“登品”的全国管理工作，常驻深圳。在深圳，她意识到，要做真正的教育，投入一生尚且不够，得要几世几代，不容她再分心，于是孟丹梅把她在登品的股份全部退给当时委托的甲方，净身而出，到梧桐山全职推广读经教育。

梧桐山最早的私塾是梧桐书院，最大的却是鹿鸣学堂，这与孟丹梅本身的性格分不开，她怀着无穷无尽的热情带领鹿鸣的老师在全国推广读经教育，做演讲，开辩论，热热闹闹地进行。几年前凤凰卫视一期“孟母堂之争”的辩论，孟丹梅坐在嘉宾席，一袭黑衣，双眸圆睁，铿锵有力地回击“反对读经教育”的专家，驳得对方哑口无言。

鹿鸣学堂重规章制度，教师分工明确，课堂秩序井然。目前分为三个班型，明德一班、明德二班、英语特训班。

图片 4：

在上课前，鹿鸣学堂明德班的孩子们一字排开，向孔子行礼

明德一班上课以 3～6 岁小孩为主，3 月 6 日记者与小朋友们一起上了两堂课。第一眼你会觉得自己走进了一间幼儿园。教室颜色以明亮的黄色和橙色为主，教室正中央摆放着四张四角桌子，围着桌子码着小板凳，电视机位于教室右上角，黑板和孔子画像相对，旁边配有三个小房间和厕所，一间存放衣物，一间摆放午睡的床，另一间是小课堂。

课程从打扫卫生开始，每位小朋友有一片自己的“责任田”，厕所地板、教室地板、桌子或者椅子，老师分配好任务后，小朋友拧毛巾撅屁股擦地擦桌子。二十分钟后进入正式上课阶段。首先是拜孔子像，随后坐下来朗读课文，目前他们的教材是《诗经》。老师带头领读三遍后，小朋友开始自主朗读。每当读完一遍，便举手示意老师，老师会在小黑板上记下每位同学的朗读遍数。偶尔有注意力不集中的开始溜号，老师会用口号的形式提醒他们。比如“1、2、3”，小朋友齐声回答“坐端正”；“4、5、6”，小朋友答“手指书”，以口号条件反射的方式管理课堂。下课前五分钟，老师总结本节课读书情况，表扬读得遍数最多的同学，提醒一下遍数少的需要注意了。

采访前记者了解到鹿鸣学堂有两个著名的“读经宝宝”，所谓读经宝宝是指从 0 岁起，24 小时接受读经教育熏陶，从胚胎时期就“饱读”圣贤书。

读经宝宝杨子鉴和徐德祯不在一个教室。在二楼的教室，记者见到了杨子鉴，他正在小房间脱外套，脸胖嘟嘟的，不爱讲话。记者逗了他几句，他终于嘿嘿笑起来，抬起双臂说“你抱抱我，看我重不重”。记者弯腰抱起他，杨子鉴生得圆润，记者说“不重”，杨子鉴又嘿嘿笑了。

在孟丹梅的介绍中，读经宝宝从小受圣贤熏陶，往往性情敦厚、才智过人。上课时，杨子鉴是班级中读诗读得最多的一位，且性格憨厚，几乎不捣乱。

另一位读经宝宝徐德祯则活泼许多，他是孟丹梅的二儿子。走进楼上的教室，李老师说：“小朋友一起欢迎两位姐姐和我们一起上课好不好？”徐德祯眼珠黝黑，立马大叫道：“不好！”记者问他为什么不好，他笑着跑走了，回来时往记者手里塞了个橘子，没说话又跑去玩了。

许是有生人，小朋友情绪有点兴奋。正常读了一会儿《诗经》后，徐德

祯开始用一种扯着嗓子干号的方式读，声音震天响，震得旁边的小女生捂住了耳朵。李老师细语劝这样伤嗓子，反而引得徐德祯更加卖力了，号完一首诗盯着老师笑。

“德祯调皮，子鉴憨厚，他们性格不同，但是与同龄人相比，他们的学习能力会强一些。”李老师希望记者不要过度关注两位读经宝宝，“太早受重视，我们觉得这会造成对他们的一种伤害”。

大班的教学楼需要穿过一条街，明德二班和英语特训班共有 53 名学生，他们几个月前刚从河源校区回到深圳。大班的课程以自学为主，每位学生的进度不同，教材也不一样，你看《易经》，我读《孝经》，但每学期老师会布置固定的几本书。

英语特训班方成立不足一个月，上课时间与明德二班不同，六点起床，七点到中午十二点不间断地学习，下午则为活动时间。记者前去采访时，英语特训班由老师带领前去海边玩耍，尚未回来。英语特训班是学生自主报名参加，教材也与众不同。这个月他们的教材是《长发公主》的电影剧本，老师放一段电影片段，学生跟读一段，从声画中学习。

不为应试的读经教育

采访中，几位私塾堂主均提到了一个概念，读经是“无痛苦、无压力的学习”。儿童在 13 岁之前接受读经教育，只读经不解经，为未来积累知识。

今年 13 岁的王晓晨来自吉林，来到梧桐书院半年时间。他的父亲是生意人，经朋友介绍得知梧桐书院可改变脾气暴躁的孩子，便将调皮捣蛋、成绩不理想的儿子送来了书院。“来这里很奇妙的，脾气变好了。”王晓晨形容

图片 5:

梧桐书院至善班的学生在上中文经典诵读课

自己，以前是小胖子，半年时间瘦了20斤，回到家父母都很惊喜。这里没有升学考试的压力，也就没有之前那么烦躁，更能静得下心来看书。王晓晨告诉记者，以前的他喜欢打电动、看电视，在书院待了一段时间回到家反而觉得那些东西没什么劲儿，现在自己看起了名人传记。

"应试教育把现在的孩子变成机器，变成技工，扼杀了孩子的天性。读经中老师是陪同和带领的作用，孩子诵读东西方经典的文章，在好玩中看尽世界名画、雕塑、书法等艺术作品，听尽世界名曲，让学生没有压力地奠定文化涵养。"蔡孟曹引用了王财贵"一场演讲，百年震撼"讲座中的理论："在语言关键期，给他大量的语言练习，最容易促进脑神经发展，这个称为'健体'，建构他的根基。等他到年纪渐长，需要'开用'的时候，再去'开用'。然而全世界都信奉了一种学说：懂了才能教，教懂了才有用。"

蔡孟曹又举了一个例子："小学一年级，孩子什么都不懂，你让他做数学，学七个苹果吃四个剩几个，有些孩子理解能力好一点，会回答三个。有些孩子可能这时候会想，为什么会是七个呢，我家里面有六个人呀，这时候他回答得慢了，是因为他蠢吗？"蔡孟曹讲到这里声音猛地拔高，"孩子七八岁他怎么懂什么叫乘除法？什么奥数？这些东西等你初中时，给你一个星期时间看能不能学会！理解力没有增长，何须过早摧残孩子"！

鹿鸣学堂堂主孟丹梅女士抱有相同的看法。孟丹梅有两个孩子，大女儿从三岁开始读经，小儿子徐德祯是"读经宝宝"。孟丹梅怀孕时便在其居住的屋子、房间挂着经典的名画，MP3里24小时播放《大学》《中庸》《论语》《孟子》。在孟丹梅看来，为何有些孩子出生后啼哭不止，是源于胚胎十月，孩子一直被世俗污染，人世间所有的不悦都在他的生命中，所以他生下来就只能哇哇大哭。孟丹梅表示读经宝宝性情平和，没有任何情绪上的不良倾向，禀性天成，且相貌不凡。当读经宝宝到了三岁，不需要读《大学》《中庸》《论语》《孟子》，就会背了。"你看"，孟丹梅微笑道，"这就是读经的神奇作用"。

读经孩子没有文凭如何进入社会？孟丹梅指出几种读经孩子与社会的接轨方式。一是读经达到了一定水平，进入北京文礼书院解经；二是进入北京人文大学国学院，人文大学接收无高中文凭的读经学生；三是私塾的孩子可以根据自己的兴趣性情选择对接国内初中高中，考取国内大学或者通过自考进入国内大学就读本科学校；四是家里有条件的孩子可以选择出国深造。

在孟丹梅看来教育应完成四个任务：塑造孩子美善的品质、培育深度的素养、练成终身治学的能力和拥有系统的思维。"体制教育下为什么出不了大师？再看看为什么民国时代的这些大师级的人物大都精通几种语言，民国时期许多大师是读经长大的，读经锻炼了他们的大脑神经，为他们奠定了良好的治学基础。"

私塾教师的坚守

今年24岁的毛任之老师外表与大学生无异，学生习惯叫他“小毛老师”，但年轻的他在鹿鸣教育体系的建立中可谓功不可没。作为2009级北京大学国学院学生，刚上大学时，他踌躇满志，觉得自己是天之骄子，可以为这个社会做贡献。而现实中，他却对此渐渐产生了怀疑。大一时，叶曼先生的一次课深深触动了他。90多岁留美归来的老先生，一站就是两堂课，叶曼先生讲《道德经》，说十年后的北京随着国力增强，北京就像纽约、伦敦，很多外国人过来学习，你们是那时候的栋梁，你们可以做什么？

2009年毛任之和一批同学参加了“论语一百”冬令营，接触到了王财贵和儿童读经教育，回来后同去的一批人纷纷退学。第二年他来到鹿鸣学堂，施展自己的人生抱负：“做教育——教化育人”。

“读经明理明行，学生会在读经的过程中找到自己的人生方向。”毛任之告诉记者，在明德二班，有几位学生正在为自己的理想学习相关知识。想当律师的已在阅读法律书籍，想当精算师的正在学习金融知识。“我们的学生阅读量很大，已经养成了良好的阅读习惯，再难的书也可以安心读下去，这样的自学能力是体制内教育难以培养出来的。”说着，他让一个学生把他们的笔记本拿过来向记者展示。几本笔记本上密密麻麻地写着同学对《学记》《少年中国说》等经典文章的感悟和笔记注解，还用不同颜色的笔进行重点标注。

毛任之来到鹿鸣学堂四年，主要负责课程设置。他初期不懂教育理论，无从下手，于是开始大量阅读教育书籍，从古代到现代，从中国到外国。“我现在也只是略懂。”毛任之开玩笑道。经历了几次改革，鹿鸣学堂目前教育体系可分为三个部分。一为教学实践体系。以“无压力无痛苦的学习”为宗旨建立现代私塾，分为三个班型，明德一班主要为3～6岁学生，明德二班主要为7～14岁学生，明德二班之下再分出志行班，班上是读经达到一定基础的10～14岁学生；英语特训班为英文特长生开设。二为师资培养体系，组织培训年轻教师，开发老师性情，培育有担当、有责任感的品行。“人能弘道，非道能弘人”，品行良好的教师对学生有深刻影响。三为家长共学体系。家庭教育对儿童影响至深，鹿鸣每年举办家长会，并组织阶段性学习，“喜耀读书会”便是其中一种。

为了锻炼学生的处事能力，毛任之别出心裁地成立了“鹿鸣学生管理自治会”，又称“学生会”。第一届学生会成员在今年3月1日由选举选出，成员7位。毛任之让他们草拟了《学生行为规范》和《学生会章程》，日常生活中由学生会成员安排每日盛饭的学生，并定期绘制黑板报。

“近期，鹿鸣还将开设书法课和绘画课。”毛任之介绍道，为了更好地对学生负责，孟丹梅和教师们经过商议后，决定今后不再招收新学员，全心全意培育好这一批。

和毛老师一样，学堂中每个老师背后都有着一段故事。在鹿鸣负责教学推广的赵凯老师以前是一名前途光明的公务员，即将升职。但当他接触了儿童读经教育，人生理想发生了转变，正如他自己所言："就像一个失明多年的人被植入晶状体重新恢复了视觉，难以用语言形容那种欣喜。"参加"论语一百"夏令营后，赵凯被下派到林宝村担任村支书，"村里有个八十多岁的老人，他膝下有四个儿子，现在却没有一个肯履行赡养义务"。他发现在农村道德精神的沦丧比经济的落后令人担忧。于是，赵凯运用读经理论开始在林宝村实行读经教育的推广，先是带领农村小学的孩子在课堂上读经，并用敲击的韵律令学生在朗读中更有趣味。下派乡村的读经教育起到了令他惊喜的效果，学生成绩提高了，也变得更加懂事了。结束下派回到市区后，他继续在任职的城区推广读经教育，得到了当地政府的重视。

在推广读经教育的过程中，他结识了鹿鸣学堂堂主孟丹梅，孟丹梅向他抛出橄榄枝，赵凯看到了人生的新方向，这方向令他向往而又充满矛盾。决心投身读经教育意味着放弃公务员的身份，放弃苦心经营多年的人脉，放弃名利的光环，放弃人生富足的保障。"以前在山村教读经还有点玩票的性质，真正面对纯粹的教育我还能这样挥洒自如吗？而且，还要背井离乡去深圳那么遥远的地方？"矛盾的纠结中，与他同参加过"论语一百"夏令营的学员刘美琪联系了他。刘美琪是一名高级白领，收入颇丰，同样也在抉择走向人生哪个方向。两人一见如故，促膝长谈后做出了决定：放弃本职工作，投身读经教育。如今两人成了鹿鸣学堂的老师，也在共事中萌生感情，走到了一起。

不过，家人对他的选择不理解，甚至以为他被传销蛊惑了，赵凯开诚布公地谈了自己的志向，最终得到了家人的理解。"我和美琪现在物质生活可能不如以前，但是精神层面却获得了满足。"

鹿鸣学堂老师大部分是慕名而来，有名校毕业的学生、事业有成的商人，也有怀着赤诚教育之心的老师。他们怀有理想，却几乎是教学的门外汉，不懂如何上课。于是，他们利用课余时间阅读经典教学理论，一步步地摸索更为合适有效的教学方法。"我们不单纯在做读经，我们在做教育，这需要探索和实践。"正如毛任之所言，对于让文化回归教育，教育回归本质，教师回归本分，他们心中怀着宏大的愿景。正因此，虽然每个月只拿着 2 500 元的微薄工资，没有医保社保，每天工作十二三个小时，但他们仍愿意坚守在梧桐山。

尴尬的现实摸索的路

"我们的读经教育可以培养三类人才，一是圣贤式的哲学家，二是先天下之忧而忧、后天下之乐而乐的政治家，三是有良心的企业家。"《读经教育的全程规划》中细致描绘了读经儿童的未来，私塾堂主们亦是抱着美好的愿景躬身实践。然而理论与实践结合的过程并非一帆风顺，读经课程不连贯，私塾规划缺乏长久性，似乎前路崎岖，须上下求索。

一个人的班级

陈奕君今年 17 岁，在鹿鸣学堂读书已有六个年头。目前是鹿鸣唯一一位可以申请成为位于北京的文礼书院的学生。

遇到陈奕君十分偶然。鹿鸣学堂大班的教室离小班有一段距离，处于一片居民楼中，七层楼每层一间教室。3 月 7 日下午，记者来到顶层，原是想参观顶层的英语特训班的上课模式，不巧该班学生去了海边活动，不在教室。而听到记者的推门声，教室旁边一间小房间的门也随之“吱呀”一声开了。开门的女孩走出来，一脸疑惑地问：“你们是哪位？”记者表明采访英语特训班的意图后，她拉开门让记者进去。她就是陈奕君。她说：“他们不在，问我也行。”

陈奕君说话很快，也很爱笑。问她为何一个人待在小房间学习时，陈奕君耸耸肩表示：“从 2012 年开始就没有老师带我了，我一直是自己一个人复习功课的。”她正在为能够进入文礼书院而拼搏。

文礼书院由王财贵发起，于 2012 年 9 月 28 日成立。文礼书院是一间高级解经书院，相当于读经教育的最高学府，以“继承道统”为纲，以“中西会通”为维。进入书院的条件很严苛，需熟背 20 万字中文经典和 10 万字外文经典。

“有两种方式供你选择。一是到北京亲自背书给教授检查，二是将背诵的画面刻成光碟寄到北京。”陈奕君穿着 T 恤牛仔裤，留着一头利落的短发，和人讲话时会与对方眼睛对视，神情很专注。她微微一笑，半自嘲道：“我最近状态不好，才录了几万字。我可是个学渣，去到书院一比就完了。”

据陈奕君说，当初一起读书的同学几乎都走了，陈奕君是坚持下来的极少的一批学生。她的记忆力好。渐渐地，鹿鸣没有适合她进度的班级了。

没有适合她进度的班级，学堂也并未指派老师负责她的学习。陈奕君需要自己找空教室，自己搬桌椅，甚至生病的时候，都不知道该去找哪位老师。“我父母对此很不高兴，不过最近毛老师在指导我，定期检查我的功课。”陈奕君的课桌上有厚厚一摞书，《孟子》《大学》等教材被翻得起了毛边，旁边还有几本竖排繁体的牟宗三文集，这是一位学生家长带给她的。她说，刚读了几页，还没看完。

“试验田”河源校区

鹿鸣学堂成立已有十多年，陈奕君在此六年可以说是亲身感受了鹿鸣的变化。

鹿鸣堂主孟丹梅头脑灵活，雷厉风行，冒出新的想法，就充满干劲地去执行。一年多以前她在河源万绿湖拿下一块三四百亩的土地便是其中一例。

河源的土地远离市区，山清水秀，孟丹梅打算将它建成鹿鸣学堂的一处真正远离人烟的“世外桃源”。2012 年她将学堂 7 岁以上的共 53 名学生迁到河源校区，配置教学教师 10 名、后勤老师 7 名。最近这批学生和老师刚回到梧桐山脚的鹿鸣学堂。

孟丹梅和人谈话时，身体略前倾，脸上始终笑意盈盈，谈起建立河源校区的初衷，她眉梢一扬地道：“孩子到了青春期会更加容易受到外界的诱惑，我们建河源校区希望孩子在一个没有世俗干扰、山清水秀的地方潜心读书，平稳度过这段时间。”那么两年下来效果如何，孟丹梅回答这个问题前愣了一下，随即笑道：“效果很好啊。”

那么河源的校区情况到底如何呢？陈奕君正是那一批去的学生之一，只不过是中途“插班生”。住了几个月，她就又提前返回了深圳。

“像监狱一样”，陈奕君说。回想起河源的读书生活，陈奕君使用了几个词来形容：禁锢、压抑、无聊。“大家感觉被关起来了，都不开心。”说到这里，她欲言又止。

在记者的询问下，她缓缓告诉记者，在河源她受到了同学的欺凌。“我是过了一阵子才去的，被宿舍其他几个女生联合起来欺负了。”陈奕君讲述的时候很平静，还帮我们分析了她们的心理，“现在我和她们处得不错，当时她们之所以会那样做，估计是太无聊了吧”。

四个女生曾经分别抓住她的手脚，将她推在墙角，哪里都不允许她去，持续半个小时或一个小时。“她们这样做的时候，有时老师经过，我喊老师救命，她们嘻嘻哈哈地说老师我们在玩呢。老师看了看说你们玩得挺开心嘛，就走了。”陈奕君说，被那样抓着一个小时，厕所也不能去，手腕都抓青了，偶尔挣扎还会被挠伤。她去单独找过老师反映这件事情，可是在老师眼中这是女生间一种“亲昵”的打闹，并未放在心上。于是三个月后，陈奕君选择了回到深圳这边。

孟丹梅对河源校区的规划十分宏大：一是建立书院；二是建立读经培训中心，为读经教育在全国的推广培养校长、主讲老师，将读经教育推广成为教育的显学。孟丹梅步子迈得大，在后面的老师跟起来显出几分吃力。

刘孜是负责河源校区教学的校长，她带领的教师团队中没人是科班出身，对教育仍在摸索中。河源校区 53 个学生，分四个班，53 个孩子 53 个家庭的厚望让她觉得肩上担子沉重。刚到河源，由于突然换了环境，很多学生表现出抵触、厌学、情绪激烈等问题。他们几个老师在课堂之余，深入同学中间，与他们谈心交流，渐渐地取得了效果。然而效果是相对于初入河源时的情况而言的，两年后迁回深圳，河源校区计划暂且搁置。

“未来的路需要一步步走，河源还要怎么规划我们还在商讨中。”孟丹梅爽朗一笑，谈笑风生间结束了“河源校区”的问题。

“普适”的读经理念

按照王财贵儿童读经教育理论，一个读经的学生需要从 0 岁开始接触读经，3 岁后入读全日制读经学院，用 13 年时间完成 20 万字中文经典背诵，10 万字外文经典背诵，13 岁后入读北京文礼书院解经，潜心钻研 10 年或 20 年。

“如果资质平平的孩子读完经后，不能进入文礼书院，也未找到未来志向，而且没有文凭，那么他进入社会岂不是很艰难？”对记者的疑问，蔡孟曹老师微笑道：“他读了经典，受到先人的思想熏陶，即使资质平平，但他胸怀高远、眼界开阔。即使去种地，也和普通农民不一样。”

读经计划在实际操作中效果如何？据记者调查发现，梧桐书院和鹿鸣学堂目前尚无学生 13 岁完成读经、进入文礼书院的例子，甚至北京的文礼书院也尚未完全建成。成立两年的文礼书院目前只有一个 10 人的班级在北京临时场地读书，梧桐书院蔡孟曹和得谦学堂张中和等一批堂主 3 月初陪着王财贵在全国寻找合适的场地。据明诚学堂堂主估计，全国可以进入文礼书院的学生不足 30 个，大部分学生还处于初级读经阶段，而且很多学生并未坚持下去。

孟丹梅接触读经教育后，首先开始教导自己的女儿王雨湘，从 3 岁开始按照王财贵教授的读经理论严格执行。3 月 7 日下午，在鹿鸣学堂志行班，记者见到了王雨湘。她今年 16 岁，读经已有 13 年，梳着马尾辫的王雨湘神情举止和孟丹梅颇像，她目前无进入文礼书院的计划。问其原因，她表示书还没背完。

在采访孟丹梅的过程中，她提到女儿的频率很高，她评价自己的女儿善良谦逊，友爱同学，并将此归功于读经的作用。但当采访另一位读经的同学时，记者听到了关于王雨湘的另一番评价。“她的人缘不好，因为她总喜

图片 6:

读经课上昏昏欲睡的学生

图片 7：
不求甚解的读经生活没有考试，也没有压力，孩子们大多都很快乐

欢打小报告。老师的女儿，你懂的。”林同学今年 16 岁，与她同班。记者在活动时间坐在操场边和她聊天，聊到这个话题她微微压低了声音，说你们千万不要和别人说是我讲的。“她上课时袖子里藏着手机，上网看小说。如果有新同学来，她喜欢带着新同学去做违纪的事，被发现了她也不会被批评，因为她是堂主的女儿嘛。”

陈奕君当初和王雨湘一个班，现在她在准备进入文礼书院，而王雨湘仍在志行班读书，陈奕君认为她是被外面的世界分了心，“她以前很不用心看书，特别喜欢外面的事物，进度就落下了”。鹿鸣成立 10 年，学生来来去去无数。在采访孟丹梅时，记者偶遇了一位打算将上高中的女儿送来的母亲。她的女儿叫蒙蒙，5 岁时在鹿鸣读了一年书，到了入学年纪便将她带回学校读书。蒙蒙今年高一，她又想将女儿送回来。为何隔几年后又将女儿送回私塾，许是听到我们的谈话，原本走在前面的蒙蒙突然转过头，大声说：“在学校待不下去了呗。”

在梧桐书院和鹿鸣学堂的招生简章中，均有一条不接受 12 岁以上的孩子的说明。这样看来，这条规矩执行得并不彻底。而且记者采访中发现，梧桐书院至善班 20 名学生，其中大部分是从初中转到这里来的。

“13 岁之前是语文发展的关键期，过了 13 岁，就只能是补救了。”王财贵在演讲中如此说。然而在书院，应该是“补救”阶段的 13 岁以上的孩子沿用的依然是 0～13 岁的读经理论，每日读经朗诵，鲜少接触科学知识。

“在这里你开心吗？”从体制内教育出来的孩子回答这个问题最干脆，“开心！”。问其原因，多是“没考试，没压力”“没人逼着你去学”“没有作业”。

在书院，不用学数学、没有物理课，没作业、没考试，被体制教育逼出来的孩子们难免认为这里是“天堂”。

18 岁的陈丹宁来到梧桐书院读书已有两年，她算是书院年龄最大的学生了，基本上都是一个人待在小教室自习。陈丹宁的父母在书院的后勤处工作，与蔡孟曹是远亲，看到这里环境不错，加上进入深圳公立学校难度很大，父母便将她和弟弟都送进了书院。

图片 8：
课余时间，梧桐书院至善班的学生在下围棋。在读经学堂，年龄差距较大的学生在同一个班级学习和生活是很普遍的

记者敲开她的教室门时，陈丹宁正望着窗外出神，看到记者进来笑了笑。这几天记者一行每天都来书院，几乎每个学生都认识了。她的书桌上摊开着一本《诗经》，记者看见书页最上面写了一个名字“张杰”。陈丹宁羞涩地微笑道，她喜欢偶像歌手张杰，放假回去会上网听他的歌。

记者询问其对未来有何构想，她思考了片刻摇了摇头道：“我还没有想过，现在还小嘛。”陈丹宁告诉记者，她的背诵量远远不够，不能进北京文礼书院；家里条件一般，不能出国读书，也没想过参加国内高考。“进社会压力也蛮大的，或许留在书院当个老师？”她歪了歪头玩笑道。

“读经的孩子心地好”“读经的孩子有大出息”……将孩子送进学堂的家长对此深信不疑。然而，上述种种现象又的确显现出处于发展阶段的读经教育的不成熟之处：13 岁之后的孩子应该如何教？ 18 岁的学生只读经是否太狭隘？读经理论是普适的吗？对此，孟丹梅直言：“我们从零建成一，中间的过程可以说我们是爬着前进的。未来如何发展也是走一步看一步。”蔡孟曹也乐观一笑：“我们这里可能没有教育的答案，但至少可以使你开始思考。”

读经热的冷思考

近年“国学热”“读经热”催生了一股“私塾热”，读经私塾如雨后春笋般出现。这既部分地彰显了人们对中国传统文化知识的渴求、对“国学育人”的期望，也一定程度上体现了人们对现行义务教育模式所进行的反思。然而在私塾的实践中，人们也对“私塾热”本身开始“冷思考”。

读经教育的商机与“链条”

2010—2011 年，梧桐山私塾村吸引了多家媒体的注意，私塾村开始为公众所知，也引起了罗湖区教育部门的注意。“被查封过几次，后来也不了了之。”蔡孟曹告诉记者。他表示，现在已经很少有媒体过来采访，曝光率少了，教育部门的关注也便少了，当地政府继而也更多地睁一只眼闭一只眼。据悉，梧桐山私塾片区目前约有私塾四十余间。

与此同时，记者发现，读经教育背后的商机正火热。“读经班”作为读经教育的最主要载体，通过提供教学服务形成商业价值，同时其相关产品市场潜力巨大，读经教材、读经推广服务机构、读经影像制品也间接创造了商业价值，某种程度上业已形成读经商业链。

梧桐山全日制私塾收费一般在 2 500～3 500 元 / 月，包括吃住和书本教材费。私塾收费最高的属“《论语》夏令营”，为期 40 天，费用为 7 000～10 000 元不等。很多家长看到孩子一个月的夏令营背下了《论语》全本，遂产生送孩子长期读经的想法。

鉴于夏令营时间短、收费高，不少私塾瞄到了此间的巨大利益，转而变为主营培训班和夏令营。记者在梧桐山走访发现，部分私塾门口挂着多个招牌，“国学培训班”“思维训练培训营”“8 天快乐学 3 册数学”等，不过均是大门紧闭，门上贴着联系方式，有事电联。

除“读经班”外，相关产品如读经教材、读经推广服务机构、读经影像制品也是读经教育盈利的主体。据不完全统计，梧桐山私塾目前拥有全日制读经学生将近一千人。

在梧桐山私塾，记者了解到，现在私塾使用的教材主要为王财贵主编的中英文经典教材书目共 20 本，其中 9 本中文经典读经系列（《学庸论语》《孟子》《诗经》《老子庄子选》《孝弟三百千》《尚书》《唐诗三百首》《易经》《中医养生启蒙》），5 本经典英文读经系列（《仲夏夜之梦》《莎翁十四行诗》《英文名著选》《柏拉图苏氏自辩》《英语导读 1000 句》）。中文读经经典，加上跟读 CD，市场价格为 610 元；英文读经经典为 535 元。

私塾的教学工具，一为读经教材，二为“读经机”。“读经机”用于课堂上播放中英文经典录音，供孩子跟读。目前市场上“读经机”售价约 1 380 元。“书籍是北京读经教育推广中心推广出品，读经机就完全是商业的了。”蔡孟曹道。据记者了解，梧桐山私塾每家约采购 5 部读经机，而 90% 左右的家庭为了让孩子在每月放假归家时能继续读经生活，也会添置读经机。初步估算，仅梧桐山片区的学堂和家长大约能促成“读经机”产业 151.8 万元的销售额。

目前读经教育市场尚在发展中，不少敏锐的人已经开始注意到了这块市场。记者在梧桐书院巧遇一位澳大利亚籍的上海华侨王育良。王育良是书院、学堂兼职老师，与很多堂主关系良好，常出现在全国各地的各大学堂

“兼课”。正是因为看到了“读经热”背后的商机，他目前正在研发一款手机读经 APP。在客串英语带读老师时，不时地在课堂上根据自己的需求摆弄现有的“读经机”，为自己的读经 APP 测试适合学生们的跟读节奏。王育良说，他研发的读经 APP 有望五月份投入市场。

读经班、读经教材，读经推广服务机构、读经音像制品，在读经教育在大陆发展的十几年间已形成一条“读经教育”产业链。然而受利益的驱使，不少商家在无明确市场规范的情况下，夸大、神化读经教育是常态。记者浏览“学而第一国学机”的网站，“读经的孩子潜能无穷”“读经的孩子注定是未来出色的人才”“读大学，善做事；读中庸，会做官；读老子，有智谋；读论语，善经商”，网站的宣传语充满对“儿童读经教育”的绝对化赞美和理想化夸大。

“商业并不是坏事。合理的商业化可以良性推动读经教育的发展。但是目前由于国家尚无对读经私塾及读经教育的明确态度，因而缺乏相关的法律法规。市场过于自由，为了利益，恶性竞争、乱序竞争势必会危害到读经教育，混淆读经教育的原本意义。”教育专家黄志猛表示，目前“读经热”越来越热的背后，不乏商业推手的不良宣传。

私塾教育：另类抑或异类

记者在梧桐书院至善班随机采访 15 人，其中 8 位未来选择出国读书，3 位继承父母家业，4 位考虑参加高考。至善班两位男生现在已在备考托福，准备申请国外的大学。

记者对梧桐山私塾进行的调查发现，90% 私塾的学生家境富裕，父母经

图片 9:

在德谦，一位家长在领着孩子诵读经典

商的居多。家住东莞的刘先生有四个子女，现在都在梧桐山得谦学堂读书。3 月 7 日下午刘先生开车来接孩子回家过周末。“我高三时放弃高考出来创业，没怎么上学。经历过体制教育，我认为体制教育对孩子是一种摧残。现在自己有能力便不想孩子在体制教育中受限。”刘先生年近不惑，喜爱国学，自称是一名“儒商”。四名孩子在私塾中读书效果不错，现在他姐姐的孩子也送了过来。

对于孩子的未来，刘先生直言他不在乎有无文凭。“将来他们想继续读书，我就供他们读下去；想进入社会，我也会支持他们。”刘先生表示自己目前有能力供养孩子，只希望他们过得开心，别的不求。

像刘先生这样想的私塾家长不在少数。家境殷实可以负担孩子出国或继续读书的费用，大部分私塾家长对于外界的“无文凭”担忧并不上心。明诚学堂规模不大，有 30 名学生，学堂可以做到一对一指导，并且常年开设书法课、绘画课、音律课，不少家长看中此点送孩子过来。堂主陈女士告诉记者，初期学堂寻觅不到好的书法老师，还是神通广大的家长联合会帮忙介绍了一位全国知名的书法家来授课。

在教育专家黄志猛看来，私塾的家长心态可分为两种，一种是溺爱心理，希望孩子获得快乐童年；另一种则是功利心理，读经教育宣传孩子可以成为大师、大家。无论是哪一种，他认为这都是家长对孩子不负责的一种体现，因为家庭教育永远是任何教育中占据比重最大的一部分。而送孩子进入私塾，从 3 岁起一个月或半个月回一次家，孩子与父母的关系都生疏了，又何谈与其他人的相处呢？

“进了私塾就可以完全不学学校教材的知识了吗？”黄志猛认为目前很多私塾由于未有具体法律法规的约束，随意定教材、入学年龄、放假时间等，非常乱来。“美国对于什么样的情况能够申请在家上学有一套明确标准：比如你在家上学，家长必须是大学毕业；如果是请家庭教师，家庭教师必须要有教师资格证书；每年要回公立学校去参加一次考试，如果考试通不过，要回到学校去。英国对寄宿学校放假时间亦有严格规定，学生至少两周内必须回一次家，否则学校会受到处罚。”

为此，黄志猛呼吁政府教育部门应正视“现代私塾”这一现象，尽早出台相关法律法规。

复古还是熔古

梧桐山私塾的一大特点是“封闭式”教育。学生半个月或一个月放假两天，平日也不允许父母探视。蔡孟曹对于封闭式教育的原因给出了解释：“外面的环境太浮躁，太多噪音。让孩子接触外界只会培养一颗浮躁的心，无法潜心学习。”

读经私塾除了环境上的封闭，在学生阅读领域也有限制。平日除《学庸论语》《孟子》《诗经》《老子庄子选》《仲夏夜之梦》等十四本基础教材外，学堂鲜有经典外的其他读物。

鹿鸣学堂堂主孟丹梅解释道：“13 岁前是孩童养成美好品德的最佳时机，这个年龄看的书将会影响其一生。如果要看，就应该看最好的、最优雅的、最高尚的作品，带有故事情节的书对孩子心境是一种扰乱。”

她讲了自己的女儿雨湘的一段经历，雨湘读腻了孔孟老庄，想要读其他书。孟丹梅问女儿，是想成为大的学者还是小的学者？女儿答，大的学者。孟丹梅说大的学者便需要读最高雅、最纯粹的经典，读其他书便限制了思路。最后她给了女儿一本《中医经络》以一缓读书之渴。

教育一词源于拉丁文 educate，前缀“e”有“出”的意思，意为“引出”或“导出”，意思就是通过一定的手段，把某种本来潜在于身体和心灵内部的东西引发出来。从词源上说，“教育”一词是内发之意，强调教育是一种顺其自然的活动，旨在把自然人所固有的或潜在的素质自内而外引发出来，以成为现实的发展状态。

然而，在“儿童读经教育”理念中，“为往圣继绝学，为万世开太平”是其推行教育理念的最终目的，里面并没有看到本应是教育的“主体”——孩子的身影。那么，“儿童读经理论”对国学和经典的推崇，究竟是为了圆其笃行者们心中的复古梦，还是为了孩子的教育？

黄志猛认为，国学是中国传统社会的最深层积淀，但若运用它，现代社会最需要的不是复古，而是熔古；通过熔古铸今，与现代学科相结合。在他看来，梧桐山的读经私塾对经典的过分推崇，是复古，而非熔古。

体制教育与私塾可否融合

2006 年 7 月上海市教委紧急以“非法办学”的理由叫停私塾“孟母堂”，2010 年梧桐书院、鹿鸣学堂也曾被罗湖区教育部门查封，“非法办学”的帽子成了私塾头上挥之不去的阴影，私塾的合法性地位究竟可否得到承认？私塾是该取缔还是该支持？

深圳教育科学院教授杨克祺认为存在即合理，“现在教育需要多元化，对在家上学、私塾办学等新形式的教育国家应该支持，而非取缔”。现行的基础教育使得国学丢了，家学“味道”变了，体育和美育虚了，个性缺了，从学校、校长、老师、学生到教材，个性都丢了。杨克祺对现在的体制教育感到痛心疾首，“梧桐山私塾，正是个性缺失的产物。而在当下的环境里，我们应该思考用何种方式，更好地因材施教”。

私塾教育对国学的重视，弥补了体制教育中德育、美育的缺陷，然而私塾却有“先天不足”：数理知识的缺乏。那么私塾教育和体制教育可否融合和互补？

明诚学堂和日新学堂的风格与梧桐山其他私塾不同，用堂主的话称他们更像学前教育班。明诚和日新学堂的学生年龄主要在 3～5 岁之间，上课以读经为主，同时注重艺术的培养，开办书法课、绘画课和古琴课。学生接受全日制读经教育 3～5 年，期间保留体制学校的学籍，然后再转回小学读五年级或六年级，完成私塾和学校的衔接。

“我们认为这是一个很好的衔接。毕竟不是每个学生都想解经，他们在记忆力强盛时接受读经教育，之后转回学校，继续数理知识的学习。目前看来效果不错。”明诚学堂的陈堂主告诉记者。她说，她开办学堂的初衷是为了自己的女儿，女儿在幼儿园待得不快乐，她又舍不得女儿离家读经，于是开办了自己的学堂，顺便接收其他孩子一起做伴读经。

李女士的儿子今年 7 岁，她正准备将儿子送来明诚读书。“我现在申请的小学属于深圳重点小学，可考虑到小学的知识太浅显，不如让他在记忆力好的时候背国学经典。”李女士规划在学堂读经 4～5 年，之后转回小学六年级，正好完成小升初的过程。

陈堂主说：“近期教育部门很少关注到私塾。我们一直有一个想法，我们的教育和幼儿园的功能类似，未来是否可以纳入学前教育体系，获得合法身份。”她注意到，现在深圳的一些学校也开始重视读经教育，南山区的卓雅小学和福田区的景莲学校开办了“亲子读经班”，鼓励家长和小孩一起学习国学经典。在她看来，“这是个很好的尝试，不过存在一个问题，体制学校的读经班课程时间短、间隔长，对儿童的记忆来说并不科学，而且学校课程的负担再加上读经的背诵，可能会加重学生的课业量”。

鹿鸣学堂赵凯老师对读经教育和体制教育的结合有自己的看法。他认为目前的读经教育可分为两种模式，一是隔离式，入读全日制私塾，隔离体制教育；二是介入式，在体制教育中融入读经。“介入式如果要达到好的效果，必须得到当地政府部门的支持和推广。”

赵凯从下派的乡村回到四川纳溪区任职时，继续在当地推广读经教育。他开创了青山私塾，周末开课，义务教学。他说，“上过周末课的学生回到学校后成绩得到了提高，这个现象引起了中学老师的注意，进而引起了纳溪区政府的注意”。当时在纳溪区政府领导班子的号召下，全区小学、中学校长定期开会，学习读经教育理念，回到学校后在课程设置中增添读经课程，由上至下的推广方式让读经教育迅速与体制学校融合，并且得到了令人惊喜的效果。赵凯说：“有魄力的领导班子是纳溪区两种教育方式融合的保障。我们也希望更多的教育部门的领导可以看到读经教育的作用，并重视它。”

那么，为何他最终选择了进入隔离式的私塾任教？赵凯回答，介入式的作用与隔离式相比仍有一定差距，“介入式的融合，孩子很容易被外界的事物吸引，无法潜心读书。隔离式可以让孩子始终处在平和的环境中学习，效果更佳”。

学生感言

探索“教育”的可能性

崔晓丹、周璐、邱迅、黄丽文、陈翔

毕设已经过去三年了，小组成员从事的职业也各不相同，但大家对“梧桐山私塾村”这个当初的毕设话题却始终保持着关注。

大四时在指导老师尹连根和文学院哲学系问永宁两位老师的建议下，我们小组选择了选题“梧桐山私塾村”。私塾，这一20世纪消失在中国教育体系中的概念，近年来又被重提。“国学馆”“日日新学堂”“今日学堂”“孟母堂”等一个个点染着传统文化色彩的名字开始行走在现代教育的边缘，叩击着少儿教育的大门。

在历史尚短的深圳，却出现了一个私塾村，位于梧桐山脚的坑背村近十年来汇聚了数十家现代私塾，他们坚守在梧桐山，学古读经。小组成员第一次接触“现代私塾”这一概念时充满了好奇与惊讶，现代私塾为何存在，如何运行，效果如何？为何深圳会出现私塾村？我们将自己带入读者的角度，对此选题进行深入探索。

2016年《一个读经少年的来信》在网络流传，文章写到，第一代读经学生长大成人，却面临着无法融入社会的难题。当时已经毕业的小组成员基本都转发了这个新闻，有感慨有唏嘘。今天我们也认真地开始回忆毕设时将近半年的体验式报道带给我们的新思考。

私塾模式仍不成熟

私塾模式不成熟，为何家长却愿意让孩子去“冒险”？

毕业设计时深入接触梧桐山私塾教育，我们看到了一股对新教育充满理想和激情的“读经”力量正在兴起。诚然，读经教育作为1998年才传入中国大陆的“教育理念”，仅仅处于发展的初级阶段。在实施过程中，读经难免存在着理想与现实的残酷差异。读经教育的进步空间乃至其作为教育方式的可行性问题值得我们深入探讨。但回归本质，我们其实更应该追问和反思究竟体制内教育出了什么问题，才会让众多家长宁愿把孩子的成长和未来的筹码押在一个发展仍不健全的新教育体制之下？

高度专才模式化的培养在抑制孩子个性的同时，很大程度上也抑制了孩子的创造性和独立思考的能力。显然，我们的体制教育在“回归教育本质”的这条路上，还有很远的距离需要走。

读经与教育本质回归的关系

读经教育在追求人性真善美和培养学生美好品格的养成上尽了其最大努力。我们认为这样的行为其实就是在对“教育本质回归”的一种思考和行动。

这些希望打破体制教育现状的有志之士们，放弃了自己曾经的事业，回归田园，甘愿用自己的余生为中国教育的推动尽绵薄之力。他们敢于从“零”开始，并完成了“一”的坚守。这种愿意“从有到无”的精神和毅力，其实已经足以赢得我们的掌声和尊重。

在采访的过程中，小组经历了从最初对读经教育的教育模式和现状的怀疑、不信任，到最终对其理念和施行者的精神毅力无限敬佩的这样一个过程。这长达半年的时间里，我们一直在思考真正的“教育”，它的本质是什么？目的是什么？学生和老师所对应的角色及其应尽本分又应该是什么？

读经教育所推行的“经典教育”应该让“经典文化”的传播回归教育本身！

不管是何种形式的新教育，我们都认为教育的践行者应该时刻从“教育本质”出发。要明白，我们的教育主体是“孩子”，而不是国学的复兴或者尊孔的精神洗礼。“受教育者”才是我们为什么要出发的本因。

探索新教育模式的“可能性”

其实新教育模式不仅仅有“读经教育”。“在家上学”“现代学堂”等新模式也成为家长们的其他教育新选择。体制教育走到今天，有历史遗留原因，我们纵然对其有诸多的失望与不满，但对其弊端我们也表示理解与无奈。小组曾经就“新教育”对“体制内教育”的“可替代性”进行实验性讨论。但深入研究后我们发现，每个教育模式都有其存在的理由和不足之处，没有谁可以完全代替谁。与其非此即彼地做是非题，不如鼓励“各种可能性”，让受教育者在“教育多元化”的滋养下进行选择，然后成长。这何尝不是一种皆大欢喜？

在整个私塾教育的采访中，一直让我们在隆冬中感到温暖的是私塾中孩子们一张张纯真的笑脸。或许现阶段的私塾教育在践行其理念的其他方面还有很大差距，但有一点，这里的孩子无论是哭还是笑都是发自内心的。尤其是自小在私塾里成长的孩子，他们没有体制内孩子的压力和世俗价值观的硬性输入。他们的小眼睛是发亮的。开心了就笑，难过了就哭，这种不带目的性的情绪表达，让人觉得他们连哭的时候都特别可爱！

长达半年的体验式采访中，我们经历了对“私塾”从陌生到了解，对“读经”从好奇到探索，对教育从“茫然”到反思的过程，我们时刻不忘自己作为记者的身份和担当。除了记录新近发生的事情外，我们绝对不会忘记一个合格的记者应该拥有的社会责任感。

国民教育，是人们永远不会停止关注的话题，这事关一个孩子的成长，一个家庭的未来，乃至一个国家与民族的兴替。我们不奢求通过一篇文章、一次报道能够解决具体的社会问题。但我们不会停止对社会问题的思考和追问。

指导老师的话

理想主义的注脚

尹连根

无论“理想主义”这一概念存在多少非议，我一直认为，在新闻学课堂上，我们还是应该给学生们播撒一些理想主义的种子。那么，在指导梧桐山私塾这样一篇毕设报道时，我就希望学生们树立这样一个理想主义式的信念，那就是，你们不是在单纯记录梧桐山私塾，你们更是在思考替代性教育模式的可能性。而教育直接关系到民族的未来。所以，你们不单单在完成一篇毕设报道，你们更是在做一件十分具有社会意义的事情。

实际上之前也有很多有关梧桐山私塾的公开报道了，那么，我们如何胜出？在研读完这些相关报道后，我们感觉到这些报道各有千秋，但又多少沾染了这个浮躁年代的新闻习气，就是急就章，浅尝辄止。想来也是。如今还有多少媒体愿意沉下心来做这样一个吃力未必讨好的题目呢？但是，毕设不一样。毕设是学生走上社会的第一堂实战演练课，不必考虑讨不讨好，讨好自己的志趣最重要。于是，我要求学生们沉下心来，集体去梧桐山蹲点，跟那里的老师、孩子们交朋友，挖掘新闻点。

可贵的是，该毕设小组不但作风踏实，而且采写功底扎实。他们善于沟通，很好地解决了入场问题，很快跟梧桐山私塾的老师和孩子们打成一片，真正做到了有交流、有碰撞、有心得。写作上，他们长于起承转合，捕捉细节，文笔流畅。

最重要的是，也许他们的思考的确尚不够成熟，他们聚焦点在梧桐山，但关注点却在梧桐山之外；写的是私塾，念的是国民教育，堪谓新闻理想主义的注脚。

在这群临海而居的人的心目中，给予海洋足够的尊重，才能收获海洋慷慨的馈赠。

“深”海
——深圳海洋生态环境保护调查

指导老师：彭华新
小组成员：朱戈、赖瑗、余思民、黄丽云、黄钟凤、王咪
毕设时间：2016 年

卷首语：为海而声

深圳，从一个水泽密布的边陲小镇演变成一座高楼林立的现代化大都市，创造了一个又一个经济奇迹。光鲜亮丽的外表背后，她的海底掩藏着太多秘密。

深圳 254 公里的海岸线要承载超过 1 200 万人口，人均只能大约分得 2cm，也就是说每人在海岸线只有一根手指头的空间；而未开发的自然海岸线只剩 40 多公里，人均大约 3mm，相当于 30 根头发丝的宽度。

这个数字，触目惊心。

同时，在填海造陆的脚步逼近下，深圳海域面积逐年减少。今天的福田保税区到红树西岸及欢乐海岸一带，在 80 年代是滩涂或者海面。近年来，摩天大楼和沥青路面大举逼退了海水，曾经门口即是沙滩的深圳大学早已不见海洋的踪迹，距离最近的海岸线也有约 2 公里。截至 2013 年，深圳填海面积已超过 6 个蛇口半岛。今年，为了对抗日益狭小的城市空间和高昂的房价，深圳计划填海 55 公顷，这让我们看到海洋在这座城市的地位。

多年来建筑垃圾的倾倒、工业污水的排放、海底垃圾的沉积，使深圳海洋常年处于“亚健康”的状态。在近海渔业面临资源枯竭的情况下，靠海吃海的渔民们仍使用竭泽而渔的方式，掠夺着海洋的物产。

但海洋没有抱怨，她依旧无私地为深圳人奉献着丰富的自然资源。在人类中心主义盛行的今天，我们想为人类诞生的摇篮——“海洋”发声，呼唤她应得的权利。我们可以为海洋做些什么？

带着疑问，我们从各个角度认识深圳的海：纪录片，潜入海底记录海洋生态环境，探寻人类与海洋和谐相处的方式；文字报道，浮出水面追溯海洋问题的深层次原因；网络媒体，走上海岸向社会大众传播海洋状况。

在诉说每一段人类与海洋故事的背后，逐渐觉醒的海洋意识让我们相聚在深圳大鹏湾畔。普通市民、社会组织、政府机构在海洋保护方面所做的努力，对于辽阔无际的海洋而言，或许只是杯水车薪。但正是这点点滴滴的努力，让越来越多的人开始关注海洋、了解海洋、参与海洋环保活动。

中国自古是一个农耕文明的社会，“海洋文明”在中国人的印象中代表着“侵略”和“殖民”。符号化的海洋背负了太多文化含义，失去了她本真的味道。重塑海洋形象成为当今众多海洋保护人士的燃眉之急。

事实上，每个海洋保护人士的理念不同，以各自的方式为海洋贡献力量，但无论走在哪条路上，目的地都在一个名为“教育”的站点。不管是对海底进行潜水摄影，还是种植人工珊瑚礁，他们都是为了培养下一代人的海洋意识。

海洋，我们欠你一份关注。

在深圳生活了 20 多年的张志波想为女儿做一顿丰盛的海鲜大餐，却发现深圳作为一座海滨城市，市场上鲜有本地出产的海鲜。

扫二维码观看
新闻纪录片
《“深”海》

深圳的海鲜去哪儿了？

填海造陆、海洋污染、过度捕捞使深圳的渔业资源逐年减少，大鹏昨日风光不再，一些渔民放弃捕鱼，转型做起了旅游业，还有一些渔民仍采用竭泽而渔的方式捕鱼。

同时，近几年来，深圳的民间组织和公益人士在不断为海洋保护贡献力量。潜水摄影师王炳会定期在大鹏湾检查珊瑚的生长状况，民间组织“潜爱大鹏”种植人工珊瑚礁的活动也受到了大鹏新区政府的重视及支持。

图片 1：
《“深”海》纪录片海报

图片 2:
本地海鲜难觅

图片 3:
南澳的渔船

大鹏新区政府、王炳、“潜爱大鹏”都仅仅是人类寻求与自然和谐共处道路上的一部分，或许只有当我们对环境的敬畏之心渐渐苏醒，并代代传承，才能真正实现内心与自然的和谐统一。

相差十年的三公里
丈量深港两地海洋保护的距离

文 / 王咪　黄丽云　黄钟凤

北纬 22°，香港东平洲和深圳大鹏半岛隔海相望，两片相连的海域隐藏着两座城市不同的发展轨迹。两地在空间上相距三公里，却在海洋环境保护上相差了至少十年。

一片海域相隔十年

常年在深圳大鹏海域和香港潜水的海洋生物专家王炳说：“香港的东平洲岛和深圳的大鹏半岛的物种差别不大，但在生物的丰富度方面，香港比深圳的好。”

海洋生物丰富度高，一个重要的影响因素是海洋生物的“家园”——珊瑚礁。它不仅具有极高的观赏价值，还能为海洋鱼类提供食物来源与繁殖场所。如今，珊瑚在海洋中所占面积不足 0.25%，但超过 1/4 的已知鱼类依靠珊瑚礁生存。

然而，珊瑚礁却面临灭绝的可能。许多专家预测，如果人类不采取措施，全球的珊瑚礁或许会在未来 50 年内消失。如此一来，海洋生态链会出现断裂的可能。

为了维持海底的生态平衡，监测并保护珊瑚礁的覆盖率、品种和健康状况，全球珊瑚礁普查项目应运而生。这一科研项目在海洋科学家的指导和志愿潜水员的合作下进行。最早开展珊瑚礁普查的地区正是深圳的近邻——香港。

香港珊瑚礁普查负责人纪力伟介绍，“我们每支队主要有 8～10 个人，

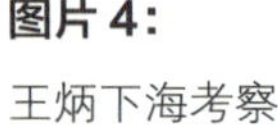

图片 4:

王炳下海考察

其中都会有一个 team scientist（其中成员主要是海洋科学家），保证我们的数据是有效的"。

而广东省珊瑚礁普查项目则于 2007 年启动，与香港相差近十年。

珊瑚礁普查项目如同一扇间隔在香港东平洲与深圳大鹏海域的透明玻璃，反映出两地海底生态环境上的差距。

2015 年广东省珊瑚礁普查项目的数据显示，深圳大鹏半岛活珊瑚覆盖率为 30.5%，低于广东省内 24 个站位 33.1% 的平均覆盖率。

相比之下，2015 年香港珊瑚礁普查的数据显示，在香港的 33 个普查地点中，19 个地点珊瑚礁覆盖率超过 50%。

珊瑚礁覆盖率之差的背后，是两座城市在海洋保护方面的 10 年之差。

解法律准绳　看"粗细"差距

在经济发展的过程中，海洋环境保护似乎被放在了微不足道的位置。填海版图的扩张，各项油气化工厂的进驻，各种污水的排放，使这座城市的海洋不得不"忍气吞声"，以沉默包容着一切。

深圳市海洋环境与资源监测中心副主任周凯介绍，"深圳湾水体交换率已经到了一个月交换一次的地步，如此一来，污染物交换不出去，水质就长期处于劣四类水"。事实上，近 30 年来，深圳湾海域的面积减少了近 25 平方公里，同时每天有 12 万吨的污水排入海洋。

2005 年，为了推动深圳海洋环境保护的法制化进程，周凯起草了一份《深圳市海域管理条例》（以下简称《条例》），但没有受到重视，《条例》未能通过。

2015 年，重新起草后的《深圳市海域管理条例（草案稿）》被搬上了公众平台，市法制办面向社会大众，公开征求意见。其中"使用有害物质填海最高罚 20 万"和"深圳湾不得新设排污口"等规定受到了社会各界瞩目。但同年 2 月，《条例》又销声匿迹了。"这个《条例》10 年了都没出台，我也很着急。"谈及此《条例》，周凯的眉头总会皱起。

而香港，却有相对完善的环境保护法律体系。自 1959 年《保持空气清洁条例》实施至今，多条与环境保护有关的法律条例陆续颁布，例如 1980 年的《水污染管制条例》、1983 年的《空气污染管制条例》、1998 年的《环境影响评估条例》等。

与海洋环境密切相关的《渔业保护条例》中，有 10 部 45 条法律条文，从渔业管理人员的委任、渔船的登记到捕鱼许可证的相关情况都做了详细规定。条例还明确了船东、证明书持有人、船长、艇长、许可证持有人等人的法律责任。

另外，如果违反相关条例，都将受到严厉的惩罚。例如：《渔业保护条例》规定，若违反该条例中的任何条文即构成罪行，并可就该等罪行处以不超过 20 万港币罚款及不超过 6 个月监禁的刑罚。

而在内地，1986 年 7 月 1 日起实施的《中华人民共和国渔业法》和 2000 年 4 月 1 日起实施的《中华人民共和国海洋环境保护法》，是目前对海洋利用和保护进行约束的法律依据。其中，《中华人民共和国渔业法》中有关捕捞许可证的内容，只有一句“捕捞许可证不得买卖、出租和以其他形式转让，不得涂改、伪造、变造”的规定，没有对法律责任人和处罚方式进行详细阐述。

两地法律准绳的“粗细”，可见一斑。

认知海岸条件　发展与保护并行

政府的政策制定是海洋生态环境保护的有力保障，但是该制定怎样的保护措施成为一大问题。

2015 年 12 月，大鹏新区获批“国家级生态文明示范区”。由于“滨海旅游度假区”的功能定位，它成为深圳唯一一个不考核 GDP 的区域。

《深圳市大鹏新区国家生态文明示范区建设规划（2013—2020）》（以下简称《规划》）规定，根据岸线特点及海域保护目标，将新区岸线分为禁止开发岸线、限制开发岸线和重点开发岸线三种类型。

这意味着今后大鹏新区将会严格控制大鹏岸线的工业发展规模，任何工厂想进驻大鹏海域都须进行岸线的脆弱性评价，评价通过后才可以在大鹏海岸建立工厂。

而在《规划》中，不可小觑的海洋保护措施还有社会公益组织“潜爱大鹏”的参与。为了保护大鹏海域的珊瑚礁，并进行生态修复，大鹏新区政府授权“潜爱大鹏”完成珊瑚保育工作。自 2013 年正式种植人工珊瑚礁以来，“潜爱大鹏”共在大鹏海域投放 29 座人工珊瑚礁，共计 4 800 株珊瑚苗。

“潜爱大鹏”秘书长夏嘉祥说：“我们主要做的是通过在海底投放人工珊瑚礁，来促进野生珊瑚礁尽快恢复。去年政府给我们批了一块地，建了珊瑚保育站。”

限制工业的入驻和种植人工珊瑚礁是大鹏新区保护海洋生态环境的新方法。而对于现有的沙滩资源而言，其开发利用亦有门道。

在周凯看来，认知海岸条件，是开发海洋资源的前提条件。“海洋管理部门做海洋规划，需要了解沙滩的‘粗细’，宽度、长度、坡度，都要做完以后才能判断，这个沙滩能容纳多少个游客，适不适合作为沙滩。知道哪个沙滩比较脆弱，这地方必须收费控制人数。哪个沙滩还没有饱和，才可以免费开放。”

现如今，深圳共有 56 处自然沙滩，其中有 11 处亲海沙滩，27 处已开发沙滩，其中只有大梅沙是免费向公众开放的。一到节假日，大梅沙每天都会迎来上万人次的游客，这为海滩的环卫工作带来巨大压力。

图片 5：
渔民收网

周凯指出，“在开发某一海域的自然资源前，政府机构需要对这片海域进行精细化的调查。否则生态环境一旦被破坏，恢复用的力量更大。同时需要找到经济发展和生态保护的平衡点，不能不利用，也不能破坏”。

这一切，任重而道远。

万志权：我要记录中国水下世界的全部

文 / 赖瑗

水下摄影家万志权（Raymond Man）最近的工作围绕着《水下中国》在忙碌。

去年是他卖掉海天潜水店的第四年，从一场又一场的“买卖”中解脱出来后，他终于做好准备开拍这部凝结半生心血的纯生态水下纪录片。

万志权接受记者的采访是在香港西贡的湾畔，烟雨蒙蒙，整个海面笼罩在薄雾之中。这日，他如往常一样驱车前往西贡海边的天后庙，虔诚地祭拜传统渔民的保护神。

在沉寂的水下世界面前，人总是渺小的。

探索新世界

初见万志权，很难把他和“生态纪录片制作人”“水下摄影总监”“PADI课程总监”之类的头衔联系在一起。简单的白衬衣、牛仔裤，背着有点磨旧的书包，开着一辆陪他二十多年的绿色吉普，眼镜背后的眼神透露着些许慈祥，这大概是岁月送给他的礼物。但交谈之中，你又会有一丝错觉，眼前的这个中年男人更像是一个爱玩的大男孩。

20 世纪四五十年代，万志权的父辈在战乱之中从广西迁徙至香港，扎根于这片南国之土以求安身立命。他出生于香港农村，童年时代流连于乡村的山山水水，塑造了他天生热爱自然的性格。

当年，他还是刚刚高中毕业的少年，就与朋友结伴去了西藏。在那个没有火车、机票又太贵的年代，一群没什么积蓄的学生只能从西宁坐公车颠簸数日到达拉萨。至今，他早已三进三出西藏，背包踏遍欧洲，流浪至埃及，在北极冰川之下凿洞潜水。生活中充满了“说走就走的旅行”。

敢于冒险的血液与生俱来。而潜水，似乎更是一项为他而生的运动。

多数人第一次潜水时，因为习惯了陆地的直立行走，在入水的那一刻会本能地迈开双脚，来迎接这个全新的世界。而他在初次潜水时，戴上面镜，穿着厚重的装备，慢慢地进入水中，当脸滑进水里之时，伴随着空气而来的是一种令人安心的嘶嘶声，这是他第一次在水底呼吸，在接触水面的瞬间“长出如美人鱼般的鱼鳍”，克服水压和恐惧心理，自如地在水中穿梭。

从 1992 年花费 2 万多港币买下第一套潜水装备至今，潜水陪伴他已有二十多年，变幻莫测的水下世界已然成为他的第二个家。

流动的快门

学者下水做研究，潜水员下水看美景，而万志权下水则是用眼睛和镜头去记录水下发生的一切。

他分明就是一只天赋异禀的鱼。

室内设计专业出身的万志权似乎对“美”有自己的诠释，不满足于下水用双眼看到美景，他更渴望将神秘的水下世界用影像的方式展现在更多人面前：绚丽的珊瑚礁，柔软的贝类，半透明的生物，在阳光的投射下，染上七彩的光芒。

在他的影像中，肉眼分辨不清的海底生物可以第一次被镜头记录下来，清晰生动的样貌被更多人欣赏，灵动的眼神仿佛在对你讲述一条鱼的故事。他可以展现“无国籍，海是国，船是家”的巴瑶族在水下优雅的身姿，这些地球上最后的“海上吉卜赛人”世代生活在东南亚海域，甚少踏足陆地，靠潜水捕鱼为生，镜头下的男孩恣意地畅游在水下，健康黝黑的肤色和咧嘴一笑之间露出的雪白牙齿颇为夺目，白色泳镜的背后是一双如海水般澄澈的双眼。

他们对他的镜头，毫无防备。

曾有潜水员说，跟万志权一起下水，我们在同样的时空看到同样的景色，但欣赏他的摄影作品时会再次被惊艳，不禁问自己这真的就是我们下潜的地方么？镜头里的海底，充满了故事和美景。

两样“昂贵”的爱好，最终变成了他的事业。

1998 年，他和志同道合的朋友创办了海天潜水中心，后来又成立了水下摄影协会、工作室。至 2011 年 4 月，他卖掉了经营多年的潜水店，带着“疯子”的执念，专职“折腾”水下摄影。潜水和摄影，似乎已经深入他的骨髓。

“人机合一”，大抵就是这样了。

彼时的香港，处在产业升级的过程中，污染如影随形，垃圾侵占了海底生物的家，经济发展总是会伴随着环境恶化的阵痛期。

这些年间，他拍摄了十多部纪录片，用镜头记录了深港两地二十多年的水下变迁。

今年，万志权的工作重心是即将开拍的大型水下生态纪录片《水下中国》。

“拍什么？拍全中国有水的地方！”言语之间，豪气顿生。

《水下中国》的背后，是他心中关于“水”的情结。

人类每一刻都在记录陆地发生的故事，但覆盖地球 70% 的海洋却常被忽略。对养育我们的这方土地来说，黄河孕育了中华民族子孙，长江带来新时代的经济腾飞，五千年的华夏文明跟“水”有着千丝万缕的渊源。有水，才有悠远的中华文化。这一次，他计划采用纯生态的影像方式，去诠释交织在水中的生物、文化和宗教，讲述发生在中国水下的故事。

做纪录片，资金永远是横亘在导演心中的大问题。

对他个人来说，钱在生活中永远不会排第一位。一部“能走就行”的绿色吉普跟了他二十年有余，方向盘上的掉皮看得出岁月的痕迹；每次从西贡下水前的干炒牛河和可乐是多年不变的选择。

但没有钱是万万不行的。

投资人欣赏他的作品，但却不愿谈钱，或者只是说服他可以先启动项目，资金以后再慢慢找。但他不，他自有他心中的标尺：要做就该做好，用先进的器材、最清晰的 4K 画质，创作一部前人从未尝试的水下中国纪录片，圆梦。

此刻，香港的海洋正在复苏，而万志权的《水下中国》之旅，刚刚启程。

一潜一垃圾

潜水二十余载，他早已是香港的水下专家，对于海洋生态，他有自己独特的见解。在他看来，深圳民间珊瑚保育组织“潜爱大鹏”种植人工珊瑚礁是一件有意义的事情，但必须考虑适当的种植地点。“不适合珊瑚生长的地方，种再多都没用。该长珊瑚的地方，只要不破坏、好好保护，过三两年就很快恢复了。”

在 2015 年的时候，万志权在潜水圈发起了“一潜一垃圾”的活动，鼓励潜水员在做到“不涂太阳油，不制造垃圾”的基础上，每一次潜水都能带一些垃圾上来。香港至今已有超过 10 万人有潜水经历，当每个潜水员都长期坚持做一件事时，这比只开展一次海洋清洁日更有效果。

世界是我们的，也是你们的，但终归还是你们的。保护海洋也是如此。

向下一代普及海洋教育，是他的使命之一。老一辈的观念根深蒂固难以改变，孩子是新的希望。如今多媒体和社交网络发展迅速，用颠覆传统、更有创意的方式去影响下一代将是未来的主流。借助现代科技手段，漂亮的海洋影像和栩栩如生的故事，鲜活地呈现在他们眼前，此刻种下的环保种子，会在孩子们的心中生根发芽。

在这一点上，香港与内地不谋而合。“潜爱大鹏”也一直在开展“潜爱课堂”活动，走进下一代的世界，用教育弥补人们多年来缺失的海洋意识。

坚持拍摄水下纪录片多年，万志权更愿意正面地去展现水下的一切。环境污染的报道占据了媒体对海洋保护报道的多数内容，但人们总是不会拒绝美的东西。看他的图片和视频，你会惊叹，原来我站在岸边，他却能在身边的这片海底发现如此美丽的新世界，原来这片海如此值得我们珍视。

万志权还在努力，他的海洋生态保护事业，他的镜头，从未停止。

学生感言

难以忘怀的时光

朱戈

毕业设计并不是一件容易事，但却仅仅只是漫漫路途中的一件事。一件事，可大可小，但单就毕设这件事来说，它令人难以忘怀。那是我们已然释放的青春。

这世上大概很少有人自寻苦吃，古人提出过“人生之不如意，十之有八九”的说法，貌似苦痛原本就多得望不到边，何必自己去讨要呢？但多数情况下，人们却不得不痛苦，大抵是因为只有经历过程的痛苦，才能有所收获。所谓格物，才能致知。

毕设的那些岁月里，令人痛苦的，同时也是让人感恩的事情，很多。其一，是厘清自我。一个六人小组，能把他们联结在一起，约共同的时间，赴共同的事业，并非一件易事。各自的安排与时间，都有可能被牺牲被占用，然后才能聚集，而这样的前期、中期、后期会议大大小小不下数十次，对谁来说，都是个考验。而其中，更为重点的是思维的统一。一千个人心中，就有一千个哈姆雷特，思维想法的碰撞与转变中，每个人都必然各有长短。好处是能看见自己的短，学习别人的长。

但总也有时，但总也有人，只看得见自己的长，总愿意揭别人的短。是是非非，难断。何以解决呢？大致是为了共同的一个摸不到看不着的"什么"，人人都是愿意的，都愿意有所牺牲。牺牲来做些什么？来思，来论，来辩，来做意见相同的事。你长我短的好好坏坏，对事而不对人，大概每个人都是从中有所学习的。

其二，是联系外界。联系，对于学生的身份来说，是一件不难也不易的事。易，在于方便赢得信任与帮助，总有他人的善良与热情能使我们受到鼓舞；难，在于得不到信任与回应，总有人的冷眼与俯视需要默默承受。其中的解决之法，叫作变通。人搭人，事搭事，此人不通寻他人，此路不通换新路。最终，大致都能够条条大路通罗马的。

最难以忘记的，是航拍出海，那天大雨。每次往返学校与海边，单程 3 个小时，来回 6 个小时。刚好当天还托了一位渔民带着组员出海拍摄，风浪，骤雨，边拍摄边保护机器。好在当天拍摄到后段渐渐雨停，无人机腾空而起，从低到高，组员们聚在一起，向着无人机镜头挥手。那是问好，还是告别？这一段拍摄的素材被我放到了纪录影片剪辑的最后一个部分，每每想到那一刻，我都依然会被感动。

那是一段实践、继承的日子，拿着讲堂上学习到的方法，尝试着结合起自己的路途。那是一段奋力创新的日子，看着新兴的技术，运用到自己的想法中。大概我会在很长一段时间里，都能记得住那一段时光吧。

指导老师的话

听，海笑的声音

彭华新

几名尚未"出阁"的大学生，带着一股初生牛犊不怕虎的冲劲，带着对未知世界的好奇心，对身边世界的责任感，拎起摄像机就冲向了海边，去听大海的声音。说实话，看到他们这一举动，作为指导老师，我着实替他们捏了一把汗。这……靠谱吗？我不知道。

我这种担忧并非源自老师相对于学生的老气横秋，而是有依据的。要知道，这几名学生，除了组长朱戈和组员余思民，其余几位都是弱不禁风的女生，她们并不是"海的女儿"，大海更不会总是柔情似水，她们会经受得起惊涛拍岸吗？更何况，当时他们所拥有的，除了以上所说的冲劲和憧憬，“穷”得只剩下一台从学院借来的摄像机。就凭这个，能拍出一部纪录片吗？

但是，很快我开始自责起来。我的老气横秋成了他们的累赘。我总是提出很多很多担忧与惶恐，我也知道他们总是表面点头承认，但内心却对这些担忧嗤之以鼻。我的忧心阻碍了他们迈向优秀的步伐。当从他们的微信朋友圈中看到他们正在南澳海面泛舟取景，我一下慌了神，胆子也太大了，要是翻船了那还得了？这可没有“风软扁舟稳，行依绿水堤”的诗意与浪漫。但当我电话打过去，他们说，“老师，取景完毕，已安全着陆，perfect”。放下电话，我缓了缓情绪，不知道是该喜还是该忧。

几周下来，活蹦乱跳的他们度过了兴奋期，不再出海了，而是不断地沉思：有了素材，该表达什么？当他们提出这个问题时，我心里终于踏实了：他们开始思考，这才算真正着陆了。接下来是师生共同经历的头脑风暴，梳理纪录片的表达手段、基本框架、艺术风格、价值指向。其中，一个争论最为尖锐的问题是：面对海洋污染，纪录片仅仅展示现象、寻找原因，而没有回答如何解决问题，这种逻辑完不完整？破而不立的逻辑能不能成立？争论之下，我们达成了共识：展示污染恶果，警醒世人尊重海洋生态，本身就是一种解决之道。

在这些理论指导之下，团队又开始了紧张的拍摄工作，补镜头、补采访。当所有的原始素材采集完毕，文字工作的分工留给了文笔最好的成员，执掌摄像机的朱戈同学似乎可以轻松一下了。但是，他并没有闲下来，而是一起参与了整体思路的建构。

在拍摄和撰稿过程中，两名女生前后遭遇家庭变故——父亲辞世。晴天霹雳实实在在地降到了她们的头上，她们经历了人生最为悲痛的瞬间。但是她们的世界并没有坍塌，组员们相互依偎、相互照应，一起度过了黑色的日子。海风没有吹弯她们的腰，晴天霹雳也没有让她们的生命失去光泽，而是让她们更坚强。这段日子，我们一起经历悲伤。

走出黑暗，几位学生顶着悲痛完成了整部片子。功夫不负有心人，《“深”海》刚刚出炉就参加了北京大学生电影节第十七届大学生原创影片大赛，并在全国 4 000 多部片子中脱颖而出，获得入围奖。作为指导老师，我感到最为欣慰的，并不是他们成功制作了一部纪录片，而是这一路走过来的过程，看到了他们由稚嫩走向老练、由懵懂走向睿智、由浮躁走向深沉。

这是成长的收获。后来的事实也证明了他们向优秀越来越靠近，毕设完成之后，有同学相继被英国、美国的顶尖高校录取，有同学被东方电视台录取，有同学进入了深圳本地知名企业。我始终坚信，他们是最优秀的，他们不是“海的女儿”，但他们聆听到了大海的最美音符。

图书在版编目（CIP）数据

新闻的名义Ⅲ：深圳大学新闻毕业设计作品精选·前沿观察 / 辜晓进主编. — 北京：中国人民大学出版社，2018. 8

21世纪新闻传播学应用型教材《新闻专业毕业设计》配套作品集

ISBN 978-7-300-26023-5

Ⅰ. ①新… Ⅱ. ①辜… Ⅲ. ①新闻 – 作品集 – 中国 – 现代 Ⅳ. ①I253

中国版本图书馆CIP数据核字（2018）第157957号

21世纪新闻传播学应用型教材《新闻专业毕业设计》配套作品集

新闻的名义Ⅲ

深圳大学新闻毕业设计作品精选·前沿观察

主　　编　辜晓进

副 主 编　李明伟

执行主编　刘劲松　张晗

Xinwen de Mingyi

出版发行	中国人民大学出版社		
社　　址	北京中关村大街31号	**邮政编码**	100080
电　　话	010–62511242（总编室）		010–62511770（质管部）
	010–82501766（邮购部）		010–62514148（门市部）
	010–62515195（发行公司）		010–62515275（盗版举报）
网　　址	http：//www.crup.com.cn		
	http：//www.ttrnet.com（人大教研网）		
经　　销	新华书店		
印　　刷	北京瑞禾彩色印刷有限公司		
规　　格	185mm × 260mm　16开本	**版　　次**	2018年8月第1版
印　　张	18.5　插页1	**印　　次**	2018年8月第1次印刷
字　　数	350 000	**定　　价**	78.00元